UTB 3323

Eine Arbeitsgemeinschaft der Verlage

Böhlau Verlag · Köln · Weimar · Wien
Verlag Barbara Budrich · Opladen · Farmington Hills
facultas.wuv · Wien
Wilhelm Fink · München
A. Francke Verlag · Tübingen und Basel
Haupt Verlag · Bern · Stuttgart · Wien
Julius Klinkhardt Verlagsbuchhandlung · Bad Heilbrunn
Lucius & Lucius Verlagsgesellschaft · Stuttgart
Mohr Siebeck · Tübingen
Orell Füssli Verlag · Zürich
Ernst Reinhardt Verlag · München · Basel
Ferdinand Schöningh · Paderborn · München · Wien · Zürich
Eugen Ulmer Verlag · Stuttgart
UVK Verlagsgesellschaft · Konstanz
Vandenhoeck & Ruprecht · Göttingen
vdf Hochschulverlag AG an der ETH Zürich

Hans Altmann / Ute Ziegenhain

Prüfungswissen Phonetik, Phonologie und Graphemik

Arbeitstechniken – Klausurfragen – Lösungen

3., durchgesehene Auflage

Vandenhoeck & Ruprecht

Dr. Hans Altmann ist em. Professor für Germanistische Linguistik an der Ludwig-Maximilians-Universität München.

Ute Ziegenhain, M. A., ist Mitarbeiterin einer Entwicklungsgruppe für Sprachverarbeitung.

Bibliografische Information der Deutschen Nationalbibliothek
Die Deutsche Nationalbibliothek verzeichnet diese Publikation in der Deutschen Nationalbibliografie; detaillierte bibliografische Daten sind im Internet über http://dnb.d-nb.de abrufbar.

Internet: www.v-r.de
ISBN 978-3-8385-3323-0 (utb-e-book)

 Printed in Germany.
Umschlaggestaltung: Atelier Reichert, Stuttgart
Druck und Bindung: CPI – Ebner & Spiegel, Ulm

UTB Bestellnummer
ISBN 978-3-8252-3323-5

Inhalt

Vorwort

Dieses Buch richtet sich primär an Studierende der Germanistischen Linguistik in allen Studienrichtungen in der Vorbereitung auf die Zwischen-, Magister- und Staatsexamensprüfung oder Prüfungen in den BA- und MA-Studiengängen, aber auch an alle anderen Interessierten, die ein ausreichendes Vorwissen mitbringen und die komprimierte Information schätzen, z.B. Lehrer und Leute mit sprachbezogenen Berufen.

Diese Zielrichtung setzt zwar ein gewisses phonologisches und graphematisches Vorverständnis und ein Basiswissen beim Benutzer voraus, vor allem in Bezug auf die Terminologie; bei diesem Band haben wir uns aber aufgrund einschlägiger Erfahrungen ganz besonders um leichte Verständlichkeit bemüht. Die Kapitel bauen zwar in ihrer Abfolge aufeinander auf, können aber bei genügend Vorwissen auch unabhängig voneinander erarbeitet werden. Das Register gibt Suchhilfen; zahlreiche Querverweise, auch auf die anderen Bände der Reihe, erleichtern die Orientierung.

Das Buch ist als Arbeitsbuch konzipiert. Vermittelt werden soll v.a. konkretes Analysewissen. Gerade aus der Erfahrung in Lehre und Prüfungswesen heraus und aufgrund der Bedürfnisse in den einschlägigen sprachbezogenen Berufsfeldern verzichten wir auf die Bindung an eine bestimmte phonologische oder graphematische Theorie. Wir hoffen, die Stofffülle relativ übersichtlich und komprimiert vorgestellt zu haben und dabei die argumentativ interessanten Problembereiche, die Analyse- und Darstellungsverfahren leicht fasslich dargeboten zu haben. Der Stoff wird der besseren Lernbarkeit halber meist stichwortartig, in Listen und Tabellen dargeboten.

Übungsaufgaben, die den dargestellten Stoff in überschaubaren Einheiten abfragen, haben wir in die Kapitel integriert. Am Ende finden sich längere klausurähnliche Aufgaben. Die Lösungen dazu können leider nicht so argumentativ wie wünschenswert sein, sondern mussten auf das Notwendigste beschränkt werden.

Gedankt sei allen, die bei der Ausarbeitung und Korrektur des Textes geholfen haben, insbesondere den aktiven Teilnehmern zahlreicher Seminare und Examenskolloquien. Unser besonderer Dank geht an O. Rezec für viele Verbesserungsvorschläge.

Wir freuen uns auch weiterhin über konstruktive Kritik und über alle Hinweise auf Verbesserungsmöglichkeiten.

Ute Ziegenhain & Hans Altmann — München, im Oktober 2009

Abkürzungsverzeichnis

Allgemeinverständliche Abkürzungen sind ein nützliches Hilfsmittel bei der Textkomprimierung und bei der Schreiberleichterung, gerade in einer Klausur. Insofern wäre es sinnvoll, ihren Gebrauch in einem solchen Buch einzuüben. Wir haben uns aber entschlossen, von Abkürzungen im Textteil nur sehr sparsam Gebrauch zu machen, um die Lektüre v.a. für Interessenten anderer Fachrichtungen nicht unnötig zu erschweren. Lediglich dort, wo der Raum sehr knapp ist, also in Tabellen und in den Lösungen zu den Übungsaufgaben, machen wir in größerem Umfang davon Gebrauch. Wir bieten in der folgenden Liste gängige fachsprachliche Abkürzungen an, deren Gebrauch man i.A. nicht rechtfertigen muss. Soweit nicht bereits gängige Abkürzungen vorliegen, bedienen wir uns des Verfahrens der »sprechenden« Abkürzungen, die also weitgehend selbsterklärend sind. Nach diesem Prinzip wäre es besser, statt der gängigen Abkürzung PO für »Präpositionalobjekt« die sprechende Abkürzung Präp.Obj. zu verwenden. Die Liste enthält Abkürzungen unabhängig von ihrer Verwendung im Text. Abkürzungen, die sich nur durch die Großschreibung des Anfangsbuchstabens unterscheiden, werden nur dann getrennt verzeichnet, wenn sie für unterschiedliche Vollformen stehen. Flexionsformen werden nicht angezeigt. – Allgemein gebräuchliche Abkürzungen enthält die Liste nicht.

Abschn. .... Abschnitt
abstr. .... abstrakt
Affr. .... Affrikata
affr. .... affriziert
ahd. .... althochdeutsch
alv. .... alveolar
apik. .... apikal
Asp. .... Aspiration
asp. .... aspiriert
Attr. .... Attribut
attr. .... attributiv
Bair. .... Bairisch (Dialekt!)
beh. .... behaucht
dent. .... dental
ders. .... derselbe
dies. .... dieselbe
Diss. .... Dissertation
dors. .... dorsal
e.a. . ... et alii (und andere)
ed./eds. .... editor/editors
engl. .... englisch
entspr. .... entsprechend
etw. .... etwas
fort. .... fortis
franz. .... französisch
frik. .... frikativ
FS .... Festschrift
Gen. .... Genitiv
gen. .... genitivisch
Gen.Verbi .... Genus Verbi
germ. .... germanisch
Glott. .... Glottis
glott. .... glottal
griech. .... griechisch

hochalemann. .... hochalemannisch
Hz. .... Hertz
i.A. .... im Allgemeinen
ICPhS .... International Congress of Phonetic Sciences
idg. . ... indogermanisch
i.d.R. .... in der Regel
inkl. .... inklusive
IPA .... Internationales Phonetisches Alphabet
i.S.v. .... im Sinne von
Jh. ....Jahrhundert
jmd. .... jemand
jmdm. .... jemandem
jmdn. .... jemanden
Kap. .... Kapitel
Kons. .... Konsonant
kons. .... konsonantisch
lab. .... labial
Lar. .... Larynx
lar. .... laryngal
lat. .... lateinisch
later. .... lateral
Len. .... Lenis
lenis. .... lenisiert
Ling. .... Linguistik
Ling.Arb. .... Linguistische Arbeiten
Ling.Ber. .... Linguistische Berichte
liqu. .... liquid
mittelbair. .... mittelbairisch
Med. .... Media/Mediae
med. .... medial
Mhd. .... Mittelhochdeutsch
N .... Nomen (Substantiv)
nas. .... nasal
neutr. .... neutrum
nhd. .... neuhochdeutsch
NP .... Nominalphrase
Nr. ....Nummer
Obstr. ....Obstruent
or. ....oral
Pal. ....Palatum
pal. ....palatal
PhD.....................Philosophy Doctor
phil. ....philosophisch
Pl. ....Plural
Plos. ....Plosiv
p./pp. ....page/pages
PP ....Präpositionalphrase
Proc. ....Proceedings
Rez. ....Rezension
Sprachwiss. ....Sprachwissenschaft
sth. ....stimmhaft
stl. ....stimmlos
südbair. ....südbairisch
Ten. ....Tenuis
u.a. . ...unter anderem
u.E. ....unseres Erachtens
ugs. ....umgangssprachlich
unveränd. ....unveränderte
u.U. ....unter Umständen
Uv. ....Uvula
uv. ....uvular
v.a. ....vor allem
Vel. ....Velum
vel. ....velar
Vibr. ....Vibrant
Vok. ....Vokal
vok. ....vokalisch
vol. ....volume
vollst. ....vollständig
VP ....Verbalphrase
vs. ....versus
www . ...world wide web
ZS ....Zeitschrift

Siglen:

[ ] markiert Phone und phonetische Transkriptionen;
bei Literaturangaben Kommentare der Autoren;
bei Internetadressen letztes Zugriffsdatum.
/ / markiert Phoneme und phonologische Trankriptionen.
< > markiert orthographische Formen.
{ } markiert Morpheme/Allomorphe.
» « markiert Zitate, Termini und indirekte Redeweisen.
› ‹ markiert Bedeutungsangaben.
* markiert inakzeptable/ungrammatische Ausdrücke.
→ markiert Querverweise.
kursiv markiert Objektsprache (Beispiele).

Hinweis: Die in dieser Reihe verwendete reformierte Orthographie von 2006 bietet viele Wahlmöglichkeiten bei der Groß- und Getrenntschreibung. Wir haben sie genutzt, um die Darstellung in diesen Büchern nicht unnötig zu verkomplizieren. Bei den Analysetexten wurde die originale Schreibung aus philologischen Gründen beibehalten, aber auch deswegen, weil Normprobleme im Bereich der Orthographie auch zukünftig Gegenstand von germanistisch-linguistischen Prüfungen sein werden. Im Text wird mehrfach auf Unterschiede zwischen alter und reformierter Orthographie hingewiesen. Eine knappe Zusammenfassung der jetzt gültigen Regelungen findet sich in Abschn. 4.5, S. 154-159 (mit Literaturhinweisen).

1. Grundlagen

1.1 Motivation

Nach unseren eigenen Erfahrungen, die in Gesprächen mit Studierenden und Fachkollegen meist bestätigt wurden, werden phonologische und graphemische Themen in Examina selten gestellt und gewählt, und die Ergebnisse sind meistens eher unbefriedigend, jedenfalls im Vergleich zu »attraktiven« Bereichen wie Syntax und Wortbildung. Zumeist geht das zurück auf die Tatsache, dass Veranstaltungen aus den beiden Beschreibungsebenen von deutlich weniger Studierenden besucht werden und meist auf nur mäßiges Interesse stoßen. Das ist umso verwunderlicher, als die Inhalte bestimmt nicht schwieriger, der Lernstoff nicht umfangreicher ist als bei den anderen Beschreibungsebenen und die Aufgaben meist mit relativ wenig Wissensinhalten, stattdessen oft mit nur wenigen Analyse-Prinzipien und -Verfahren zu lösen sind. Bei Fragen nach den Ursachen für diese distanzierte Einstellung der Kandidaten erhielten wir folgende Antworten:

- Studierende, die daneben moderne Fremdsprachenphilologien wie **Anglistik und Romanistik** studieren, weisen meist auf den Umfang und den hohen Stellenwert der Laut- und Schriftebene in diesen Fächern und die daraus resultierende Ermüdung hin. Das ist vielleicht verständlich, aber die Nutzung der dort gewonnenen Kenntnisse und Fähigkeiten erlaubt eine sehr ökonomische Einarbeitung, wenn wir auch nicht verkennen, dass in den Vorgehensweisen und Terminologien der einzelnen Philologien teilweise noch große Unterschiede bestehen. Darüber hinaus steht fest, dass die Vermittlung einer adäquaten Artikulation in einer Fremdsprache ohne gründliche Kenntnisse über die Lautstruktur der Muttersprache (und die daraus resultierenden Interferenzen und Lernschwierigkeiten) kaum möglich ist.
- **Reine Germanisten**, also solche ohne moderne Fremdsprachen, geben oft an, dass ihnen (vom Gymnasium her) schon die elementaren Voraussetzungen für einen Erfolg in diesem Bereich fehlen: also z.B. die gründliche Kenntnis des IPA (trotz Fremdsprachenerwerb), der artikulatorischen Grundgegebenheiten etc.
- **Grundschullehrer**, die noch am ehesten den Nutzen gründlicher Kenntnisse der Lautstruktur des Deutschen für ihre spätere Berufspraxis einsehen (man denke etwa an die oft fehlerhaften »Anlauttabellen« und an die Be-

treuung von Legasthenikern), haben i.d.R. viel zu wenig Zeit für einen so schmalen Wissensbereich mit so geringem Gewicht für ihre Examina.

- **Sekundarstufenlehrer** sind meist der (irrigen) Meinung, dass lautstrukturelles und graphemisches Wissen für ihre Berufspraxis irrelevant sei. Aber zumindest in der Unterstufe sind Aussprache- und Rechtschreibübungen durchaus noch notwendig; Legastheniker werden in zunehmender Zahl auch auf die Gymnasien drängen, und über die Bedeutung orthographischer Fragen für die Öffentlichkeit belehrt nachdrücklich die Diskussion um die Rechtschreibreform.
- **Magisterstudierende** schließlich kennen kaum ein Berufsfeld, wo diese Bereiche eine Rolle spielen könnten; und doch gibt es mehr als genug davon: z.B. Forschungs- und Entwicklungslabors für Spracherkennungs- und -synthesesysteme, die zukünftig wohl eine immer größere Rolle auf dem Arbeitsmarkt spielen werden, da sie voraussichtlich viel Service bei der Erarbeitung der entsprechenden Domänen (also der Fachwortschätze, z.B. im Telefonwesen, bei der Sprachsteuerung von Maschinen unterschiedlichster Art, bei automatischen Diktiersystemen, bei allen Arten von Sprachdatenbanken) und bei der Anpassung an individuelle Nutzer erfordern; dann natürlich bei allen Formen von Sprachtraining (etwa Rhetorikseminare), beim Fremdsprachenerwerb und bei automatischen Übersetzungen.
- Ganz zu schweigen davon, dass **Eltern** etwas wissen sollten über die Gesetzmäßigkeiten des (Laut-)Spracherwerbs, über Schreibprobleme ihrer Kinder, die aus den graphematischen Besonderheiten des Deutschen resultieren.
- Und schließlich: Die **Öffentlichkeit** erwartet, ob zu Recht sei dahingestellt, dass Germanisten bei allen Orthographieproblemen kompetent Auskunft geben können. Das beweist überdeutlich der Anteil von Anfragen zur Rechtschreibung in der Korrespondenz der meisten an den Universitäten tätigen germanistischen Linguisten. Viele von ihnen befassen sich nicht gern mit Normierungsproblemen, halten das sogar für unter ihrer Würde, und das mag auch die Ursache dafür sein, dass die wissenschaftlich ausgewiesenen Fachleute in der öffentlichen Diskussion um die Rechtschreibreform nicht gehört wurden (abgesehen davon, dass sie sich viel zu spät zu Wort gemeldet haben).

Damit wollen wir auch noch kurz eingehen auf die wichtige Rolle lautstrukturellen und graphematischen Wissens für die Sprachwissenschaft als solche: Phonetisch-phonologische Beschreibungen dienten und dienen als Modell für die anderen Beschreibungsebenen; man denke etwa an die Übertragung des Merkmalskonzepts von der Phonologie auf die Merkmalssemantik und auf Bereiche der Syntax. Eine genaue lautstrukturelle Beschreibung ist äußerst wichtig für syntaktische Themen wie Klitisierung oder für Konversationsanalysen (→ 3.6.4, S. 117ff.). Oder man denke an die Rolle der Lage des Akzents für die Identifizierung der Wortbildungstypen oder für die Analyse der Fokus-Hintergrundstruktur. Und schließlich sei noch erinnert an die Bedeutung genauer lautstruktureller Beschreibungen von Sprachschichten wie den Dialekten, den Sondersprachen usw.

1.2 Vorgehen

Ausgehend von dieser Sachlage haben wir uns für folgendes, z.T. von den anderen Bänden dieser Reihe abweichendes **Vorgehen** entschieden:

- Wir bieten nicht nur eine stichwortartige Zusammenfassung des notwendigen Wissens, sondern versuchen mehr als sonst zu erklären im Sinne einer Einführung, da wir nur mit minimalem Vorwissen rechnen.
- Wir verzichten, wie schon in den anderen Bänden der Reihe, auf den Anschluss an eine der gängigen phonologischen und graphematischen Theorien. Sie spielen allenfalls in der Ausbildung des Hochschuldozentennachwuchses eine Rolle, und der Kreis der Studierenden, die dafür in Frage kommen, braucht ein Buch dieser Art kaum.
- Wir wählen möglichst Themenbereiche und Beispiele, die aus den obigen Motivationsfeldern stammen, um immer deutlich zu machen, dass es sich um **nutzbares Alltagswissen** handelt.
- Wir legen Wert auf die **phonetische Substanz**, d.h. auf Förderung der Beobachtung des tatsächlichen lautsprachlichen Geschehens bei anderen Sprechern wie auch in der Selbstbeobachtung. Diese substanziellen Beobachtungen sollen dann auch – soweit möglich – in die Analyse eingehen. Viele Daten sind sehr sperrig und lassen sich nicht ohne Weiteres in eine elegante und einfache Theorie einpassen. Rein theoretische Konstrukte ohne oder mit wenig empirischer Relevanz sind uns aber herzlich zuwider.
- Da wir um die geringen Vorkenntnisse der Studierenden wissen, setzen wir so wenig wie möglich an Wissen voraus und legen Wert auf Anschaulichkeit. Gleichzeitig bemühen wir uns um eine Stufung in unverzichtbares Grundwissen (den derzeitigen Stand der Forschungen), das meist für Prüfungen ausreicht, und »Ausbauwissen« (vorwiegend motivierende Kritik an den gängigen Theorien); darüber hinaus versuchen wir, Interessierten alle Hilfsmittel an die Hand zu geben, damit sie selbstständig dieses Grund- und Ausbauwissen vertiefen und erweitern können.
- Wir beschränken uns so weit wie möglich auf das Deutsche und seine Varianten, da wir das schon für anspruchsvoll genug halten, und da wir nicht

voraussetzen können, dass die Nutzer beliebige exotische Sprachen beherrschen oder jedenfalls beurteilen können.

- Wir stellen die drei Beschreibungsebenen nacheinander dar, um möglichst selbstständige Einheiten entstehen zu lassen. Dabei gäbe es durchaus Gründe, bei der Darstellung der Teilthemen, z.B. des Vokalismus, alle drei Ebenen zu integrieren. Der Nachteil unseres Darstellungsverfahrens ist, dass dreimal im Prinzip derselbe Stoff aus wechselnden Perspektiven dargestellt wird, was Wiederholungen unvermeidbar macht, was aber auch die Gelegenheit bietet, bestimmte zentrale Themen in der variierenden Wiederholung zu festigen.
- Wir bemühen uns, die terminologischen Alternativen, soweit sie im deutschsprachigen Raum gängig sind, zu vermitteln, dazu auch wichtige englischsprachige, doch erlegen wir uns hier große Zurückhaltung auf, um die Leser nicht zu überfordern.
- Bei den Beispielen beschränken wir uns weitgehend auf natives Material. In der ersten Auflage haben wir uns bei der phonetischen Transkription weitgehend an den Ausspracheworterbüchern orientiert, schon um den Lesern eine feste Basis zu geben und sie nicht zu sehr zu verwirren. Dadurch sind wir allerdings in einen gewissen Widerspruch zu der eigenen Darstellung geraten. Nach langen Überlegungen haben wir uns entschlossen, uns von dieser Basis weniger abhängig zu machen und möglichst viel an phonetischer Information in die Transkriptionen zu integrieren, ohne sie unlesbar zu machen. So wird der Glottisverschluss überall dort, wo er auftauchen kann, auch notiert, ferner werden Silbengrenzen angegeben, und die Transkription der Diphthonge wird stärker an die Realität angenähert, ohne dass dadurch der überregionale Standard verlassen wird.

1.3 Transkriptionssysteme

1.3.1 Internationales Phonetisches Alphabet (IPA)

Sicherheit beim Umgang mit dem Internationalen Phonetischen Alphabet (International Phonetic Alphabet (IPA) / Alphabet Phonétique International (API)) ist eine wichtige Voraussetzung bei phonetischen, phonologischen und graphematischen Themen (natürlich auch beim Erlernen von Fremdsprachen), wobei wir wissen, dass die Vielzahl der Beschreibungssysteme, die heute verwendet werden, den Zugang erschwert und teilweise eher verwirrt als klärt (man denke nur an die jeweils »eigenen« Transkriptionssysteme in den fremdsprachigen Wörterbüchern). Entstanden sind die lautschriftlichen Systeme vor mehr als hundert Jahren, als unter den Wissenschaftlern die Notwendigkeit erkannt wurde, Beschreibungssysteme für fremde schriftlose Sprachen zu entwickeln. Ende des 19. Jh. wurde dann von der International Phonetic Association ein Standard entwickelt, das IPA, der 1993, 1996 und nochmals 2005 revidiert wurde.

Das IPA spielt international die wichtigste Rolle, ist aber keineswegs ohne Konkurrenz: So etwa wird in der automatischen Sprachverarbeitung heute im europäischen Raum SAMPA (Speech Assessment Methods Phonetic Alphabet) verwendet, das den großen Vorteil hat, dass es mit den Schriftzeichen einer normalen Computertastatur auskommt (Stichwort ipaascii) und damit die Verarbeitung erleichtert und beschleunigt. Aber es ist natürlich gewöhnungsbedürftig. – Von Dialektologen wurden früher verschiedene, den jeweiligen Zwecken angepasste Transkriptionssysteme verwendet; größere Bedeutung erlangte das Teuthonista-System, das sehr logisch aufgebaut ist und im Feldeinsatz unschätzbare Vorteile hat, da es bei den Vokalen eine Grundnotation und eine anschließende Differenzierung nach geschlossen/offen erlaubt. Aber leider hat es sich nicht durchgesetzt. – Viele (deutsche und fremdsprachige) Wörterbücher wandeln das IPA nach eigenen Bedürfnissen bzw. nach den jeweiligen technischen Gegebenheiten und nationalen Traditionen ab. Es ist daher unabdingbar, dass man vor der Benutzung die jeweiligen Einleitungen liest. – Aber auch bei Spezialuntersuchungen werden oft »wilde« Transkriptionen verwendet, die die Rezeption nicht wenig erschweren. Bei morphologischen, syntaktischen, semantischen und pragmatischen Untersuchungen gibt man sich meist mit Transliterationen (d.h. Wiedergabe ausschließlich mit den normalen Schriftzeichen) zufrieden, obwohl in vielen Fällen (v.a. bei Untersuchungen zur gesprochenen Sprache) eine präzise Erfassung der Lautstruktur sinnvoll, ja unabdingbar wäre, man denke etwa an Verschmelzungsformen (Klitisierungen), regionale Aussprachevarianten usw.

Zur Vertiefung:

IPA: Handbook of the International Phonetic Association: a guide to the use of the International Phonetic Alphabet. – Cambridge (Mass.): Cambridge University Press 1999.

Pullum, G. K./Ladusaw, W. A. (1986): Phonetic Symbol Guide. 2nd. ed. 1996. – Chicago etc.: The University of Chicago Press.

Wiesinger, P. (1964): Das phonetische Transkriptionssystem der Zeitschrift Teuthonista«. Eine Studie zu seiner Entstehung und Anwendbarkeit in der deutschen Dialektologie mit einem Überblick über die Geschichte der phonetischen Transkription. – In: ZS f. Mundartforschung XXXI, S. 1-20.

Möhn, D. (1964): Die Lautschrift der Zeitschrift »Teuthonista«. Ihre Bewährung und Erweiterung in der deutschen Mundartforschung 1924-1964. – In: ZS f. Mundartforschung XXXI, S. 21-42. [Darin Abdruck der ursprünglichen Fassung von H. Teuchert in »Zum Geleit«, in: Teuthonista H. 1 (1924)]

1.3.2 Das IPA im Internet

Die International Phonetic Association (IPA) hat eine eigene Website:

<http://www.langsci.ucl.ac.uk/ipa/>, [25.09.09]

Hier findet man viele weitere nützliche Informationen zum oben zitierten Handbuch, zur Geschichte des IPA usw. So ist es z.B. möglich, sich die einzelnen vom IPA repräsentierten Sprachlaute als isolierte oder im Verbund gesprochene Laute anzuhören; es gibt Links zu anderen interessanten Adressen und auch Informationen darüber, wo sich IPA-Fonts, also IPA-Zeichensätze für den PC, im Internet finden lassen. Eine Adresse sei hier stellvertretend genannt:

SIL International: <http://www.sil.org/>, [25.09.09]

Hier finden sich im Katalog für die Verwendung im Universitätsbereich kostenlos drei Zeichensätze, die SIL IPA fonts, die sich problemlos auf dem PC installieren lassen.

Ab WINDOWS 2000 ist die Anzahl der auf einem PC verfügbaren Zeichen unter dem Sichwort »Unicode« wesentlich erweitert worden. Unter »Einfügen« »Sonderzeichen« finden sich meist auch mehr oder minder vollständige IPA-Zeichensätze, wobei aber die Zeichen sehr umständlich einzeln eingefügt werden müssen (erleichtert ev. durch die Verwendung des erweiterten Zwischenspeichers). Auf der Homepage von John Wells, einem britischen Phonetiker, finden sich Hinweise über Unicode-Fonts für die IPA-Symbole. Die Homepage selbst bietet viele interessante Informationen über Phonetik und weitere Links:

Homepage J. Wells: <http://www.phon.ucl.ac.uk/home/wells>, [25.09.09]

Eine Liste von Homepages, die sich mit »speech and phonetic sciences« und allem, was im Umfeld dazugehört, befassen, findet man z.B. unter:

Institut für Phonetik und Sprachverarbeitung der L.-M.-Univ. München: <http://www.phonetik.uni-muenchen.de>, [25.09.09]
Institut für Phonetik der Univ. Stuttgart: <http://www.ims.uni-stuttgart.de/phonetik/joerg/worldwide/lingphon.html>, [25.09.09]
Homepage des Instituts für Phonetik und digitale Sprachverarbeitung Kiel: <http://www.ipds.uni-kiel.de>, [25.09.09]

Eine kommentierte Linkliste findet sich auf der Homepage des phonetischen Instituts der Humboldt-Universität Berlin:

<http://www2.hu-berlin.de/phonetik>, [25.09.09]

Für Leute, die an perzeptiver Phonetik interessiert sind, bietet

Perceptual Science Lab: <http://mambo.ucsc.edu/>, [25.09.09]

in erster Linie »speech perception by ear and eye«.

Achtung! Die Richtigkeit der Verweise auf diese Seiten ist nicht immer gewährleistet. Links veralten oftmals rasch oder ändern sich, wobei wir hier allerdings versucht haben, nur Seiten aufzunehmen, die schon seit geraumer Zeit bestehen, so dass wir davon ausgehen können, dass das auch in Zukunft so bleiben wird. Die Interessierten möchten wir hier noch auf alle gängigen Suchmaschinen (z.B. <http://www.google.de> speziell für den deutschsprachigen Bereich) verweisen. Allerdings ist es oftmals leichter, über die Eingabe der entsprechenden englischen Termini an Informationen zu kommen. Institutionen in

Großbritannien und auch in den Vereinigten Staaten bieten schon sehr viel länger gute fachliche Informationen über das www an.

1.3.3 Erfahrungen mit einzelnen Zeichensätzen

SILDoulosIPA/SILManuscriptIPA/SILSophiaIPA findet man unter obiger SIL-IPA-Internet-Adresse, wo man diese Zeichensätze herunterladen kann. Sie sind im Universitätsbereich kostenfrei und werden von sehr vielen Forschern verwendet. Im vorliegenden Buch wird übrigens SILSophiaIPA 93, eine seriphenlose Variante, verwendet. – Probleme bei der Anwendung:

- Die Schrift ist bei gleicher Schriftgrößeneinstellung etwas größer als ein vergleichbares Schriftzeichen in Times New Roman. Dadurch werden die Zeilenabstände größer, was bei größeren Textblöcken sehr störend wirkt. Abhilfe: IPA-Fonts um 1pt kleiner einstellen als den normalen Schrifttyp; Zeilenabstand in den Formatvorlagen nicht auf »mindestens 12pt« einstellen, sondern auf »12pt genau«. Dadurch können allerdings bestimmte Subskripte »abgeschnitten« werden.
- Wichtige Zeichen wie etwa [ɔ, ɐ, ə, ː] sind teilweise nur über den ASCII-/ANSI-Code erreichbar. Dabei muss man zunächst mit der Taste NUM LOCK den Ziffernblock der Tastatur aktivieren, dann bei gedrückter Taste ALT (links) die ANSI-Kennziffer des betreffenden Zeichens mit einer führenden Null eingeben, also z.B. für [ə] die Zahl 0171. Die wichtigsten Zahlen merkt man sich aber erstaunlich schnell.

Tipp: Unbedingt das README mit den Zeichentabellen ausdrucken und genau durchlesen. Vor allem der Umgang mit den zahlreichen Diakritika und die Anpassung an die eigene Tastatur erfordern viel Übung. Wir versenden auch auf Anforderung per e-Mail detaillierte Anweisungen zur Installation und Bedienung der IPA-Fonts.

Die **Unicode**-Zeichensätze mit mehreren IPA-Fonts, die unter MS Office (bzw. MS Word) laufen, z.B. Lucida Sans Unicode, Arial Unicode MS, sind mittlerweile standardmäßig in allen Office- bzw. Word-Versionen enthalten.

Neben diesen im Universitätsbereich frei benutzbaren IPA-Zeichensätzen gibt es auch noch Zeichensätze, die zusammen mit anderen Schrifttypen erworben werden können. Man erhält sie meist nur auf einer CD-ROM zu den unterschiedlichsten Preisen.

Den Gebrauch der IPA-Zeichen muss man nicht auf einmal lernen. Erstes Ziel ist die Fähigkeit zu **Grobtranskriptionen** (sog. »weite« Transkriptionen): Dabei kommt man weitgehend ohne Diakritika aus. Der Verfeinerung der Transkriptionsfähigkeiten sind dann praktisch keine Grenzen gesetzt; das ist aber dem Fachphonetiker vorbehalten, soweit er sog. »Ohrenphonetik« betreibt. –

Die Anwendung des IPA wird wesentlich erleichtert durch die Kenntnis einiger Regeln. Die entsprechenden Fähigkeiten hoffen wir auf schonende Weise in Kap. 2 zu vermitteln.

1.3.4 Interaktive Übungsprogramme auf CD-ROM

In letzter Zeit sind interaktive Lehr- und Lernprogramme für Phonetik und Phonologie auf CD-ROM erschienen, die nach unseren Erfahrungen sehr nützlich sind für die selbstständige Einarbeitung in diese Wissensgebiete, da sie den Wissensstoff sehr anschaulich darbieten und den Lernerfolg durch entsprechende Fragen kontrollieren.

Franke, I. (2000): Sprachlabor. Eine multimediale und interaktive Einführung in die Welt des Sprechens. Wissenschaft auf CD-ROM. Multimedia mit Ausdruck und Inhalt. – Trier: Media Enterprise. <http://www.linguistlist.org/issues/7/7-988.html> [mit einer sehr nützlichen Einführung; dazu mit Analyseprogrammen, mit denen man akustisch-phonetische Analysen konkreter Äußerungen erarbeiten kann; nach unseren Erfahrungen sehr zuverlässig. Derzeit wohl vergriffen].

Handke, J. (2001): The Mouton Interactive Introduction to Phonetics and Phonology [CD-ROM]. – Berlin, New York: Mouton de Gruyter [Die anfänglichen technischen Schwierigkeiten mit dieser DVD sind jetzt offenbar behoben; graphisch sehr aufwändig gestaltet, inhaltlich eher dünn].

1.4 Hinweise auf elementare Literatur

1.4.1 Hinweise zu unseren bibliographischen Informationen

Die Literaturhinweise, die wir den einzelnen Themen/Abschnitten und Kapiteln beigeben, sind nach folgenden Prinzipien ausgewählt:

- Es werden nur reguläre Veröffentlichungen aufgenommen, keine sog. graue Literatur, um sicherzustellen, dass die Benutzer dieses Buches die zitierte Literatur auch mit vertretbarem Aufwand erreichen können.
- I.d.R. wird deutschsprachigen Veröffentlichungen der Vorzug gegeben, um leichtere Zugänglichkeit zu gewährleisten.
- I.d.R. werden nur Veröffentlichungen unmittelbar zu Problemen des Deutschen zitiert.
- Jüngeren Veröffentlichungen wird der Vorzug vor älteren gegeben, v.a. dann, wenn sie über ihre Bibliographien den Zugang zur älteren Literatur gewährleisten.
- Datenorientierten Veröffentlichungen wird der Vorzug vor primär theoretischen gegeben, doch wird darauf geachtet, dass der Zugang zu wichtigen theoretischen Richtungen problemlos möglich ist.

- Wenn ein Autor mehrere Aufsätze oder Bücher zu einem Thema veröffentlicht hat, dann wird i.d.R. die jüngste Veröffentlichung zitiert, da sie meist den Zugang zu den älteren gewährleistet.

Grundlegende Literatur wird am Ende der Kapitel zusammengefasst angeboten. Bei den einzelnen Abschnitten werden diese Titel abgekürzt nur mit den Namen der Verf./Hgg. und dem Erscheinungsjahr zitiert. – Unsere Kommentare und Hinweise werden den Zitaten in eckigen Klammern hinzugefügt.

1.4.2 Hilfe in terminologischen Nöten

Bußmann, H. ([4]2008): Lexikon der Sprachwissenschaft, 4., durchgesehene und bibliographisch ergänzte Auflage unter Mitarbeit von Hartmut Lauffer. – Stuttgart: Kröner.

Glück, H. (Hg.) ([3]2005): Metzler Lexikon Sprache. 3., neu bearb. Aufl. – Stuttgart: Metzler. [seit 2004 auf CD-ROM in der Digitalen Bibliothek bei der Directmedia Publishing GmbH; derzeit vergriffen; <http://www.digitale-bibliothek.de>], [25.09.09]

1.4.3 Einführungen in den Gesamtbereich (Phonetik – Phonologie – Graphemik)

Handke, J. (2001): The Mouton Interactive Introduction to Phonetics and Phonology [CD-ROM]. – Berlin, New York: Mouton de Gruyter.

Franke, I. (1996): Sprachlabor. Eine multimediale und interaktive Einführung in die Welt des Sprechens. Wissenschaft auf CD-ROM. Multimedia mit Ausdruck und Inhalt. – Trier: Media Enterprise. <http://www.linguistlist.org/issues/7/7-988.html> [mit einer sehr nützlichen Einführung; dazu mit Analyseprogrammen, mit denen man akustisch-phonetische Analysen konkreter Äußerungen erarbeiten kann. Derzeit wohl vergriffen]

Althaus, H. P./Henne, H./Wiegand, H. E. (Hgg.) (1973): Lexikon der Germanistischen Linguistik (LGL). Erste (!) Auflage. – Tübingen: Niemeyer. [7. Phonetik, von G. Heike/E. Thürmann, S. 95-105; 8. Graphetik, von H. P. Althaus, S. 105-110; 9. Phonemik, von W. H. Veith, S. 110-118; 10. Graphemik, von H. P. Althaus, S. 118-132]

Eisenberg, P. (2005): Phonem und Graphem. Der Laut und die Lautstruktur des Wortes. Der Buchstabe und die Schriftstruktur des Wortes. – In: Duden. Grammatik der deutschen Gegenwartssprache. 7., völlig neu erarb. u. erweiterte Aufl. (Mannheim etc.: Dudenverlag), S. 19-94.

Eisenberg, P. ([3]2006): Grundriss der deutschen Grammatik. Bd. 1: Das Wort. – Stuttgart, Weimar: Metzler. [2. Die phonetische Basis, S. 39-82; 3. Segmentale Phonologie: Phoneme, S. 83-98; 4. Silben, Fußbildung, Wortakzent, S. 99-143; 8. Die Wortschreibung, S. 286-340]

Hinweisen wollen wir an dieser Stelle auch auf das äußerst verdienstvolle Grammis-Projekt des Instituts für deutsche Sprache in Mannheim, das die Suche nach geeigneter Literatur, v.a. bei unselbstständigen Veröffentlichungen (Aufsätzen etc.) ganz wesentlich erleichtert hat. Die darin enthaltene bibliographische Datenbank erreicht man über die Startseite des IdS <http://www.ids-mannheim.de>, Projekte > laufende Projekte > grammis > bibliographische Datenbank.

2. (Artikulatorische) Phonetik

Die **Phonetik** untersucht als naturwissenschaftlich orientierte Wissenschaft die physikalischen und die physiologischen Eigenschaften von humansprachlichen Lautereignissen. Aufgrund der Gemeinsamkeit des Gegenstands »Lautsprache« dient sie auch als Hilfswissenschaft der Linguistik, doch wird die Kommunikation zunehmend erschwert durch die wachsende Distanz vieler Richtungen innerhalb der Phonetik zu geisteswissenschaftlichen Methoden und durch die zunehmende Annäherung z.B. an die Elektroakustik (und umgekehrt durch die Distanz vieler Linguisten zu naturwissenschaftlichen Methoden). – Üblicherweise unterscheidet man drei phonetische Perspektiven bzw. Arbeitsrichtungen:

- **Artikulatorische** Phonetik: Sie untersucht die Erzeugung von Lautereignissen, und zwar von der Steuerung durch das Gehirn bis hin zu den konkreten Artikulationsbewegungen der Artikulationsorgane im Mund-, Rachen- und Nasenraum und im Kehlkopf. Die Methoden waren dabei oft rein beobachtend und insofern auch für den Nichtphonetiker gut zugänglich; doch bedient man sich heute auch hier zunehmend des Elektroenzephalogramms (EEG), des Röntgens, der Elektromyographie (EMG), des Hochgeschwindigkeitsfilms und weiterer ausgefeilter Testverfahren.
- **Akustische** Phonetik: Sie untersucht die physikalischen Eigenschaften von Lautereignissen und benützt dazu im Wesentlichen die Hilfsmittel der Elektroakustik und der **digitalen Sprachverarbeitung**, z.B. Spektrogramme, Grundfrequenzkurven, Intensitätskurven und zeitliche Strukturierungen.
- **Auditive (perzeptive)** Phonetik: Sie untersucht die Wahrnehmung von Lautereignissen. Auch hier kann man rein beobachtend, allein unter Verwendung des geschulten Gehörs, vorgehen, und dieser Ansatz ist wiederum dem Geisteswissenschaftler i.d.R. gut zugänglich; aber man kann auch mit komplizierten technischen Hilfsmitteln die Eigenschaften des menschlichen Sprachgehörs erfassen.

Aus Gründen der leichteren Zugänglichkeit konzentrieren wir uns hier auf den Ansatz der rein beobachtenden artikulatorischen Phonetik, bedienen uns dabei aber auch auditiver Methoden und ergänzen ggf. Ergebnisse, die mit Hilfe der apparativen Phonetik gewonnen wurden (Bewegungsabläufe, Lauterzeugung, Lauttypen).

Literaturhinweis:

Pompino-Marschall, B. (^{2}2003): Einführung in die Phonetik. 2. Aufl. – Berlin: de Gruyter. (= de Gruyter Studienbuch) [zur artikulator. Phonetik S. 17-86; zur akust. Phonetik S. 87-141; zur perzeptiven Phonetik S. 143-175].

Für Studierende, die an Verfahren der akustischen Phonetik interessiert sind, bildet das frei aus dem Internet herabladbare Programmpaket »praat« von Paul Boersma und David Weenink zur akustischen Analyse mit seinen Lernprogrammen eine sehr attraktive Möglichkeit:

<http://www.praat.org>, [25.09.09]

Eine kurze deutschsprachige Einführung in das Programm findet sich in Pompino-Marschall ([2]2003), S. 133-139.

»Transcriber«, ein weiteres, häufig benutztes Programmpaket zur Bearbeitung von Sprachsignalen, läßt sich ebenfalls kostenlos von folgender Seite herunterladen:

Transcriber: <http://trans.sourceforge.net/en/presentation.php>, [25.09.09].

2.1 Sprachproduktion

Grundlegend bei der Erzeugung von Sprachlauten sind: die Atmung, die Stimmtonerzeugung im Kehlkopf, die Veränderung des Ansatzrohrs (mit diesem Terminus wird der Raum zwischen Kehlkopf (Glottis) und Mund bzw. Nase bezeichnet) durch die artikulierenden Organe. Auf die **Atmung** können wir hier nicht näher eingehen. Stattdessen verweisen wir auf Pompino-Marschall ([2]2003), S. 20-30; Wängler (1983), S. 63-66. – Die **Stimmtonerzeugung** (Phonation) und die artikulierenden Organe sollen im folgenden Kapitel näher besprochen werden. – Dabei werden zur Kennzeichnung der Laute die Zeichen des IPA verwendet, die in eckige Klammern gesetzt werden. Diese Klammern weisen darauf hin, dass es sich um funktional unklassifizierte Laute, sog. **Phone,** handelt. Von den Zeichen des IPA werden nur diejenigen vorgestellt und verwendet, die unmittelbar für die Beschreibung der Lautstruktur des Deutschen notwendig sind.

Tipp: Es ist sinnvoll, die beschriebenen Sachverhalte bei sich selbst auszuprobieren. Selbstbeobachtung halten wir für unabdingbar; sie führt zur bewussten Wahrnehmung und Reflexion des eigenen Sprachverhaltens. Erst dann ist eine Korrektur (wenn sie notwendig erscheint) beim Sprecher selbst wie auch bei anderen Personen, z.B. bei Schülern und Studenten, möglich.

2.1.1 Lauterzeugung

Beim Sprechen wird wie bei stark verlängertem Ausatmen (mit verkürztem Einatmen) ein kontinuierlicher Luftstrom aus der Lunge erzeugt, der im Kehlkopf die Stimmlippen bei den stimmhaften Lauten (alle Vokale, dazu [b, d, g, v, z, ʒ, d͡ʒ, d͡z, n, m, ŋ, l, r, ʀ, j]) zum Schwingen bringt (Phonation). Häufig wird das so erklärt, dass die Stimmlippen im Kehlkopf (Larynx) wie eine Saite schwingen. Tatsächlich aber werden beim Ausatmen durch den dabei entstehenden Atemdruck von unten her die Stimmlippen geöffnet. Durch das Schließen der Stimmritze (Glottis), bewirkt durch die Bernoulli-(Saug-)kraft, wird der Luftstrom gestaut, es entsteht wieder ein Druckmaximum vor den geschlossenen Stimmlippen und ein Druckminimum über den Stimmlippen. Der subglottale Druck öffnet wieder die Stimmlippen, dann greift wieder der Bernoulli-Effekt usw. Durch dieses Öffnen und Schließen der Stimmlippen entstehen im Stimmtrakt Transversalwellen der Luftmoleküle (der Luftsäule), die Stimmtonschwingungen. Vgl. hierzu

Fraunhofer IIS Vocal Fold Oscillation:
<http://www.iis.iis.fraunhofer.de/EN/bf/med/bild/stimmlippen.jsp>,[25.09.09]

Vgl. aber auch z.B. Pompino-Marschall (^{2}2003), S. 31-41; Davis (1998), S. 12 mit einer vereinfachten Darstellung. – Dieser Vorgang wiederholt sich z.B. bei einer Stimmtonfrequenz von 100 Hertz (Hz) einhundert Mal in der Sekunde. Auf diese Weise entsteht Rohschall, der dann durch die unterschiedlich gestalteten Räume im Ansatzrohr seine eigentliche Ausprägung als Ton erfährt. Es entstehen Schallwellen, die der Grundfrequenz und deren Vielfachen (sog. »Obertöne«) entsprechen. Ihr auditives Korrelat, also das, was man hört, sind die Tonhöhe und entsprechend den Obertönen die Lautgestalt.

Die Grundfrequenz liegt bei Männern im Mittel bei 120 Hertz, bei Frauen bei ca. 250 Hertz und bei Kindern bei ca. 400 Hertz, bei Babies bei 1100-1200 Hertz, was mit der natürlichen Länge der Stimmlippen zusammenhängt, die bei Männern in der Regel länger ausgebildet sind als bei Frauen bzw. Kindern. Der **Stimmumfang** selbst ist für Männer, Frauen und Kinder annähernd gleich, nämlich etwas mehr als 1 Oktave (bei ausgebildeten Sängern ca. 2 Oktaven, vgl. Pompino-Marschall (^{2}2003), S. 35 f.). – Durch Resonanzerscheinungen (Mitschwingen) v.a. im Mundraum entstehen so genannte harmonische Obertöne, die in ihrer Zusammensetzung eine bestimmte »Klangfarbe« ergeben und für jeden Sprecher ein spezifisches Timbre erzeugen. Darstellen kann man Grundfrequenz und Obertöne in Spektrogrammen.

Die eigentliche **Lautbildung** lässt sich verstehen als ein Prozess, bei dem der Atemstrom aus dem Kehlkopf (mit oder ohne Stimmton) im Rachen-/Mund-/Nasenraum artikulatorisch moduliert wird. Bei Vokalen wie bei Konsonanten nähert sich ein **beweglicher Artikulator** im Bereich des Unterkiefers einer **Artikulationsstelle** im Bereich des Oberkiefers. – Bei Konsonanten führt die Annäherung des Artikulators an eine Artikulationsstelle entweder zu einem vollständigen Verschluss, der dann hörbar gelöst wird, oder aber zu einer Enge, die zur Geräuschbildung führt (Verwirbelungen im Atemstrom).

Ferner kann man unterscheiden zwischen

- **oraler** Artikulation, wobei der Atemstrom vom angehobenen Gaumensegel durch den Mund gelenkt wird, und
- **nasaler** Artikulation, wobei der Atemstrom durch die Nasenhöhle gelenkt wird, und zwar durch einen Verschluss, der bei den Nasalvokalen durch das auf die Zungenwurzel abgesenkte Gaumensegel entsteht. Bei [ŋ] wird der Verschluss durch den Kontakt zwischen Zungenrücken und Gaumensegel gebildet, bei [n] und [m] wird ein bilabialer bzw. labiodentaler Verschluss gebildet.

Zur Bewegung der Sprechorgane (Kiefer, Lippen, Zähne, Zunge, Gaumensegel (Velum), Zäpfchen (Uvula), Kehlkopf) ist eine große Zahl von Muskeln erforderlich. Da die einzelnen Sprechorgane unterschiedlich träge sind (der Zungenrücken ist z.B. sehr träge, der Kehlkopf hingegen reagiert sehr schnell), bedarf es eines sehr komplizierten »Timings« bei ihrer Steuerung durch das Gehirn, damit zu einem ganz bestimmten Zeitpunkt bestimmte Artikulationspositionen aller jeweils beteiligten Artikulationsorgane erreicht werden. Stottern kann u.a. verursacht sein durch »Fehler« bei dieser zeitlichen Koordination.

Literaturhinweise:

Garding, L. (1986): A simple qualitative model for the vibration of the vocal folds. – In: Lund Working Papers 29, S. 139-146.

Kohler, K. (1977): Einführung in die Phonetik. 2., neubearb. Aufl. 1995. –Berlin: E. Schmidt (= Grundlagen der Germanistik Bd. 20) [S. 46-52 zur Atmung und Phonation].

Kröger, B. J. (1998): Ein phonetisches Modell der Sprachproduktion. – Tübingen: Niemeyer.

Lindner (1981), S. 54-64; S. 69-72; S. 77ff. zur Phonation insbes.

Pétursson/Neppert (1996), S. 47-60; zur Phonation S. 70-73; zur Atmung S. 60.

Pompino-Marschall, B. (^{2}2003): Einführung in die Phonetik. 2. Aufl. – Berlin: de Gruyter. (= de Gruyter Studienbuch) [S. 31-42 zur Phonation (Kehlkopf)].

Wängler (1983), S. 48-89 zur Bildung der Sprachlaute.

2.1.2 Klassifikation von Sprachlauten nach den an ihrer Erzeugung beteiligten Sprechwerkzeugen

Üblicherweise werden in der artikulatorischen Phonetik die Sprachlaute nach den an ihrer Erzeugung beteiligten Sprechwerkzeugen und dem Artikulationsmodus klassifiziert. Dabei muss man folgende Parameter berücksichtigen: Artikulationsstelle, Artikulator, Überwindungs-/Artikulationsmodus.

Artikulationsstellen: Damit meint man die als mehr oder minder unbeweglich gedachten Bereiche am Oberkiefer, nämlich:

- Oberlippe (lat. labium; **labial**/labio-) (z.B. [p, b, m]).
- Obere Zähne (lat. dentes; **dental**/dento-) (z.B. [v, f]).
- Zahndamm (lat. alveolus; **alveolar**/alveo-) (z.B. [t, d, n, s, z, l, r]).
- harter Gaumen (lat. palatum; **palatal**/palato-) (z.B. [ʃ, ç, j]).

- weicher Gaumen, auch Gaumensegel genannt (lat. velum; **velar**/velo-) (z.B. [k, g, x, ŋ, ʁ]).

Bei der Angabe des Artikulationsortes sind der Genauigkeit prinzipiell keine Grenzen gesetzt. So kann man etwa zwischen prä-, medio- und postpalatal unterscheiden. Für unsere Zwecke reichen aber die obigen Hauptunterscheidungen i.d.R. völlig. Weiter muss darauf hingewiesen werden, dass bei der Lautbildung immer ein gewisser Spielraum bei der Wahl des Artikulationsortes vorhanden ist. Ob man also für die Bildung des [t] die obere Zahnreihe, den Zahndamm oder das Präpalatum verwendet, ist weitgehend unerheblich für die Verständlichkeit.

Artikulatoren: Damit meint man bewegliche Artikulationsorgane am Unterkiefer, dazu das Zäpfchen (Uvula) und die Stimmlippen (Glottis):

- Unterlippe (lat. labium; labial/labio-); kombiniert mit der Oberlippe **(bilabial)** [p, b, m] oder den oberen Zähnen **(labiodental)**: [v, f].
- die untere Zahnreihe (lat. dentes; **dental**/dento-); sie wird allerdings im Deutschen nicht als Artikulator verwendet.
- Zungenspitze (lat. apex; **apikal**/apiko-); kombiniert mit den beiden Lippen (interlabial; in der Standardsprache nicht üblich), mit den beiden Zahnreihen (interdental; in der Standardsprache nicht üblich), mit der oberen Zahnreihe **(apikodental):** so werden manchmal [t, d, n] artikuliert, i.d.R. aber mit dem oberen Zahndamm **(apikoalveolar)**: [t, d, n, s, z, l, r], diese auch mit dem Palatum und zurückgebogener Zunge als Retroflexe (in der Standardsprache nicht üblich).
- Zungenrücken (lat. dorsum; **dorsal**/dorso-); kombiniert mit dem harten Gaumen **(dorsopalatal)**, z.B. [ʃ, ç], oder dem Gaumensegel **(dorsovelar)**, z.B. [k, x, ŋ].
  - Vorderzungenrücken: prädorsal (z.B. [ʃ, ʒ]).
  - Mittelzungenrücken: mediodorsal (z.B. [ç, j]).
  - Hinterzungenrücken: postdorsal (z.B. [k, g, x, ŋ]).
- Zäpfchen (lat. uvula); bei den Vibranten **uvular**: [ʀ, ʁ].
- Stimmlippen (lat. glottis; **glottal**/glotto-); beim Glottisverschluss, d.h. »Glottisschlag« [ʔ] und beim Hauchlaut [h].

Im folgenden Bild, das einen Längsschnitt des Kopfes mit den Artikulationsstellen und -organen darstellt, sollen die Zusammenhänge nochmals anschaulicher verdeutlicht werden.

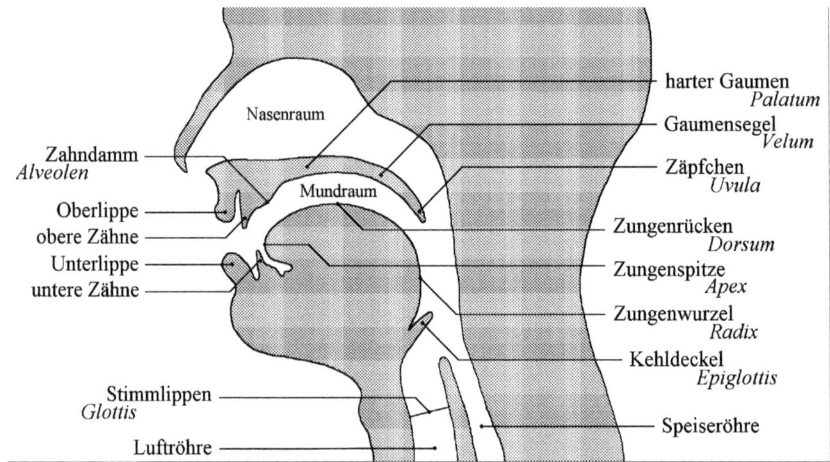

Sagitalschnitt durch den Kopf

Häufig benutzte Entsprechungen der Termini im Lateinischen und Englischen:

deutsche Termini	**lateinische Entsprechungen**	**englische Entsprechungen**
Oberkiefer/Unterkiefer	mandibulum	upper jaw/lower jaw
Oberlippe/Unterlippe	labium (labial)	upper/lower lips
obere/untere Zahnreihe	dentes (dental)	upper/lower teeth
Zahndamm	alveolus (alveolar)	teeth-ridge (alveolar ridge)
Gaumen	palatum (palatal)	palate
harter Gaumen	palatum (palatal)	hard palate
weicher Gaumen/Gaumensegel	velum (velar)	soft palate
Zäpfchen	uvula (uvular)	uvula
Zunge	lingua	tongue
Zungenspitze	apex (apikal)	tip (front area) of the tongue
Zungenkranz (-saum)	corona (koronal)	blade/crown
Zungenrücken	dorsum (dorsal)	centre (central area)
Zungenwurzel	radix (radical)	back (root)
Rachen	pharynx (pharyngal)	pharynx (pharyngeal)
Kehlkopf/Glottis/Stimmlippen	larynx/glottis (laryngal)	vocal chords/vocal folds (laryngeal)
Nasenraum/Nasenhöhle	cavum nasi (nasal)	nasal cavity
Mundraum/Mundhöhle	cavum oris	oral cavity
Ansatzrohr/Vokaltrakt/Stimm-trakt	-	vocal tract

Genau genommen können die Artikulationsstellen und artikulierenden Organe teilweise noch feiner unterteilt werden. Beispielsweise wird in der englischsprachigen Literatur oft unterschieden in Zungenspitze (tip), Zungenanfang (blade), Zungenvorderteil (front), Zungenzentrum (centre), Zungenrücken (back), Zungenwurzel (root/back); aber ein derartiger Grad an Genauigkeit ist für unsere Zwecke nicht nötig.

Literaturhinweise:
Pompino-Marschall, B. (^{2}2003): Einführung in die Phonetik. 2. Aufl. – Berlin: de Gruyter. (= de Gruyter Studienbuch) [S. 43-86 zu den Artikulatoren und Artikulationsstellen, v.a. S. 43-58].
Eisenberg, P. (^{3}2006): Grundriss der deutschen Grammatik. Bd. 1: Das Wort. Bd. 2: Der Satz. – Stuttgart, Weimar: Metzler. [S. 49 ff.]
Hall (2000), S. 3-21.
Davis (1998), S. 9 ff.

2.1.3 Klassifikation von deutschen Sprachlauten nach dem Artikulationsmodus

Die Artikulation kann bei den **Konsonanten** verstanden werden als Kombination aus einem regelmäßigen Atemstrom aus der Lunge und einem Hindernis im Mund-Rachenraum. Die Lage des Hindernisses wird durch die Artikulationsstelle und den Artikulator (das artikulierende Organ) gekennzeichnet, die Art des Hindernisses und seiner Überwindung, der Artikulationsmodus, wird in folgender Weise charakterisiert:

Verschluss: Dabei wird an einer bestimmten Stelle im Ansatzrohr ein Verschluss gebildet. Dieser Verschluss kann nach kurzer Zeit gelöst werden (Plosiv); die Verschlusslösung kann
- hart erfolgen: [p, t, k] (in alternativen Terminologien auch »Fortes«).
- weich erfolgen: [b, d, g] (in alternativen Terminologien »Lenes«).
- ohne Beteiligung des Stimmtons (stimmlos): [p, t, k].
- mit Beteiligung des Stimmtons, der auch während des Verschlusses vorhanden ist (stimmhaft): [b, d, g].
- mit Behauchung (aspiriert): [pʰ, tʰ, kʰ] (auch »Aspiratae«).
- ohne Behauchung: [b, d, g].
- ohne den Nasenraum als Resonanzraum: [p, t, k, b, d, g] (»Orale«).

Der Atemstrom kann aber auch bei bilabialem oder apikoalveolarem Verschluss, oder wenn das Velum auf die Zungenwurzel abgesenkt wird, über die Nase umgelenkt werden, i.A. mit Beteiligung eines Stimmtons: [m, n, ŋ] (»Nasale«).

Ein medialer Verschluss, z. B. wenn der Zungensaum (koronal) am Zahndamm (alveolar) anliegt, kann mit seitlicher (mono- oder bi-lateraler) Öffnung kombiniert werden, immer mit Beteiligung des Stimmtons: [l] (»Lateral«).

Engebildung: Dabei nähern sich Artikulator und Artikulationsstelle nur an, sie bilden keinen Verschluss. Es entsteht aufgrund der Turbulenzen im Atemstrom ein Geräusch, die so genannten Reibelaute (»Frikative«):
- ohne Beteiligung eines Stimmtons: [f, s, ʃ, ç, x, ʁ],

– mit Stimmton: [v, z]. Nur in nichtnativen Wörtern tritt auf: [ʒ].

Affrikaten: Bei ihnen wird der Verschluss nicht vollständig gelöst, sondern geht in eine Engebildung an derselben oder einer eng benachbarten Artikulationsstelle über; bei nativen Wörtern fehlt dabei der Stimmton: [p͡f, t͡s, t͡ʃ, k͡x], bei nichtnativen kann er beteiligt sein: [d͡z, d͡ʒ].

Vibranten: Bei ihnen wird ein Artikulator durch Engebildung lokal in Schwingungen versetzt: die Zungenspitze (apikal) [r] oder das Zäpfchen (uvular) [ʀ].

Literaturhinweise:

Pompino-Marschall, B. ([2]2003): Einführung in die Phonetik. 2. Aufl. – Berlin: de Gruyter. (= de Gruyter Studienbuch) [S. 31ff. zur Phonation allgem.; S. 182-220 zu den Konsonanten].

Aussprache-Duden (2005), S. 24ff.

Vokale können ähnlich beschrieben werden: Durch die Annäherung eines Artikulators, in diesem Fall des Zungenrückens, an eine Artikulationsstelle (ohne Engebildung wie bei den Frikativen). Im Bereich des Palatums (harter Gaumen) wird der Mund-/Rachenraum in zwei Resonanzräume geteilt, die den im Kehlkopf (in der Glottis) erzeugten Grundton in charakteristischer Weise modulieren:

- Bei den **Vorderzungenvokalen** [iː, ɪ, yː, ʏ, eː, ɛ, ɛː, øː, œ] liegt die Zungenaufwölbung im Bereich der Vorderzunge und nähert sich dem vorderen harten Gaumen (Palatum), wobei die Zunge bei [iː] am höchsten, bei [ɛ, ɛː, øː, œ] am wenigsten aufgewölbt ist.
- Bei den **Hinterzungenvokalen** [ɔ, oː, ʊ, uː] liegt die Zungenaufwölbung im Bereich der Hinterzunge und nähert sich dem hinteren Palatum, wobei die Zunge bei [uː] am höchsten, bei [ɔ] am wenigsten aufgewölbt ist. Natürlich ändert sich die Lage der Zunge insgesamt durch die Position der Aufwölbung: Bei [uː] zieht sie sich nach hinten zurück, bei [iː] streckt sie sich nach vorne.
- Bei den sog. **zentralen** Vokalen [ɑː, ɑ, ɐ, ə] ist keine Zungenaufwölbung vorhanden; die Zunge ist sogar leicht löffelförmig nach unten gewölbt, es liegt also nur e i n Resonanzraum vor, weitgehend bestimmt durch die Kieferöffnung (Senkung des Unterkiefers).
- Eine Modulation kann durch **Lippenrundung** erfolgen: [yː, ʏ, øː, œ, oː, ɔ, uː, ʊ]. Die langen Hinterzungenvokale sind im Deutschen deutlich gerundet, die kurzen wenig bis gar nicht.
- Ferner kann eine Modulation durch **Nasalierung** erfolgen: [ɑ̃, õ, ẽ, ɛ̃]. Nasalvokale gibt es aber im Standarddeutschen nicht. Das Mittelbairische hat die Nasalvokale erst in jüngster Zeit (ab ca. 1960) verloren.

Jeder Laut ist nach den genannten drei Dimensionen zu kennzeichnen. Diese Kennzeichnung kann grob oder genauer sein. Der Genauigkeit sind dabei wiederum prinzipiell keine Grenzen gesetzt.

Literaturhinweise:
Kröger, B. J. (1998): Ein phonetisches Modell der Sprachproduktion. – Tübingen: Niemeyer. (= Ling. Arb. 387).
Pompino-Marschall, B. ([2]2003): Einführung in die Phonetik. 2. Aufl. – Berlin: de Gruyter. (= de Gruyter Studienbuch) [S. 221 Kennzeichnung von Vokalen nach artikulatorischen Hauptparametern].

Zur phonetischen Transkription:
Pullum, G. K./Ladusaw, W. A. ([2]1986): Phonetic Symbol Guide. – Chicago etc.: The University of Chicago Press.
Richter, H. (1973): Grundzüge und System der Transkription (IPA). – Tübingen: Niemeyer.
Wiesinger, P. (1964): Das phonetische Transkriptionssystem der Association Phonétique Internationale (API) aus der Sicht der deutschen Dialektologie. – In: ZS für dte. Mundarten 31, S. 42-49.

2.2 Artikulatorische Klassifikation der deutschen Sprachlaute

2.2.1 Artikulatorische Klassifikation der wichtigsten Konsonanten

				Artikulationsstelle >>		Oberlippe	obere Zahnreihe	oberer Zahndamm	harter Gaumen (Palatum)		weicher Gaumen (Velum)		
				Artikulator >>		Unterlippe	Unterlippe	Zungenspitze	Vorderzunge	Mittelzunge	Hinterzunge	Zäpfchen (Uvula)	Kehlkopf (Larynx)
Artikulationsmodus/-Kennzeichen			Bezeichnung	Artikulationsmodus >>		bilabial	labiodental	apico-alveolar	prä-dorso-palatal	medio dorso-palatal	post-dorso-velar	uvular	glottal laryngal
Verschlussbildung (Okklusion)	mit folgender oraler Öffnung	totale Öffnung	Verschlusslaute (Plosive)	ohne Aspiration	stl.	p		t			k		ʔ
				ohne Aspiration	sth.	b		d			g		
				mit Aspir.	stl.	p^h		t^h			k^h		
		teilweise Öffnung	Affrikaten	Verschluss +Enge	stl.	p͡f		t͡s	t͡ʃ		(k͡x)		
	nasale Öffnung		Nasale		sth.	m		n			ŋ		
engebildend	zentral		Frikative		stl.		f	s	ʃ	ç	x	ʁ	h
					sth.	(β)	v	z	(ʒ)	j			
	lateral		Laterale					l					
Vibration			Vibranten					r				ʀ	

Die obige Tabelle ist annähernd so angeordnet wie der Kopfquerschnitt S. 28, so dass also die Labialen ganz links in der Spalte liegen, die Glottalen ganz rechts. Varianten mit der gleichen Kombination von Artikulationsstelle und Artikulator (also z.B. [p, pʰ, b, m] sind in derselben Spalte platziert. – Da die genaue Kennzeichnung nach Artikulationsstelle und Artikulator umständlich ist, haben sich als eine Art Kürzel Termini eingebürgert, die in der Zeile »BEZEICHNUNG/ARTIKULATIONSART« aufgeführt sind. Es sei auch ausdrücklich darauf hingewiesen, dass die jeweils angegebenen Laute nur prototypische Realisierungen sind, wie sie in der Literatur angegeben werden. Eine Ausnahme bildet nur der [ç, x]-Laut, bei dem üblicherweise die beiden am weitesten voneinander entfernten Varianten angegeben werden, aber nicht die zahlreichen dazwischenliegenden Varianten; ähnlich verhält es sich auch bei den nicht behauchten bzw. behauchten stimmlosen Plosiven und bei den verschiedenen [r]-Varianten [r, ʀ, ʁ]. Aber auch bei den anderen Lauten ist immer ein gewisser Variationsspielraum vorhanden; so etwa können Apikoalveolare wie [t] meist auch, ohne dass dies besonders auffallen würde, apikodental realisiert werden, ja sogar apiko-interdental. Dagegen würde eine Realisierung der Labiodentalen (z.B. [v]) als Bilabiale (z.B. [β]) als regional/dialektal (hier: mittelbairisch) auffallen oder eine (häufige) Reduktion von [b] sein.

2.2.2 Die verzeichneten Konsonanten und die Zeichen des Internationalen Phonetischen Alphabets im Einzelnen

Die nachfolgende tabellarische Darstellung richtet sich nach Artikulationsstelle und Artikulator, jeweils geordnet nach typischen Paaren. Es sei ausdrücklich darauf verwiesen, dass hier nur diejenigen Konsonanten enthalten sind, die in nativen Wörtern vorkommen. Die häufiger in nichtnativen Wörtern auftretenden Laute werden in Abschn. 2.5.3, S. 63-67 im Rahmen der Probleme der Aussprache englischer und französischer Wörter kurz behandelt.

Bilabiale			Apikoalveolare			Prädorsopalatale		
[p]	[ˈgrʊpə]	*Gruppe*	[t]	[ˈroː.tə]	*rote*	[t͡ʃ]	[knaːt͡ʃ]	*Knatsch*
[b]	[ˈgruː.bə]	*Grube*	[d]	[ˈryː.də]	*rüde*	[ʃ]	[ʃɔn]	*schon*
[pʰ]	[ˈpʰɑː.tə]	*Pate*	[tʰ]	[ˈtʰɪl.gən]	*tilgen*	[ʒ]	[ʒʊr.ˈnaːl]	*Journal*
[p͡f]	[p͡fʊntʰ]	*Pfund*	[t͡s]	[t͡suːkʰ]	*Zug*			
[m]	[mʊntʰ]	*Mund*	[n]	[ˈʔʊn.tɐ]	*unter*			
			[s]	[lʊstʰ]	*Lust*			
Labiodentale			[z]	[ˈzɪŋən]	*singen*			
[f]	[ˈfɛtə]	*fette*	[l]	[loːn]	*Lohn*			
[v]	[ˈvɛtə]	*Wette*	[r]	[roːtʰ]	*rot*			

Mediodorsopalatale			Postdorsovelare			Uvulare		
[k]	[ˈrʏkən]	*rücken*	[k]	[ˈluː.kən]	*Luken*	[ʀ,ʁ]	[ˈʀɪtɐ]	*Ritter*
[g]	[ˈziː.gən]	*siegen*	[g]	[ˈboː.gən]	*Bogen*			
[k^h]	[ˈk^{h}ɪçɐn]	*kichern*	[k^h]	[ˈk^{h}uː.xən]	*Kuchen*	Laryngale		
[ç]	[ˈrɪç.tən]	*richten*	[ŋ]	[ˈzɪŋən]	*singen*	[ʔ]	[ˈʔɑː.bɐ]	*aber*
[j]	[ˈjɑː.gən]	*jagen*	[x]	[ˈzuː.xən]	*suchen*	[h]	[ˈheː.bn̩]	*heben*

Die folgende Besprechung richtet sich nach dem **Artikulationsmodus**:
Stimmlose Verschlusslaute/Plosive:

[p] [ˈgrʊpə] *Gruppe:* stimmloser bilabialer Plosiv.

[t] [ˈroː.tə] *rote:* stimmloser apikoalveolarer Plosiv.

[k] [ˈluː.kən] *Luken:* stimmloser dorsopalataler bzw. dorsovelarer Plosiv. Das [k] lässt einen weiten Variationsraum von präpalatal bis velar zu, abhängig vom vorausgehenden (oder folgenden) Vokal. Ein Vorderzungenvokal wie [i] bewirkt dabei (koartikulativ) eine präpalatale Variante, ein Hinterzungenvokal wie [u] eine velare Variante.

Die Aussprachewörterbücher behaupten, dass diese Laute im An- und Auslaut stark behaucht seien, im Inlaut dagegen nur schwach behaucht: [p^h]: [ˈp^{h}eː.tɐ] *Peter;* [grɑːp^h] *Grab;* [t^h]: [ˈt^{h}ɪl.gən] *tilgen;* [t^{h}ɑːt^h] *Tat;* [k^h]: [ˈk^{h}ɪçɐn] *kichern;* [buːk^h] *buk.* In den meisten Aussprachewörterbüchern wird die Behauchung der stimmlosen Plosive zwar bei den Ausspracheregeln erwähnt, aber in den Transkriptionen nicht angegeben, während wir sie hier verzeichnen (allerdings nur im absoluten An- und Auslaut), da uns eine phonetische Transkription entsprechend den Ausspracheregeln der Aussprachewörterbücher ohne dieses Merkmal widersinnig erscheint. – Viele oberdeutsche Dialekte (v.a. die mainfränkischen) weisen aufgrund der sog. **binnendeutschen Konsonantenschwächung** diese Konsonantengruppe nicht auf. Dort werden stattdessen stimmlose Varianten von [b̥, d̥, g̊] oder lenisierte, nicht behauchte Fortes realisiert. Die Behauchung fehlt oft in den Dialekten (soweit sie [p, t, k] überhaupt aufweisen) und in formloser schneller Umgangssprache.

Literaturhinweis:
König, W. (1989): I, 99-108; II, 66-81; 252-289.

[ʔ] [ˈʔɑː.bɐ] *aber:* **Glottisverschluss(laut),** auch »Glottisschlag« oder »Knacklaut«. Dabei werden die Stimmlippen geschlossen und wie bei anderen stimmlosen Plosiven ohne Stimmton durch den Atemdruck geöffnet. – Er steht im Deutschen potentiell vor jedem mit Vokal beginnenden Wort und Stamm-Morphem, intramorphemisch in *Theʔater, Beʔate, Michaʔel, chaʔotisch,* aber nicht bei *Trio*. Relativ häufig ist der Glottisschlag:

– nach einer Sprechpause vor betonter und unbetonter Silbe: *ʔOst, ʔIdee.*

– innerhalb des Wortblocks vor betonter Silbe: *den ʔAnfang machen, beʔarbeiten.*
– selten innerhalb des Wortblocks vor unbetonter Silbe: *den Gast ʔempfangen, die ʔAkazie.*
– häufiger beim Vokal *a* und sehr selten bei den Vokalen *i, u* und *ü.*

Die Funktion im Deutschen ist der Einsatz bzw. Absatz von Vokalen, doch kann er auch von Sprechern als Mittel zum Ausdruck des psychischen Zustands (Ärger/Unlust, aber auch lustbetonte Äußerungen) verwendet werden. Im Mittelbair., das sonst den Glottisschlag gar nicht verwendet, wird z.B. eine scharfe Ablehnung (*nein*) mit [ʔa] ausgedrückt (ungewöhnlich starker Glottisschlag mit folgendem kurzem, überoffenem [a]).

Meist ist er nur noch bei der Artikulation einzelner Wörter oder in langsamer formeller Rede zu hören. In der (schnellen) Umgangssprache und in den oberdeutschen Dialekten ist er eher selten. – In den Aussprachewörterbüchern wird er nur als Regel ohne Ausnahmen (in phonologischer Tradition), nicht aber in den Transkriptionen angegeben. Das erscheint uns bei phonetischen Transkriptionen widersinnig. Deshalb geben wir seine mögliche Position bei unseren Transkriptionen an (obwohl wir ihn für ganz und gar nicht obligatorisch halten).

Literaturhinweise:

Krech, E.-M. (1968): Sprechwissenschaftlich-phonetische Untersuchungen zum Gebrauch des Glottisschlageinsatzes in der allgemeinen deutschen Hochlautung. – Basel: Karger (= Bibliotheca Phonetica 4).

Sievers, E. (1901): Grundzüge der Phonetik. – Leipzig: Breitkopf und Härtel. [Die Laryngallaute: S. 69, 137, 141]

Ladefoged, P./Maddieson, I. (1996): The Sounds of the Worlds Languages. – Oxford: Blackwell. [zu Stops: S. 47-101]

Kohler, K. J. (1977): Einführung in die Phonetik. 2., neubearb. Aufl. 1995. – Berlin: E. Schmidt (= Grundlagen der Germanistik Bd. 20). [S. 109; 172f.]

Stimmhafte Verschlusslaute/Plosive:

[b] [ˈgruː.bə] *Grube:* stimmhafter bilabialer Plosiv.
[d] [ˈryː.də] *rüde:* stimmhafter apikoalveolarer Plosiv.
[g] [ˈboː.gən] *Bogen:* stimmhafter dorsovelarer Plosiv.

Die stimmhaften Plosive sind in keiner Position behaucht. Im oberdeutschen Bereich der sog. »binnendeutschen Konsonantenschwächung« weisen diese Konsonanten meist keinen Stimmton auf, stattdessen aber eine »weiche« Verschlusslösung (deshalb auch als »Lenes« bezeichnet) gegenüber der »harten« Verschlusslösung von [p, t, k] (deshalb auch als »Tenues« oder »Fortes« bezeichnet). – Nach den einschlägigen Aussprachewörterbüchern etc. tritt bei ihnen im Morphemauslaut Stimmtonverlust auf = sog. **Auslautverhärtung**, wobei für die entstehenden stl. Plosive zusätzlich Behauchung anzusetzen wäre: [grɑːpʰ] *Grab;* [rɑːtʰ] *Rad;* [tʰɑːkʰ] *Tag.* Auch die Auslautverhärtung fehlt im

Bereich der binnendeutschen Konsonantenschwächung zumindest in informeller Rede meist (da ja eine Entstimmlichung nicht möglich ist, allenfalls eine Fortisierung der stl. Lenes), ferner generell in sog. stimmhafter Umgebung, also v.a. nach Nasalen und Liquiden (*Wand, Wild*), was darauf hindeutet, dass es sich um eine koartikulative Assimilation an die lautliche Umgebung mit starker regionaler Variation handeln könnte. – Weiter können hyperkorrekte Realisierungen auftreten, etwa die Realisierung von <b/d/g> im absoluten Auslaut als sth. Verschlusslaute entsprechend dem Schriftbild, oder die besonders häufige Aussprache von <g> als sth. Verschlusslaut in Abgrenzung von frikativierten regionalen Varianten: [tʰɑx] *Tag*.

Vorsicht bei der Selbstbeobachtung! Bei der isolierten Artikulation einzelner Wörter wird die Auslautverhärtung meist realisiert, oft sogar in lenisierender Umgebung, v.a. wenn (über-)deutlich gesprochen wird. In fließender freier Rede ist sie dagegen nur relativ selten zu beobachten.

Literaturhinweise:

Auer, P. (2002): Die sogenannte Auslautverhärtung in *ne[b]lig* versus *lie[p]lich* - Ein Phantom der deutschen Phonologie?. – In: Bommes, M./Noack, Ch. /Tophinke, D. (Hgg.), Sprache als Form. FS für U. Maas zum 60. Geburtstag (Wiesbaden: Westdeutscher Verlag), S. 74-87.

Kahlen-Halstenbach, B. (1990): Zur psychologischen Realität der Auslautverhärtung. – In: ZS f. Phonetik, Sprachwiss. u. Komm.forschung (ZPSK) 43, S. 645-655.

König, W. (1989): Atlas zur Aussprache des Schriftdeutschen in der Bundesrepublik Deutschland. Bd. 1, 2. – Ismaning: Hueber. Bd. 1, S. 112-115; 135f.; Bd. 2, S. 290, 292, 296-314. [beeindruckendes Material zur tatsächlichen Realisierung von [b, d, g] im Wort-/Silben-/Morphemauslaut].

Im Ableitungssuffix *-ig* wie etwa bei *ewig, König Ludwig* unterliegt die Realisierung des <*g*> nach den Aussprachewörterbüchern nicht der Auslautverhärtung, sondern wird zu [ç] frikativiert (spirantisiert). Im oberdeutschen Bereich wird dagegen meist [g̥] realisiert, während in weiten Bereichen des (west-)mitteldeutschen Sprachgebiets jedes auslautende [g] frikativiert (spirantisiert) wird, also z.B. [tʰɑx] für *Tag*.

Literaturhinweis:

Janker, P. M./Piroth, H. G. (1999): On the perception of voicing in word-final stops in German. – In: International Conference of Phonetic Sciences ICPhS (San Francisco), S. 2219-2222.

König, W. (1989): Bd. I, S. 108-115; Bd. II, S. 82-89; 290-314.

Stimmlose Reibelaute (Frikative):

[f] [ˈfɛtə] *fette:* ein stimmloser labiodentaler (nicht bilabialer = [ɸ], wie z.B. im Mittelbairischen) Frikativ.

[s] [ˈlʊstʰ] *Lust:* wird überwiegend apikoalveolar, manchmal aber auch apikodental oder apiko-präpalatal realisiert. Beim Lispeln kommt es zur (teilweisen) Überschneidung von [s], [θ] und [ʃ]. – Dieser Laut tritt in nativen Wörtern nicht anlautend präkonsonantisch auf, jedoch postkonsonantisch, intervokalisch und auslautend nach Konsonant und Vokal.

[ʃ] [ʃɔn] *schon:* wird überwiegend dorsopalatal realisiert, hat aber einen gewissen Variationsraum im Bereich des vorderen Palatums. Die Angabe des Aussprache-Duden (2005), dass dieser Konsonant labialisiert (also mit Lippenrundung gesprochen) wird, halten wir für nicht zutreffend. Lediglich dann, wenn ein gerundeter Vokal folgt oder vorausgeht (z.B. bei *schön, Büsche*), kann man assimilatorische Lippenrundung beim [ʃ] wahrnehmen.

[ç] [ˈrɪç.tən] *richten;* [x] [ˈzuː.xən] *suchen:* Der velare Frikativ hat, abhängig vom folgenden (oder vorausgehenden) Vokal, einen relativ großen Variationsraum von präpalatal [ç] in der Umgebung von Vorderzungenvokalen sowie nach Diphthongen und nach Nasal wie bei *manch,* ferner unmittelbar nach einer Morphemgrenze, bis dorsovelar [x] in der Umgebung von Hinterzungenvokalen inkl. [ɑ]. Üblicherweise werden nur diese beiden Varianten erwähnt (und in der Transkription geschrieben), tatsächlich aber kann man wesentlich mehr unterscheiden.

[h] [ˈheː.bən] *heben:* glottaler/laryngaler Reibelaut, bei dem der Atemstrom durch die leicht geöffneten Stimmlippen gepresst wird. Er tritt nur (morphem-) anlautend prävokalisch auf. Die im Wortinneren in der Schreibung erscheinenden <h> sind fast ausnahmslos Zeichen für die Länge des vorausgehenden Vokals: [ˈgeː.ən], besser/meist [geːn] *gehen*; oder für eine Silbengrenze wie in *ehe, Einweihung.* – Gesprochen wird es dagegen in Wörtern wie *Uhu* und *Ahorn* und in nichtnativen Wörtern wie *Mahagoni.*

Literaturhinweis:
König, W. (1989): Bd. I, 89-98; Bd. II, 60-65, 234-251.

Stimmhafte Reibelaute (Frikative):

[v] [ˈvɛt̬ə] *Wette:* wird standardsprachlich labiodental realisiert (nicht wie bair. bilabial, z.B. [ˈβeː.dɐ] *Wetter*). Es tritt nur anlautend prävokalisch und inlautend intervokalisch wie in [ˈeː.vɪç] *ewig* auf (ist also ähnlich distribuiert wie das sth. [z]). Auslautend scheint es ebenfalls der Auslautverhärtung zu [f] zu unterliegen, soweit die mageren Daten (*Calw* [kɑlf], *Löw* [løːf]/*Löwe* [ˈløː.və] in den Aussprachewörterbüchern (bei unbeeinflussten Sprechern hört man kaum einmal diese Varianten) eine Aussage zulassen. – Bei nichtnativen Wörtern ist nicht immer klar, ob <v> als [f] oder [v] zu realisieren ist: [vio.ˈliː.nə]. *Violine,* [na.ˈiː.və/na.ˈiːf] *naive/naiv.* Die Realisierung hängt also vom Grad der Integration in das deutsche Sprachsystem ab.

[z] [ˈzɪŋən] *singen* ist meist ein apikoalveolarer stimmhafter Reibelaut. Er tritt nur anlautend prävokalisch und inlautend intervokalisch wie bei *Susi* [ˈzuː.zɪ] auf. Im Gebiet der binnendeutschen Konsonantenschwächung und umgangssprachlich wird er meist durch die stimmlose Variante ersetzt. –

Nur in intervokalischer Position steht er in Opposition zu [s], etwa in den Paaren *M<u>u</u>se – M<u>u</u>ße, r<u>ei</u>sen – r<u>ei</u>ßen.* Soweit man das aufgrund der mageren Daten überhaupt entscheiden kann, unterliegt [z] im Auslaut der Auslautverhärtung: *bl<u>a</u>sen* [ˈblɑː.zən] – *blas* [blɑːs], *R<u>o</u>sen* [ˈroː.zən] – *Ros'* [roːs].

[ʒ] [ʒʊr.ˈnaːl] *Journ<u>a</u>l:* ein dorsopalataler stimmmhafter Reibelaut, der nur in nichtnativen Wörtern vorkommt. – Einen velaren stimmhaften Reibelaut gibt es im Deutschen nicht (wenn man von [ʁ] absieht).

Literaturhinweis:
König, W. (1989): Bd. I, 91f.; 93-96; Bd. II, 61-64; 238-245.

Affrikaten: Dabei handelt es sich im Deutschen um Kombinationen aus stimmlosen Verschlusslauten (Okklusiven) und stimmlosen Reibelauten (Frikativen), die denselben oder einen sehr nahe gelegenen Artikulator und dieselbe oder eine sehr nahe gelegene Artikulationsstelle aufweisen (also homorgan sind):

[p͡f] [p͡fʊntʰ] *Pfund:* Affrikata, die von einem bilabialen stimmlosen Verschlusslaut in einen labiodentalen stimmlosen Frikativ übergeht.

[t͡s] [t͡suːkʰ] *Zug*: Affrikata, die von einem apikoalveolaren, stimmlosen Verschlusslaut in einen apikoalveolaren stimmlosen Reibelaut übergeht.

[t͡ʃ] [knaːt͡ʃ] *Knatsch,* [rʊt͡ʃ] *Rutsch,* [kɑʊ̯t͡ʃ] *Couch.* Hier geht der apikoalveolare Verschlusslaut in einen prädorsopalatalen stimmlosen Reibelaut über. Im prävokalischen Anlaut tritt dieser Laut wohl nur in nichtnativen Wörtern auf, auslautend selten auch in nativen Wörtern. Aus sprachgeschichtlichen Gründen (danach entstehen [p͡f, t͡s, k͡x] in der zweiten Lautverschiebung aus [p, t, k]) wird dieser Laut oft nicht den Affrikaten zugeordnet. – Dabei fehlt im Standarddeutschen die Verbindung von velarem stimmlosem Verschluss- und Reibelaut [k͡x]. Im Südbair. und Hochalemannischen tritt der Laut in Wörtern wie [k͡x][k͡xnɛçt] *Knecht,* [ˈhɑk͡xə] *H<u>a</u>cke* auf.

Stimmhafte Varianten wie [d͡z, d͡ʒ] treten nur in nichtnativen Wörtern bei geübten Sprechern auf: [ˈd͡ʒoː.kɐ] *J<u>o</u>ker,* [ˈd͡ʒɪn] *Gin,* [ˈd͡ʒʊŋl̩] *Dsch<u>u</u>ngel.*

Um anzuzeigen, dass der Verschlusslaut/Okklusiv und der Frikativ in einer Affrikata besonders eng gebunden sind, verbindet man sie in IPA durch einen Bogen über oder unter den beiden Konsonantenzeichen. Wir haben uns aus drucktechnischen Gründen hier für die erste Variante entschieden: [k͡x].

Literaturhinweise (siehe auch 3.2.1, S. 79):

Griffen, T. D. (1981): German Affricates. – In: Lingua 53, S. 175-198.

Weijer, J. van de (1996): Segmental Structure and Complex Segments. – Tübingen: Niemeyer. (= Ling. Arbeiten 350).

Kehrein, W. (2002): Phonological Representation and Phonetic Phasing. – Tübingen: Niemeyer. (= Ling. Arb. 466).

Prinz, M./Wiese, R. (1991): Die Affrikaten des Deutschen und ihre Verschriftung. – In: Ling. Ber. 133, S. 165-189.

Nasale: Auch sie treten in bilabialen, apikoalveolaren und velaren Varianten auf. Alle Nasalkonsonanten sind stimmhaft.

[m] [mʊntʰ] *Mund:* Bei [m] wird ein bilabialer Verschluss bei abgesenktem Velum gebildet, so dass der Atemstrom durch den Nasenraum gelenkt und dieser Resonanzraum dem Mundraum hinzugeschaltet wird.

[n] [ˈʔʊn.tən] *u̲nten:* Bei [n] wird ein apikoalveolarer oraler Verschluss bei gesenktem Velum gebildet, so dass der Atemstrom durch den Nasenraum gelenkt und dieser Resonanzraum dem Mundraum hinzugeschaltet wird.

[ŋ] [ˈzɪŋən] *si̲ngen:* Beim [ŋ] wird ein Verschluss gebildet, indem die Zungenwurzel an das abgesenkte Gaumensegel (Velum) gedrückt wird. Der Atemstrom wird so durch die Nase gelenkt. – Die velare Nasalvariante ist auf den Morphemauslaut nach Kurzvokal beschränkt; sie tritt nie anlautend auf.

Literaturhinweis:
König, W. (1989): Bd. I, S. 89; Bd. II, S. 60; 233.

Wenn man die bisher behandelten Lautreihen betrachtet, dann sieht man, dass **Parallelitäten** auftreten: etwa dass sich drei Kombinationen von Artikulationsstelle und Artikulator wiederholen: bilabial, apikoalveolar, dorsovelar. Die Parallelität wird aber gestört durch die labiodentale Aussprache des vorderen Frikativs [f], durch die »doppelte« Füllung der mittleren (palatalen, alveolaren) Position bei den Frikativen durch [s] und [ʃ] bzw. [z] und [ʒ], durch die Lücken bei den stimmhaften Frikativen und durch die Lücke in der hintersten (velaren) Position bei den Affrikaten.

Dazu kommen noch Einzelkonsonanten, die sich nicht weiter gruppieren lassen:

Lateral: [l] [lo:n] *Lohn:* apikoalveolarer, stimmhafter, zentraler Engelaut mit bilateraler Öffnung. Das heißt, dass der Apex der Zunge am oberen Zahndamm anliegend einen Verschluss bildet, der nach beiden Seiten jedoch engebildend geöffnet wird. Bei manchen Sprechern oder Dialekten ist auch links- oder rechtsmonolaterale Öffnung üblich (z.B. im Wienerischen rechtslateral). Im Nordbairischen wird dieser Laut retroflex (präpalatal) ähnlich wie im Englischen gebildet. Der Laut tendiert in postvokalischer Position zur Vokalisierung zu [ɪ], insbesondere im Mittelbairischen: [gɛ͡ɪ̯d] *Geld.*

Literaturhinweis:
König, W. (1989): Bd. I, S. 87; Bd. II, S. 232.

Vibrant: [r] [ro:tʰ] *rot:* apikoalveolarer Vibrationslaut. Dabei versetzt der Atemstrom die Zungenspitze in periodische Schwingungen, wobei die Zungenspitze immer wieder die Alveolen berührt und dabei kurzzeitige Verschlüsse herbeiführt. – Das <r> kann aber auch in freier Variation (teilweise mit dialektalen und sozialen Implikationen) als uvularer Vibrationslaut [ʀ] (dabei schwingt die Uvula periodisch) oder als uvularer Frikativ [ʁ] realisiert werden. Letztere Variante dürfte heute am häufigsten realisiert werden (zumindest im norddeutschen Gebiet) und für die Standardversion gehalten werden, während [r], das vom Aussprache-Duden und vom Siebs in den Transkriptionen verwendet wird, heute als regionale Variante v.a. im bairischen Dialektgebiet gilt. In der Endung *-er* verschmilzt das [r] auch in der Standardsprache mit [ə] zu silbischem [ɐ]: [ˈleː.rɐ] *Lehrer.* Diese Regel der *r*-Vokalisierung in postvokalischer Stellung gilt im Mittelbairischen allgemein. In der Standardsprache akzeptiert sie neuerdings der Aussprache-Duden für die Position nach langem Vokal: [bɑːɐ̯] *bar,* [biːɐ̯] *Bier,* [kʰuːɐ̯] *Kur.* Nach unseren Beobachtungen tritt aber nach [ɑː] kein unsilbisches [ɐ̯] als Vokalisierungsprodukt auf, sondern es verschmilzt vollständig mit dem [ɑː]: [bɑː]. Die r-Vokalisierung nach kurzen Vokalen akzeptiert der Aussprache-Duden nur mit bestimmten Einschränkungen: [ˈvɪɐ̯.kən] *wirken.* Kurzes [ɑ] wird dabei gedehnt: [hɑrtʰ] > [hɑːtʰ] *hart.* – Dass die konsonantische und die vokalische Variante einander noch zugeordnet werden, liegt daran, dass sie im Paradigma (Resyllabierung) miteinander abwechseln, je nachdem, ob der Laut im Silbenauslaut oder im Silbenanlaut steht: [ˈleː.rɐ] *Lehrer* – [ˈleː.rə.rɪn] *Lehrerin.* V.a. bairische Sprecher kombinieren das oft mit einem [ɐ̯]: [ˈleːɐ̯.rɐ.rɪn]. – In der r-Vokalisierung sehen wir das Beispiel eines gerade ablaufenden Lautwandels, ausgehend wohl vom mittelbairischen Sprachgebiet, dem Ruhrgebiet und Berlin; er wurde allerdings schon im 19. Jh. dokumentiert. Die Literatur dazu ist reichhaltig und lohnt die Lektüre.

Literaturhinweise:

Graf, J./Meißner, B. (1996): Neue Untersuchungen zur r-Realisation. – In: Krech, E.-M./Stock, E. (Hgg.), Hallesche Schriften zur Sprachwissenschaft und Phonetik. Bd. 1. (Hanau und Halle: W. Dausien), S. 68-75.

Harden, Th. (1981): Untersuchungen zur R-Realisation im Ruhrgebiet. Analyse einer diatopisch-diastratischen Verbreitung und ihrer Bewertung. – Wiesbaden: Steiner (ZDL-Beihefte 40).

Raith, J.(2001): Die /r/-Realisation im Ruhrgebiet. Oder T. Harden revisited. – In: ELiS_e. Essener Linguistische Skripte – elektronisch, S. 67-72. <http://www.elise.uni-essen.de>, [05.04.07]

König, W. (1989), Bd. I, S. 68-87; Bd. II, S. 30, 176-231.

Martens, P./Martens, H. (1987): Zur Aussprache von auslautendem /r/. – In: Geißner, H./Rösener, R. (Hgg.), Medienkommunikation: vom Telephon zum Computer (Frankfurt/Main: Scriptor), S. 51-72 (= Sprache und Sprechen, Bd. 18).

Meinhold, G. (1973): Deutsche Standardaussprache – Lautschwächung und Formstufen. – Wissenschaftliche Beiträge der Universität Jena.

Müller, N. /Ball, M. (1996): The realisation of schwa plus underlying r and n in a local dialect of the palatinate. – In: Journal of the International Phonetic Association 26:2, S. 89-101.

Schlobinski, P. (2000): Zur r-Vokalisierung im Berlinischen. – In: ZS f. Germanist. Ling. 24:2, S. 195-204.

Ulbrich, H. (1972): Instrumentalphonetisch-auditive R-Untersuchungen. – Berlin.

Ulbrich, Ch. (1998): R-Aussprache 1966 und 1996 – stabile und instabile Realisationsmodi. – In: Jonach, I. (Hg.), Interkulturelle Kommunikation (München), S. 143-152. (= Sprache und Sprechen Bd. 34).

Lateral und Vibrant werden oft als »Liquide« zusammengefasst.

Konsonanten wie [m, n, l], in manchen Dialekten auch [r], können den Silbenkern in nicht akzentuierten Silben bilden, und zwar meist dann, wenn das vorausgehende [ə] durch sog. **Synkope** ausgefallen ist: [ˈhɑː.zən]/[ˈhɑː.zn̩] *H<u>a</u>sen,* [ˈtʰoː.təm]/[ˈtʰoː.tm̩] *t<u>o</u>tem,* [ˈnɑː.dəl]/[ˈnɑː.dl̩] *N<u>a</u>del,* [ˈkʰloːs.tər/ˈkloː.ʃtr̩] *Kl<u>o</u>ster.* Diese silbenbildende Eigenschaft wird in IPA meist durch einen kurzen senkrechten Strich unter diesen Konsonanten angezeigt, in amerikanischer Tradition aber auch durch einen Kringel.

Halbvokal als Frikativvariante (Allophon): [j] [ˈjɑː.gən] *jagen:* mediodorsopalataler Frikativ (Gleitlaut). Er tritt nur morphemanlautend prävokalisch auf. Allerdings kann man ihn auch, entgegen den Aussprachewörterbüchern, in nichtnativen Wörtern als Halbvokal (Gleitlaut, glide) zur Realisierung des <i> vor nichtakzentuierten Vokalen finden: [ˈmeː.djən] *M<u>e</u>dien,* [ˈfeːr.jən] *F<u>e</u>rien* (Aussprache-Duden: [ˈmeːdɪ̯ən], [ˈfeːrɪ̯ən]).

Zur Vertiefung:
Meinhold/Stock ([2]1982), [S. 120-145].
Pompino-Marschall, B. ([2]2003): Einführung in die Phonetik. 2. Aufl. – Berlin: de Gruyter. (= de Gruyter Studienbuch). [S. 182-220 zu den Konsonanten]
Wängler (1983), [S. 117-165].

Übungsaufgabe Nr. 1 zur **artikulatorischen Klassifikation** von **Konsonanten:** Geben Sie Artikulator, Artikulationsstelle und Artikulationsmodus von folgenden Lauten/Phonen an: [ʒ, pʰ, ŋ, l̩, z, g]. Geben Sie ferner an, ob diese Laute in nativen Wörtern vorkommen, und an welchen Positionen im Wort.

2.3 Artikulatorisch-phonetische Klassifikation der deutschen Vokale

Bei den Vokalen unterscheidet man zunächst einfache Vokale = Monophthonge und feste Kombinationen von 2 Vokalen = Diphthonge. Triphthonge/Polyphthonge können an Morphemgrenzen entstehen (*n<u>eu</u>e* [ˈn͡ɔʏ.ə]) oder z.B. durch r-Vokalisierung (*<u>Ei</u>er* [ˈa͡ɪ.ɐ]). Weiter kann man bei den Monophthongen nach der zeitlichen Dauer Paare von Lang- und Kurzvokalen unterscheiden. Dieser Quantitätsunterschied geht weitgehend parallel zu einem Qualitätsunterschied, den man unterschiedlich beschreiben kann. Einerseits kann man objektiv (z.B. durch Röntgenaufnahmen) einen Unterschied in der Zentralität bzw. Dezentralität (Abstand der Zungenaufwölbung von der neutralen Mittellage) oder Geschlossenheit bzw. Offenheit (Öffnungsgrad des Mundes bei der Artikulation) feststellen, z.B. bei [ɪ] (offen, zentral) gegenüber [iː] (geschlossen, dezentral). Eine bestimmte Forschungsrichtung will einen Unterschied in der Muskelspannung im Vokalisationstrakt/Artikulator, v.a. in der Zunge, erkennen, doch hat sich dieser bis heute nicht überzeugend nachweisen lassen.

Vokaldreieck des Deutschen:
Dabei wird versucht, die Lage der Zungenaufwölbung (Zungenhöhe) physiologisch möglichst genau anzugeben.

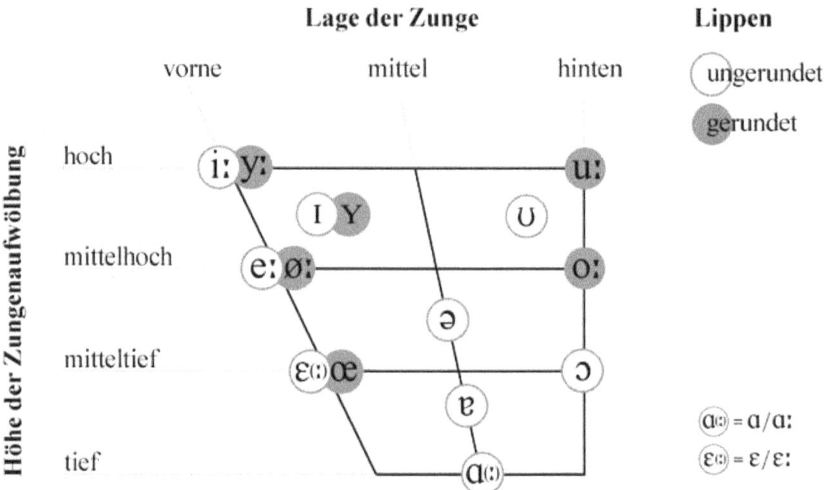

2.3.1 Beispiele für die verzeichneten Vokale und Zeichen des IPA

Vordere Vokale						Hintere Vokale		
ungerundet			gerundet			gerundet		
[i:]	[ˈmi:.tə]	*Miete*	[y:]	[ˈfy:.lɐ]	*Fühler*	[u:]	[mu:s]	*Mus*
[ɪ]	[ˈmɪtə]	*Mitte*	[ʏ]	[ˈfʏlɐ]	*Füller*	[ʊ]	[mʊs]	*muss*
[e:]	[be:tʰ]	*Beet*	[ø:]	[ˈhø:.lə]	*Höhle*	[o:]	[ˈʔo:.fən]	*Ofen*
[ɛ]	[bɛtʰ]	*Bett*	[œ]	[ˈhœlə]	*Hölle*	[ɔ]	[ˈʔɔfən]	*offen*
[ɛ:]	[ˈbɛ:.rən]	*Bären*						

Ungerundete Vorderzungenvokale:

[i:] [ˈmi:.tə] *Miete*: Die Zungenaufwölbung ist hier prädorsal zu präpalatal, und zwar nähert sich die Aufwölbung dem Gaumen stark an. Es handelt sich um einen hohen, langen (dezentralen/geschlossenen/gespannten) ungerundeten Vorderzungenvokal. In Dialektgebieten, die keine dezentralen (geschlossenen/gespannten) Vokale aufweisen, z.B. im bairischen, findet sich auch in der Standardsprache gehäuft statt des [iː] oft ein [ɪː].

[ɪ] [ˈmɪtə] *Mitte:* Die Zungenaufwölbung ist hier im Vergleich zu [iː] geringer und etwas zur Zungenmitte hin verschoben. Es handelt sich um einen hohen, kurzen (zentralen/offenen/ungespannten) Vorderzungenvokal. Dieser Vokal wird oft auch überoffen realisiert.

Literaturhinweis:
König, W. (1989), Bd. I, S. 50f.; Bd. II, S. 14-15, 129-132.

[eː] [beːtʰ] *Beet:* Die Zungenaufwölbung liegt hier ebenfalls im Vorderzungenbereich, etwa zwischen [iː] und [ɪ], und nicht so nahe am Gaumen wie bei diesen. Es handelt sich um einen mittelhohen, langen (dezentralen/geschlossenen/gespannten), ungerundeten Vorderzungenvokal. Vor vokalisiertem *r* = [ɐ] treten überwiegend (über)offene Varianten auf.

[ɛ] [bɛtʰ] *Bett:* Die Zungenaufwölbung ist hier ebenfalls im Vorderzungenbereich, etwa zwischen [eː] und [ɛː], aber nicht so nahe am Gaumen wie bei [eː]. Es handelt sich um einen mitteltiefen, kurzen (zentralen/offenen/ungespannten) ungerundeten Vorderzungenvokal. Er wird auch als Entsprechung des Buchstabens <ä> realisiert, wenn die lautliche Entsprechung kurz ist, also wie in *hätte*. Man darf sich hier nicht vom Schriftbild täuschen lassen, das lediglich die Zuordnung zum Wortstamm <hatt-> sichern soll. In Dialekten, die auch heute noch den Unterschied zwischen altem *e* und Umlaut-*e* realisieren (z.B. dem bairischen), treten auch geschlossene Varianten auf: *Bett* [bet].

[ɛː] [ˈbɛː.rən] *Bären:* Die Zungenaufwölbung liegt auch hier noch im Vorderzungenbereich, der Abstand zum Gaumen ist noch größer als bei [ɛ]. Es handelt sich um einen mitteltiefen, langen (offenen/dezentralen/ ungespannten), ungerundeten Vorderzungenvokal. Die Kombination aus lang und offen/dezentral/ungespannt ist singulär im Vokalsystem. Bei vielen Sprechern wird dieser Laut (deswegen?) in flüssiger Rede ersetzt durch ein [eː], die Aussprache unterscheidet in diesem Fall also nicht zwischen *Beeren* und *Bären*.

Literaturhinweis:
König, W. (1989), Bd. I, S. 40-46; Bd. II, S. 9-11; 98-113.

Gerundete Vorderzungenvokale: Sie werden mit Lippenrundung ausgesprochen, die kurzen (zentralen/offenen/ungespannten) Varianten allerdings mit deutlich weniger Lippenrundung. Historisch gesehen sind sie durch Umlautung der entsprechenden gerundeten Hinterzungenvokale [uː, ʊ, oː, ɔ] vor *i, j, u* der Folgesilbe entstanden. Dabei handelt es sich um eine lautliche (koartikulative)

»Annäherung«, eine sog. Assimilation der Hinterzungenvokale an das [i], [j], [u]. In einigen Dialekten, z.B. im mittelbairischen und in ostmitteldeutschen Dialekten, fehlten diese Varianten, werden aber in der Gegenwart aus der Standardsprache übernommen.

[yː] [ˈfyː.lɐ] *Fühler:* gerundete Entsprechung zum ungerundeten [iː], wie dieses hoch, lang (dezentral/geschlossen/gespannt). In Dialektgebieten, die keine gerundeten Vokale kennen, treten offene, ungerundete Varianten auf.

[ʏ] [ˈfʏlɐ] *Füller:* gerundete Entsprechung zum ungerundeten [ɪ], wie dieses mittelhoch, kurz (zentral/offen/ungespannt).

[øː] [ˈhøː.lə] *Höhle:* gerundete Entsprechung zum ungerundeten [eː], wie dieses mitteltief, lang (dezentral/geschlossen/gespannt. In Dialektgebieten, die keine gerundeten Vokale kennen (wie dem bairischen), treten offene, ungerundete Varianten auf.

[œ] [ˈhœlə] *Hölle:* gerundete Entsprechung zum ungerundeten [ɛ], wie dieses mitteltief, kurz (zentral/offen/ungespannt).

Literaturhinweis:
König, W. (1989), Bd. I, S. 47f; 52; Bd. II, S. 13; 18f.; 121-128; 136-139.

Hinterzungenvokale: Sie sind im Deutschen ausnahmslos gerundet (außer in Dialekten wie dem Sächsischen), wenn auch der Grad der Lippenrundung bei den kurzen Varianten deutlich geringer ist.

[uː] [muːs] *Mus:* hoher, gerundeter, langer (dezentraler/geschlossener/gespannter) Hinterzungenvokal.

[ʊ] [mʊs] *muss:* nicht ganz so hoher, weniger gerundeter, kurzer (zentraler/offener/ungespannter) Hinterzungenvokal.

[oː] [ˈʔoː.fən] *Ofen:* mittelhoher, gerundeter, langer (dezentraler/geschlossener/gespannter) Hinterzungenvokal.

[ɔ] [ˈʔɔfən] *offen:* mitteltiefer, weniger gerundeter, kurzer (zentraler/offener/ungespannter/ Hinterzungenvokal.

Literaturhinweis:
König, W. (1989), Bd. I, S. 46f.; 51f.; Bd. II, S. 12; 114-120.

Zentrale Vokale		
[ə]	[ˈʔœf.nən]	*öffnen*
[ɐ]	[ˈleː.rɐ]	*Lehrer*
[ɑː]	[ˈpʰɑː.tə]	*Pate*
[ɑ]	[ˈhɑtə]	*hatte*

Bei allen zentralen Vokalen nähert sich der Zungenrücken nicht dem Gaumen an, die Zunge liegt also flach oder leicht löffelförmig nach unten gebogen im

Mundraum. Der Phonationsraum/Stimmtrakt ist damit nicht in zwei Resonanzräume unterteilt.

[ə] [ˈʔœf.nən] *öffnen:* Das <e> in akzentlosen Silben (»Nebensilben«) nativer Wörter, oft aber auch (gegen die Ausssprachewörterbücher) in akzentlosen Silben nichtnativer Wörter, wird als sog. Schwa realisiert. Bei vielen Sprechern, v.a. im oberdeutschen Raum, unterliegt ein auslautendes Schwa der Apokope, wird also weggelassen: *im Laufe* [ʔɪm la͡ʊ̯f]. Ein inlautendes Schwa unterliegt der Synkope (wird also weggelassen), wenn ein Sonorant folgt, der silbisch werden kann, also [m̩, n̩, l̩], manchmal auch [r̩], und wenn der vorausgehende Konsonant nicht mit dem Sonoranten identisch oder diesem sehr ähnlich ist (dann erfolgt Totalassimilation, → 3.4.4.3, S. 103): [ˈnɑː.dəl] >> [ˈnɑː.dl̩] *Nadel,* [mittelbair. [nɔl]).

[ɐ] [ˈleː.rɐ] *Lehrer:* <er> am Wortende wird als sog. a-Schwa realisiert. Bei vielen Sprechern werden alle postvokalischen silbenfinalen <r> als [ɐ] realisiert, insbesondere im mittelbairischen Raum und im Bereich des Ruhrgebiets.

Hier ist auch noch hinzuweisen auf die sog. **unsilbischen Vokale**. Vom Aussprache-Duden werden sie angesetzt für unbetonte Vokale vor betonten oder unbetonten Vokalen in nichtnativen Wörtern (z.B. [ˈfeː.ri̯ən]) bzw. für das Vokalisierungsprodukt von [r], also [ɐ̯], z.B. Bart [ˈbɑːɐ̯t]. Erläuterungen über die phonetische Qualität dieser Vokale sind nicht zu finden, aber es handelt sich offenbar um sehr schwach ausgeprägte Varianten, die man auch durch die entsprechenden zentralen Vokale bzw. im Fall von [i̯] durch [j] ersetzen könnte. Die IPA-Markierung dafür ist ein kleiner Bogen unter dem betreffenden Vokal.

[ɑː] [tʰɑːtʰ] *Tat:* Das <a> der Standardsprache steht für ein wirkliches mittleres *a* (zwischen vorn und hinten). Dafür sieht das IPA kein eigenes Zeichen vor. Für ein vorderes *a* verwendet es das Zeichen [a]. Es entspricht dem bair. [ˈmaː.rə] *Marie* in Lehnwörtern lat. Herkunft bzw. dem Sekundärumlaut in [daːd] *täte.* Aber auch viele Standardsprachesprecher verwenden bei Wörtern wie *Kanzler* ein vorderes [a]. – Für ein hinteres *a* verwendet das IPA das Zeichen [ɑ]. Es entspricht etwa dem Laut in bair. [ˈrɑːd.ha͡ɔ̯s] *Rathaus.* Die meisten phonetisch-phonologischen Veröffentlichungen, z.B. auch der Aussprache-Duden, verwenden für das standarddeutsche *a* das Zeichen [a]; das scheint uns aber wenig angemessen, da in bestimmten Varianten des (Standard-)Deutschen zusätzlich ein vorderes [a] auftaucht: z. B. in der oberdeutschen Aussprache von *Kanzler* [ˈkʰan͡ts.lɐ], aber nie ein hinteres [ɑ]. Zudem wird üblicherweise das *a* unter die Hinterzungenvokale gerechnet, z.B. in der Regel, dass der dorsovelare Frikativ nach Hinterzungenvokalen als Ach-Laut [x] realisiert wird. – Wir ziehen es deshalb vor, für das zentrale *a* wie z.B. das Ausssprachewörterbuch von Siebs das Zeichen [ɑ] zu verwenden.

[ɑ] [ˈhɑtə] *hatte*. Hier gilt das Gleiche wie eben ausgeführt. Bei [ɑ] und [ɑː] kann man keinen Unterschied in der Zungenhöhe/Mundöffnung/Zentralität/Gespanntheit (oder auch im Silbenschnitt, → 3.4.2, S. 91-98 zur Silbe) erkennen, sondern nur einen Quantitätsunterschied. – Es versteht sich, dass z.B. bairische Sprecher in standardsprachnahen Varianten häufig keine wirklich mittleren *a* realisieren, sondern mehr oder minder nach hinten verschobene Varianten.

Literaturhinweis:
König, W. (1989), Bd. I, S. 38-40; Bd. II, S. 7-8, 96-97.

Betrachtet man die bisher behandelten Monophthonge, dann fällt die Doppelung auf: einerseits **Langvokale**, die **geschlossener**, **dezentraler** (d.h. mit stärkerer Zungenaufwölbung, die zudem weiter vorn bzw. hinten liegt als bei vergleichbaren Kurzvokalen)**, gespannter** (d.h. mit höherer Spannung in der Artikulationsmuskulatur/im Artikulator), artikuliert werden, andererseits **Kurzvokale**, die relativ **offen, zentral, ungespannt** artikuliert werden. In der von uns gewählten Transkription werden beide Merkmale (zum Zweck der leichteren Merkbarkeit) angegeben: die Länge durch einen Doppelpunkt nach dem Vokalzeichen, der Unterschied zwischen geschlossen/dezentral/gespannt und offen/ zentral/ungespannt durch unterschiedliche Vokalzeichen (wobei nach IPA für die geschlossenen/dezentralen/gespannten Varianten tendenziell die normalen Kleinbuchstaben, für die offenen/zentralen/ungespannten Kapitälchen (soweit vorhanden) verwendet werden). Um das Gewicht bzw. die Bedeutung der beiden Merkmalsdimensionen gibt es einen langen Streit in der einschlägigen Literatur, der bis heute als unentschieden gelten kann (vgl. dazu Restle/Mooshammer 1999). – Die Parallelität der beiden Teil-Systeme wird an zwei Stellen gestört: bei den e-Lauten, wo bei den langen Varianten neben dem langen, geschlossenen/dezentralen/gespannten [eː] auch die offene/dezentrale/ ungespannte Variante [ɛː] auftaucht (beachte aber, dass viele Sprecher diese beiden Varianten nicht unterscheiden und nur [eː] verwenden), und generell bei den zentralen tiefen Vokalen, also bei [ɑ, ɑː], wo die Merkmalsdimensionen offen/ geschlossen, zentral/dezentral, gespannt/ungespannt neutralisiert sind.

Literaturhinweise:
König, W. (1989), Bd. I, S. 35-52; 62-67; Bd. II, S. 7-19; 26-29; 96-139; 147-172.
Meinhold/Stock ([2]1982), S. 79-86.
Mooshammer, Ch./Fuchs, S./Fischer, D. (1999): Effects of stress and tenseness on the production of CVC syllables in German. – In: ICPhS (San Francisco), S. 409-412.
Pompino-Marschall, B. ([2]2003): Einführung in die Phonetik. 2. Aufl. – Berlin: de Gruyter (= de Gruyter Studienbuch). [S. 221-229 zu den Vokalen]
Restle, D./Mooshammer, Ch. (1999): The influence of the tense-lax contrast in vowels on the production of postvocalic consonants in standard German. – In: International Congress of Phonetic Sciences (ICPhS) (San Francisco), S. 531-534. [mit weiteren Literaturangaben]
Wängler (1983), S. 90-113.

Übungsaufgabe Nr. 2 zur **artikulatorischen Klassifikation** von **Vokalen:** Geben Sie die artikulatorischen Merkmale von folgenden Vokalen an: [ɔ, iː, uː, ə, ɛː, ʏ]. Geben Sie ferner an, ob diese Laute in nativen Wörtern vorkommen.

2.3.2 Diphthonge

Diphthonge sind »Kombinationen aus zwei Vokalen innerhalb einer Silbe« (Ramers 2002, S. 80). Während ihrer Artikulation vollführen Zunge und Lippen eine Bewegung von einer Vokalposition zur anderen.

Alle deutschen Diphthonge (griech. *di-* ›zwei‹ und *phthong* ›Laut‹) sind sog. **ausgleitende** Diphthonge. Dabei ist der erste Bestandteil stationär (d.h. seine auditiven Eigenschaften bleiben über die gesamte Artikulationszeit relativ konstant), der zweite Bestandteil ist als Gleitlaut realisiert (d.h. die auditiven Eigenschaften ändern sich sehr rasch). Bei **eingleitenden** Diphthongen (wie im Französischen) ist die Anordnung umgekehrt. – Ist der zweite Bestandteil im Vokalsystem höher angeordnet als der erste, z.B. bei [ɑ͡ɪ̯], so spricht man von einem **Steigdiphthong/ schließenden** Diphthong (sie werden als »primär« bezeichnet, da sie nicht erst aus Vokalisierungsprodukten entstehen), oder von **dezentrierenden** Diphthongen, da der Gleitlaut immer weiter vom Zentrum des Vokalvierecks entfernt ist als der stationäre Bestandteil. Ist der zweite Bestandteil im Vokalsystem tiefer angeordnet als der erste, z.B. bei [u͡ɐ̯] *Uhr* oder [kʰu͡ɐ̯] *Kur*, so spricht man von einem **Falldiphthong/öffnenden** Diphthong. Diese **»sekundären«** Diphthonge (auch **»zentrierende«** Diphthonge, da die Artikulationsbewegung aus der Peripherie des Vokalsystems ins Zentrum führt) entstehen ausschließlich durch die Vokalisierung von postvokalischem *r* in der Silbenkoda. – Die gängigen Aussprachewörterbücher haben sehr unterschiedliche Vorstellungen bezüglich der Realisierung der Diphthonge:

Allographen	<ei, ai>	<au>	<eu, äu>	<ui>
Siebs 2000, S. 80-86	[ɑ͡e]	[ɑ͡o]	[ɔ͡ø]	-
Duden 2005, S. 37	[a͡ɪ̯]	[a͡ʊ̯]	[ɔ͡ʏ̯]	-
Duden 2005, S. 36 + Anm. 2 + Wörterverz.	[a͡i]	[a͡u]	[ɔ͡y]	[u͡i]

Vorsicht! Die Transkription von Diphthongen, v.a. des Gleitlauts, ist besonders schwierig. In unserer Darstellung wird die im Aussprache-Duden (2005, S. 37) als realistisch bezeichnete Transkription verwendet (die der Aussprache-Duden allerdings unverständlicherweise im Wortregister nicht verwendet). Als Zeichen für das zentrale *a* wird aber nicht das Zeichen für das vordere [a], sondern das Zeichen für das hintere [ɑ] verwendet. – Die Tatsache, dass es sich nicht um eine Folge von Monophthongen handelt, wird durch einen Bogen über oder unter den beiden Vokalzeichen angedeutet.

Beispiele für nhd. Diphthonge:

[a͡ɪ̯]	[ba͡ɪ̯n]	*Bein*
[a͡ʊ̯]	[ba͡ʊ̯m]	*Baum*
[ɔ͡ʏ̯]	[bɔ͡ʏ̯mə]	*B<u>äu</u>me*
[u͡ɪ̯]	[p͡fu͡ɪ̯]	*pfui*

[a͡ɪ̯] [ba͡ɪ̯n] *Bein:* Der Zweitbestandteil erreicht nur selten die Höhe von [i]. Plausibler erscheint [ɪ] oder [ə].

[a͡ʊ̯] [ba͡ʊ̯m] *Baum:* Der Zweitbestandteil erreicht nur selten die Höhe von [u]. Plausibler erscheint [ʊ] oder [ɔ].

[ɔ͡ʏ̯] [ˈbɔ͡ʏ̯mə] *B<u>äu</u>me:* Der Zweitbestandteil erreicht nur selten die Höhe und die Lippenrundung von [y]. Plausibler erscheint hier [ʏ].

[u͡ɪ̯] [p͡fu͡ɪ̯] *pfui:* In der Standardsprache kommt dieser Diphthong nur in wenigen expressiven Interjektionen vor. Der Zweitbestandteil erreicht nur selten die Höhe von [i]. Plausibler erscheint [ɪ].

Diphthonge können auch sekundär durch die Vokalisierung postvokalischer Konsonanten entstehen, z.B. durch die Vokalisierung des <r> [r] zu [ɐ] in [bi͡ːɐ̯] *Bier.* Auf diese Weise entstehen auch im Standarddeutschen Falldiphthonge. Sie können im Flexionsparadigma mit Monophthong-Konsonant-Folgen wechseln, z.B. [ˈbiː.rəs] *B<u>ie</u>res*, das allerdings oft auch als [ˈbi͡ːɐ̯.rəs] ausgesprochen wird.

Literaturhinweis:

Iivonen, A. (1997): Zum Begriff des Diphthongs und zur Qualität der Diphthonge des Deutschen. – In: Haase, M./Meyer, D. (Hgg.), Von Sprechkunst und Normphonetik. FS für Eva-Maria Krech (Halle und Hanau: Dausien), S. 81-91.

Kelz, H. P. (1987): Zentrierende Diphthonge und die sogenannte R-Vokalisierung in der deutschen Standardlautung. – In: Weiss, R. (Hg.), FS für H.-H. Wängler (Hamburg), S. 159-170 (= Beiträge zur Phonetik und Linguistik 52).

König, W. (1989): Bd. I, 53-61; Bd. II, 20-25; 140-146.

König, W. (1999): Das Diphthongsystem des Deutschen neu betrachtet. – In: Sprachwissenschaft 24, S. 105-126.

Meinhold/Stock ([2]1982), S. 86-88.

Pompino-Marschall, B. ([2]2003): Einführung in die Phonetik. 2. Aufl. – Berlin: de Gruyter. (= de Gruyter Studienbuch). [S. 228-229, S. 264f.]

Ramers, K. H. (2002): Phonologie. – In : Meibauer, J. e.a. (Hgg.), Einführung in die germanistische Linguistik (Stuttgart/Weimar: Metzler), S. 70-120.

Ulbrich, Ch. (2003): Vergleichende Untersuchung zur Aussprache der Diphthonge in der deutschen und österreichischen Standardvarietät. – In: Krech, E.-M./Stock, E. (Hgg.), Gegenstandsauffassung und aktuelle phonetische Forschungen der halleschen Sprechwissenschaft (Frankfurt: P. Lang), S. 161-203.

Wängler (1983), S. 114-117.

2.4 Suprasegmentale Lauterscheinungen

Neben den Einzellauten kann man auch bestimmte Lautverbände wie Silben und Wörter beobachten, die nach ganz bestimmten Baugesetzen aus Einzellauten kombiniert werden (→ 3.4.2, S. 91-98). Darüber hinaus gibt es aber auch lautliche Erscheinungen, die nicht einzelnen Lauten zugeordnet werden können, sondern nur Lautfolgen wie Silben, Wörtern, Phrasen und Sätzen. Bei der zusammenfassenden Bezeichnung dieser Erscheinungen gibt es große terminologische Unterschiede: Z.B. wird neben der Bezeichnung »Suprasegmentalia« dafür das Wort »Prosodie« verwendet, aber auch »Intonation«, das andere Forscher nur für die Bezeichnung des Tonverlaufs verwenden. – Die von der Terminologie nahegelegte strikte Trennung von Segmentalia und Suprasegmentalia existiert in der Wirklichkeit nicht, denn beide Ebenen beeinflussen einander gegenseitig. So gibt es z.B. Einflüsse der Plosive auf den Grundfrequenzverlauf, die umgekehrt wieder eine Rolle bei der Wahrnehmung der Plosive spielen.

Literaturhinweise:
Heidolph/Flämig/Motsch (1981), S. 839; zu Rhythmus und Silben S. 850f.; zum Takt S. 852-854.
Meinhold/Stock (^{2}1982), S. 221-228.
König, W. (1995), S. 225-240.

2.4.1 Akzentuierung

Einzelne Silben in Wörtern (und Wortverbänden) nehmen wir als hervorgehoben wahr, ohne dass bis heute ganz klar wäre, was diesen Eindruck erzeugt. Wir sprechen dann von akzentuierten oder betonten Silben. Traditionell war man der Meinung, dass in einer germanischen Sprache wie dem Deutschen dieser Eindruck durch einen Anstieg der **Lautstärke** auf der Akzentsilbe ausgelöst wird (»Druckakzent«). Der Schalldruck als akustisches Korrelat der wahrgenommenen Lautstärke lässt sich aber erst seit relativ kurzer Zeit einigermaßen zuverlässig messen; denn da der Schalldruck mit dem Quadrat der Entfernung abnimmt, muss bei der Messung der Abstand zwischen den Sprechorganen und dem Mikrophon möglichst konstant gehalten werden. Aber auch dann hat man das Problem, dass die Lautstärke vom Sprecher relativ willkürlich geändert werden kann, so dass eine Zuordnung zu den als akzentuiert wahrgenommenen Silben problematisch bleibt.

Seit man den Grundfrequenzverlauf relativ zuverlässig messen und aufzeichnen kann, ist man geneigt, sein auditives Korrelat, die **Tonhöhe**, als System zur Akzentmarkierung zu interpretieren. Und tatsächlich kann man bei isoliert gesprochenen Wörtern auf der Akzentsilbe eine signifikante Tonhöhenänderung feststellen, eine Erscheinung, die man früher eher dem so genannten

»musikalischen Akzent«, wie er für romanische Sprachen typisch ist, zugeordnet hätte. Die Kritik an dieser Position verweist darauf, dass isoliert gesprochene Wörter intonatorisch eher wie Sätze behandelt werden, dass wir also eher einen Satzakzent als einen Wortakzent hören (siehe H.-H. Lieb 1999). Dazu kommt, dass auch bei geflüsterter Sprache trotz des Fehlens einer Grundfrequenz (also eines Tonhöhenverlaufs) Akzente wahrgenommen werden können. Dies hat zu dem Erklärungsversuch geführt, dass der Hörer erst das Wort aufgrund der Segmente identifiziert und dann mithilfe seines lexikalischen Wissens eine Akzentsilbe zuordnet. – Weiter kann man beobachten, dass akzentuierte Silben im Durchschnitt länger dauern als nicht-akzentuierte, und dass sie eine präzisere Artikulation aufweisen. Wahrscheinlich ist ein Bündel von Merkmalen wie den eben genannten, die sich je nach Situation gegenseitig stützen, für den Eindruck der akzentuierenden Hervorhebung verantwortlich.

Wir markieren in diesem Buch, wie allgemein in phonetisch-phonologischen Darstellungen üblich, die Akzentposition in der IPA-Transkription durch ein Akzentzeichen vor der betreffenden Silbe eines Wortes mit mindestens zwei Silben. Bei orthographischen Repräsentationen wird der Vokal der Akzentsilbe unterstrichen (wie meist in Wörterbüchern üblich). – Das IPA sieht auch einen Nebenakzent vor mit einem Akzentzeichen auf der Grundlinie. Systeme wie die **metrische Phonologie** arbeiten mit zahlreichen Akzentstufen. Entsprechende Tests mit kompetenten Hörern haben aber ergeben, dass i.d.R. nur akzentuierte und nicht-akzentuierte Silben unterschieden werden.

Studierende der philologischen Fächer haben nach unserer Erfahrung häufig große Probleme, die Position von Akzenten anzugeben, und zwar umso mehr, je komplexer der betreffende Ausdruck ist. Noch größere Probleme haben sie mit der Angabe der Akzentstärke (aber da kann man ohnehin seine Zweifel haben). Hier hilft nur systematisches Üben sowie die Kenntnis der einschlägigen Regeln.

Literaturhinweise:

Heidolph/Flämig/Motsch (1981), S. 854-857; zur Tonhöhe S. 842-843.

Meinhold/Stock (^{2}1982), S. 228-233; zum Wortakzent S. 229-230; zum Satzakzent S. 230-233.

Wängler (1983), S. 185-221; zum Wortakzent S. 185-202; zum Satzakzent und Tonverlauf S. 203-221.

Zur Vertiefung:

Claßen, K./Dogil, G./Jessen, M./Marasch, K. (1988): Stimmqualität und Wortbetonung im Deutschen. – In: Ling. Ber. 174, S. 202-245.

Eisenberg, P. (1991): Syllabische Struktur und Wortakzent: Prinzipien der Prosodik deutscher Wörter. – In: ZS f. Sprachwissenschaft10, S. 37-64.

Hoffmann, L. (1995): Zur Position des Wortakzents im Deutschen. – In: Cajot, J./Kremer, L. /Niebaum, H. (Hgg.): Lingua Theodisca. Beiträge zur Sprach- und Literaturwissenschaft. J. Goossens zum 65. Geburtstag (Hamburg, Münster: Lit-Verlag), S. 775-785.

Lieb, H.-H. (1999): Was ist Wortakzent? Eine Untersuchung am Beispiel des Deutschen. – In: Schindler, W./Untermann, J. (Hgg.), Grippe, Kamm und Eulenspiegel. FS für E. Seebold zum 65. Geburtstag (Berlin etc.: de Gruyter), S. 225-261. [sehr anspruchsvoll]

Rausch, R. (2001): Einige Bemerkungen zum Wortakzent. – In: Bräunlich, M./Neuber, B./Rues, B. (Hgg.): Gesprochene Sprache – transdisziplinär: Festschrift zum 65. Geburtstag von G. Meinhold (Frankfurt a. M. etc.: P. Lang), S. 111-119.
Opitz, K. (2002): Überlegungen zur Frage des Wortakzents. – In: Rapp, R. (Hgg.): Sprachwissenschaft auf dem Weg in das dritte Jahrtausend. Linguistics on the way into the third millenium. Akten des 34. Ling. Koll. in Germersheim 1999. Teil I: Text, Bedeutung, Kommunikation (Frankfurt a. M.: P. Lang), S. 791-797.

2.4.2 Phrasierung

Beim Sprechen werden Silben zu Wörtern, Wörter zu Phrasen, Phrasen zu Sätzen und einfache Sätze zu komplexen Sätzen zusammengefasst. Als Mittel zum Bilden solcher Einheiten dienen Sprechpausen, die meist an den Grenzen bestimmter Einheiten eingefügt werden; diese strukturellen Pausen müssen aber unterschieden werden von sog. Planungspausen, von Zögerungspausen usw., die auch innerhalb von Wörtern auftreten können. Weiter dient zum Ausdruck der Phrasierung auch die Zeitstruktur, d.h. die Dehnung der fokalen (= akzentuierten) Einheiten und die Kürzung der Grenzsegmente. Am Äußerungsende erfolgt das sog. »final lengthening«. Schließlich kann auch noch der Tonhöhenverlauf die Phrasierung unterstützen, indem er den Anfang einer Phrase durch einen Tonhöhensprung markiert, das Ende durch ebenen Verlauf der Tonhöhe. Mit Hilfe der Phrasierung können z.B. segmental ambige Strukturen intonatorisch disambiguiert werden:

(2-1) *Er bedrohte <u>den Jungen mit dem 'Stock</u>.*

(2-1') *Er bedrohte <u>den 'Jungen</u> <u>mit dem 'Stock</u>.*

<u>*mit dem Stock*</u> kann entweder ein Präpositionalphrasen-Attribut zu <u>*den Jungen*</u> sein (mit dem einzigen Phrasenakzent) oder aber ein freies Instrumentaladverbiale, wobei sowohl das Akk.Obj. als auch das Instr.Advb. einen Phrasenakzent aufweisen.

Literaturhinweise:
Heidolph/Flämig/Motsch (1981), S. 848-850 zur Phrasierung.
Meinhold/Stock ([2]1982), S. 235-236.

2.4.3 Tonhöhenverlauf

Die auditive Entsprechung des messbaren Grundfrequenzverlaufs ist der Tonhöhenverlauf, die so genannte »Satzmelodie«. Dabei ist zu beachten, dass es auch Einflüsse der Einzellaute auf den Grundfrequenzverlauf gibt, die wir nicht als Tonhöhenänderungen hören, sondern die uns bei der Identifizierung der Einzellaute helfen. So unterscheiden sich [p] und [b] bei vielen Sprechern durch die Höhe des Grundfrequenzeinsatzes auf dem Vokal nach dem Verschlusslaut: Bei [p] setzt die Tonhöhe erhöht ein, bei [b] setzt sie tiefer als normal ein.

Das Ansteigen und Fallen des Tonverlaufs wird meist nicht bewusst wahrgenommen.

Hinweis: Intonations-Transkriptionen erfordern eine intensive Einarbeitung in die Thematik. Üblicherweise beziehen sich Prüfungsaufgaben zur Intonation nur auf Akzentpositionen und gelegentlich Akzentarten, kaum einmal auf Phrasierung und Tonhöhenverlauf (abgesehen von Tonmustern im Rahmen der Satzartenbestimmung, → 3.6.3, S. 116f.). Die meisten phonetisch orientierten Transkriptionen orientieren sich heute am Tonsequenzansatz von J. B. Pierrehumbert (1980). Dies ist der »Basistitel« für den sog. Tonsequenz-Ansatz, der sich an das Format der generativen Grammatik anschließt. Insofern geht dieser Ansatz weit über das hier gebotene Programm hinaus. Gegen diesen Ansatz gibt es eine Reihe von wohlbegründeten inhaltlichen Einwänden (→ Altmann e. a. 1989, S. 1-11), dennoch sind die darauf basierenden Intonations-Transkriptionssysteme erfolgreich. In Deutschland wird, v.a. im Umkreis der Forschungen zur Mensch-Maschine-Kommunikation, überwiegend das ToBI-System (Tone and Break Index) verwendet. Einschlägige Darstellungen im Internet auch mit Links zu den weiteren Sprachen, wo mit dem ToBI-System gearbeitet wurde, findet man unter:

<http://www.ling.ohio-state.edu/~tobi/>, [25.09.09]

Literaturhinweise zur Intonations-Transkription:

Pierrehumbert, J. B. (1980): The phonology and phonetics of English intonation. – MIT PhD Thesis, published 1988 by Indiana Univ. Press.

Brindöpke, Ch./Schaffranietz, B. (1999): Ein Transkriptionssystem für die Sprachmelodie des Deutschen. – In: Ling. Ber. 179, S. 286-306.

Grice, M./Baumann, S. (2002): Deutsche Intonation und GTOBI. – In: Ling. Ber. 191, S. 267-298.

Kohler, Klaus J. (1995): ToBIG and PROLAB. Two prosodic transcription systems for German compared. Workshop on Prosodic Labelling. – In: ICPhS, S. 1-12.

Silverman, K. et al. (1992): ToBi: A standard for labelling English prosody. – In: Proceedings of the International Conference on Spoken Language Processing (ICSLP 92), S. 867-870.

Allgemeine Literaturhinweise zur Intonation:

Altmann, H. (Hg.) (1988): Intonationsforschungen. – Tübingen: Niemeyer. (= Ling. Arb. 200).

Altmann H./Batliner, A./Oppenrieder, W. (1989), Zur Intonation von Modus und Fokus im Deutschen. – Tübingen: Niemeyer. (= Ling. Arb. 234).

Günther, C. (1999): Prosodie und Sprachproduktion. – Tübingen: Niemeyer. (= Ling. Arb. 401).

Heidolph/Flämig/Motsch (1981), S. 843-848.

Isacenko, A./Schädlich, H. (1966): Untersuchungen über die deutsche Satzintonation. – In: Bierwisch, M. (Hg.), Untersuchungen über Akzent und Intonation im Deutschen (Berlin: Akademie-Verlag), S. 7-67.

Meinhold, G./Stock, E. (^{2}1982), S. 237-245.

Möbius, B. (1993): Ein quantitatives Modell der deutschen Intonation. Analyse und Synthese von Grundfrequenzverläufen. – Tübingen: Niemeyer. (= Ling. Arb. 305).

Peters, J. (2005): Intonation. – In: Duden. Grammatik der deutschen Gegenwartssprache. 7., völlig neu erarb. u. erweiterte Aufl. (Mannheim etc.: Dudenverlag), S. 95-128. [im Gefolge des Tonsequenz-Ansatzes; sehr anspruchsvoll, ganz und gar nicht elementar]

Peters, J. (2006): Intonation deutscher Regionalsprachen. – Berlin etc.: de Gruyter. (= Linguistik - Impulse & Tendenzen) [mit CD-ROM].
Sudhoff, S. e.a. (Hgg.) (2006): Methods in Empirical Prosody Research. – Berlin etc.: de Gruyter (= Language, Context and Cognition Vol. 3).
Stock, E. (1996): Deutsche Intonation. – Berlin etc.: Langenscheidt.
Ulbrich, Ch. (2006): Phonetische Untersuchungen zur Prosodie der Standardvarietäten des Deutschen in der Bundesrepublik Deutschland, in der Schweiz und in Österreich. – Frankfurt a. M.: P. Lang. (= Hallesche Schriften zur Sprechwissenschaft und Phonetik Bd. 16)

2.5 Standardaussprache

2.5.1 Der Begriff »Standardaussprache«

Sprecher verwenden je nach Situation, Gesprächsthema und Kommunikationspartner unterschiedliche Redeweisen. So führt eine öffentliche Situation, z.B. eine Rede vor einem größeren Publikum, zu einer Sprachform, die gut verständlich ist, bei der also differenziert artikuliert wird, bei der Dialektwörter oder umgangssprachliche Formulierungen vermieden werden (soweit der Sprecher dazu in der Lage ist). Andererseits erlaubt ein Gespräch mit einem Lebenspartner über ein privates Thema eine nachlässigere Artikulation, die Verwendung dialektaler oder privatsprachlicher Ausdrücke, zahlreiche Ellipsen usw., die u.U. sogar verhindern, dass ein Außenstehender das Gesagte bzw. Gemeinte versteht. Eine angemessene Redeweise steht nicht automatisch zur Verfügung. So etwa gab es in frühnhd. Zeit im hochdeutschen Raum (dem Bereich zwischen den Alpen und dem Nordsaum der Mittelgebirge) lange Zeit keine Sprachform, die ohne dialektale Formen auskam bzw. für identische Wörter auch eine identische Aussprache kannte. Eine derartige »Verkehrssprache« hat sich erst mühsam vom 15. bis 19. Jh. entwickelt, und auch dann bestand sie fast ausschließlich in der geschriebenen Form, wo durch den Buchdruck bereits ein überregionales Kommunikationsmedium vorhanden war, während die Vereinheitlichung der Aussprache noch auf sich warten ließ – in vielen Bereichen bis heute, obwohl die Mobilität der Einwohner und modernen sprechsprachlichen Kommunikationssysteme die Entwicklung auf diesen Zustand hin erheblich beschleunigen. – Schon die meisten barocken Sprachlehren enthalten Hinweise zur Aussprache. Doch fehlte, im Gegensatz etwa zu Frankreich, ein politisch-soziales Zentrum, dessen Dialekt hätte vorbildlich werden können. Systematisch finden sich Hinweise zur Aussprache erstmals in allen grammatischen und lexikalischen Werken von J. C. Adelung Ende des 18. Jhdts., man denke etwa an das »Grammatisch-kritische[s] Wörterbuch der Hochdeutschen Mundart« (Leipzig 1793-1801, 2. Aufl.), das in der Schreibung über das Prestige der Weimarer Klassik die Basis für eine sozusagen naturwüchsige Normierung geworden ist.

Den Anfang in der Diskussion um eine Lautungsnormung machte Wilhelm Vietor 1885 mit seinem Buch zur Aussprache des »Wörterverzeichnisses für die deutsche Rechtschreibung«. 1898 beriet eine Kommission, bestehend aus Vertretern des deutschen Bühnenvereins und wissenschaftlichen Vertretern, über die Bühnenaussprache. Das Ergebnis veröffentlichte Theodor Siebs unter dem Titel »Deutsche Bühnenaussprache«. Das Buch trägt den bezeichnenden Untertitel »Ergebnis der Beratungen zur ausgleichenden Regelung der deutschen Bühnenaussprache [...]«. Es gibt erstmals komplett für alle Wörter des Deutschen eine Aussprache in lesbarer und nachvollziehbarer Weise an, allerdings orientiert an der Bühnenhochsprache, einer »Überlautung«, die für den Alltag ungeeignet war (und ist) und allenfalls als allgemeine Orientierung dienen konnte. – Ferner orientiert sich Siebs vornehmlich an niederdeutschen Ausspracheformen, sodass süddeutsche Varianten als dialektal oder umgangssprachlich stigmatisiert wurden. Im Jahr 1910 erschien bereits die 9. Auflage, und der Geltungsbereich weitete sich ausgehend von der Bühne allmählich aus, bis schließlich 1922 auf einer Berliner Konferenz die Bühnenaussprache zur »offiziellen deutschen Hochsprache« erklärt wurde. Wilhelm Vietor veröffentlichte 1912 sein »Deutsches Aussprachewörterbuch«, das »auf Beobachtungen und Umfragen bei Gebildeten« aus verschiedenen Teilen des deutschen Sprachraums basierte. Neben der Tatsache, dass sein Buch in einigen Punkten von Siebs abwich, ist anzumerken, dass er bereits die IPA-Transkription verwendet hat. Die 16., neubearbeitete Auflage des Siebs von 1957 näherte sich an Vietor an und der Titel »Deutsche Hochsprache. Bühnenaussprache« zeigt deutlich die Verlagerung des Schwerpunktes hinsichtlich des Darstellungsziels.

Die 1962 erschienene Erstauflage des Duden-Aussprachewörterbuches orientierte sich vorwiegend am Siebs von 1957. Als entsprechendes Projekt in der DDR erschien 1964 die erste Auflage des »Wörterbuch der deutschen Aussprache«. Es basierte auf der Aussprache ausgewählter professioneller Rundfunksprecher der DDR und orientierte sich größtenteils an Vietor, zeigte also größere Realitätsnähe. Die 19. Auflage des Siebs'schen Aussprachewörterbuches von 1969 trug nur noch den Titel »Deutsche Aussprache«. Der Untertitel »Reine und gemäßigte Hochlautung mit Aussprachewörterbuch« eröffnete eine unterscheidende Betrachtungsweise, nämlich zwischen einer Hochsprache, die nur auf der Bühne realisiert wird, und einer gemäßigten Version mit gewissen Abstrichen, die im Alltag Verwendung findet. Eine ähnliche Unterscheidung wurde auch in der 2. Auflage des Duden-Aussprachewörterbuches von 1974 etabliert. In ähnlicher Weise lehnte sich daran das »Große Wörterbuch der deutschen Aussprache« von 1982 an.

Bis 2005 erschienen weitere Auflagen des Duden-Aussprachewörterbuches; die letzten beiden brachten allerdings keine substantiellen Änderungen, sondern berücksichtigten jeweils nur den Stand der Orthographiediskussion bei der Schreibung der Lemmata (ohne dies allerdings klar mitzuteilen). Hier wie auch bei den Neuauflagen des Siebs dienten die Modifikationen dem Ziel, näher an die Realität der Lautung heranzukommen. Trotzdem besteht nach wie vor eine deutliche Diskrepanz zwischen der Lautungsnorm und der Lautungsrealität dessen, was allgemein als standardsprachlich eingestuft wird.

Das Institut für Sprechwissenschaft und Phonetik der Universität Halle-Wittenberg und das Institut für Phonetik der Universität Köln arbeiten derzeit an einer Neukodifizierung der deutschen Standardaussprache. Dem daraus resultierenden Aussprachewörterbuch (es ist Ende 2009 bei de Gruyter erschienen) soll eine CD-ROM beigefügt werden. – In Österreich wird seit einiger Zeit an einem eigenen Aussprachewörterbuch gearbeitet, da seine nationale Varietät offensichtlich bisher ungenügend repräsentiert war.

Die überregionalen Aussprachegewohnheiten, die sich in der Gegenwart sozusagen naturwüchsig ausbilden, sehen allerdings deutlich anders aus als die existierenden normierten Aussprachen.

Als **»Standardaussprache«** wird üblicherweise eine Sprechweise bezeichnet, die folgende Merkmale aufweist:

- Es soll sich um eine **Gebrauchsnorm** handeln, die der Sprechwirklichkeit nahekommt, also tatsächlich von einer großen Zahl von Sprechern realisiert wird, nicht nur von einigen Rundfunk- und Fernsehsprechern. Der Aussprache-Duden erhebt den Anspruch, eine Kodifikation dieser Standardaussprache zu sein. Trotz zahlreicher Anpassungsversuche an die Realität der Aussprache ist aber auch die neueste Auflage von 2005 noch relativ weit von der sprachlichen Wirklichkeit entfernt, so dass kaum jemand zu finden ist, der diese Norm auch tatsächlich realisiert – das würde auch sehr affektiert wirken. Selbst bei geschulten Rundfunksprechern findet man zahlreiche Abweichungen davon (obwohl diese das meist bestreiten; die vorurteilsfreie Analyse der eigenen Sprechweise ist ein bekannt schwieriges Unterfangen).
- Diese Variante soll **überregional** sein, d.h. sie soll keine typisch landschaftlichen/regionalen Ausspracheformen aufweisen. Diese Forderung ist auch in der Gegenwart noch kaum einzuhalten, da regionale Varianten zweifellos vorhanden sind, die in den betreffenden Regionen nicht als Regionalismen beurteilt werden: Man denke z.B. im Bereich des Lexikons an Wörter wie *Samstag, Semmel, Metzger,* die im süddeutschen Raum nicht als Regionalismen empfunden werden, ebensowenig wie *Sonnabend, Brötchen, Schlachter/Fleischer* im norddeutschen Raum. Ähnlich verhält es sich im Bereich der Aussprache bei der Frikativierung des [g] im Suffix *-ig,* die in Altbayern etwa bei *König Ludwig* indiskutabel ist. Die über lange Zeit versuchte Lösung, eine bestimmte regionale Variante (oft eine norddeutsche wegen des politisch-kulturellen Übergewichts der Berliner Region bis 1945) als standardsprachlich zu deklarieren, stellt eine gravierende Diskriminierung der konkurrierenden Varianten dar. Es ist allerdings

abzusehen, dass die Realität der lebendigen Kommunikation über das gesamte Sprachgebiet hinweg, die durch die heutigen Massenmedien und die Massenmobilität möglich geworden ist, tendenziell zu einer Auslöschung der regionalen Varianten führt (allerdings auch zu Gegenbewegungen wie zur Besinnung auf die regionalen Besonderheiten).

Literaturhinweise:

Ammon, U. (1996): Deutsch als plurinationale Sprache: Unterschiedliche Ausspracheslandards für Deutschland, Österreich und die deutschsprachige Schweiz. – In: Krech, E. M./Stock, E. (Hgg.), Beiträge zur deutschen Standardaussprache (Halle), S. 194-203. (= Hallesche Schriften zur Sprechwissenschaft und Phonetik Bd. 1)

Duden. Wie sagt man in Österreich? Wörterbuch der österreichischen Besonderheiten. Von J. Ebner. – Mannheim, Wien, Zürich: Bibliographisches Institut 1969 (= Duden Taschenbuch Bd. 8).

Duden. Wie sagt man anderswo? Landschaftliche Unterschiede im deutschen Wortgebrauch. – Mannheim, Wien, Zürich: Bibliographisches Institut 1983 (= Duden Taschenbuch Bd. 15).

Zehetner, L. (1997): Bairisches Deutsch. Lexikon der deutschen Sprache in Altbayern. – München: Hugendubel.

- Die Standardaussprache soll relativ **einheitlich** sein, d.h. freie Varianten und Phonemvariationen sollen ausgeschaltet sein. Das ist aber eher eine Forderung an die Wiedergabe in einer Transkription als an die Aussprache selbst.
- Die Aussprache sollte umgekehrt auch **schriftnah** sein, d.h. weitgehend vom Schriftbild bestimmt. Diese traditionelle Forderung geht auf die Tatsache zurück, dass die deutsche Einheitssprache zuerst in der Schrift realisiert wurde. Die Aussprache folgte noch lange regionalen Gewohnheiten. Vor allem in nicht-hochdeutschen Gebieten (also im niederdeutschen Bereich) musste man sich bei der Lautzuordnung an den traditionellen Lautwerten der Buchstaben des lateinischen Alphabets orientieren, so bei der Aussprache von wortinitial <sp/st> als [sp/st], nicht als [ʃp/ʃt]. Die unterstellte Nähe der Aussprache zur Schrift, ja die Vorstellung der 1:1-Entsprechung, kann aber heute nicht mehr aufrechterhalten werden, zumal die Mehrheit der Schreibenden an den tradierten Schreibungen festhält, und eine Anpassung an die sich rasch ändernde Aussprache verweigert, wie die Diskussion um die Rechtschreibreform erwiesen hat.
- Die Aussprache soll **deutlich** sein, d.h. Laute sollen stärker unterschieden sein als in der Umgangslautung, aber schwächer als bei der Bühnenaussprache.

Hinweis: Der Begriff der »Standardsprache« sollte möglichst kritisch verwendet und problematisiert werden, und zwar 1) wegen des Fehlens eines naturwüchsigen Standards; 2) wegen der zweifelhaften Legitimation einer normsetzenden Instanz wie der Duden-Redaktion; 3) wegen der Konkurrenz regionaler Standards.

Die Standardaussprache ist nach dieser Festlegung nicht die »höchste« Sprachform. Als solche gilt die sog. **Bühnenaussprache**. So ist die älteste bekannte genormte Lautung die »Bühnenaussprache« von Theodor Siebs (1. Aufl. 1898), die man allerdings heute (trotz zahlreicher Modifikationen) im Zeichen des sprachlichen Understatements kaum mehr auf Bühnen hören kann. Allenfalls wird sie noch in öffentlichen Reden bei feierlichen Anlässen (Volkstrauertag, Predigten usw.) verwendet. Ihr Kennzeichen ist die sog. »Überlautung«, also die besonders deutliche Aussprache, die z.B. Klitisierungen meidet (also die Verschmelzung reduzierter Formen von Wörtern mit vorausgehenden oder folgenden Wörtern wie in *zum* = *zu dem*), um Verständlichkeit auch bei ungünstigen akustischen Bedingungen zu gewährleisten und eine den hohen Themen des damaligen Bühnenlebens angemessene Sprachform zu bieten. In den anderen Merkmalen, v.a. in Bezug auf die Vermeidung von Regionalismen, in der Schriftnähe usw. entspricht sie der Standardsprache.

»Unterhalb« der Standardsprache angesiedelt ist die sog. überregionale **Umgangssprache**, die in informellen Situationen verwendet wird. Sie ist eine ungenormte Variante. Aber auch sie zeigt keine oder nur geringe regionale Besonderheiten, ist jedoch in Bezug auf Deutlichkeit der Aussprache und Schriftnähe weniger anspruchsvoll. Tatsächlich werden für diesen Zweck meist regional gefärbte Umgangssprachen verwendet, die kaum dialektale Anklänge zeigen. Sie gehen meist über in mehr oder minder dialektale Varianten, die die Brücke zu den eigentlichen Dialekten bilden. Gerade im hochdeutschen Raum ist ein nahtloser Übergang (mit zahlreichen Zwischenstufen) von den Ortsdialekten bis hin zur Standardsprache möglich, wodurch es allerdings auch zu zahlreichen Interferenzen kommt. – Neben dieser zentralen Skala von Aussprachevarianten (die selbstverständlich auch auf den anderen Beschreibungsebenen spezifische Merkmale aufweisen, etwa einen besonderen Wortschatz) existieren noch Sondersprachen (wie etwa das Jiddische), Gruppensprachen (wie etwa Jugendsprachen), Fachsprachen (wie etwa die Verwaltungssprache) usw., die jeweils auch durch Aussprachebesonderheiten markiert sind. Man denke etwa an die Akzentposition auf der zweiten Silbe bei *Rechtfertigung,* wie sie für viele Protestanten typisch ist, oder den Akzent auf der dritten Silbe von *buchhalterisch*, wie in der Verwaltungssprache zu beobachten ist.

Literaturhinweise:

Aussprachewörterbücher und Literatur dazu:

Duden. Aussprachewörterbuch (2005): Wörterbuch der deutschen Standardaussprache. 6., überarb. und aktualisierte Aufl., bearb. von M. Mangold e.a. – Mannheim etc.: Dudenverlag (= Der Duden, Bd. 6). [Definition »Standardsprache« S. 34f., Bühnenaussprache S. 62f.; Überlautung S. 67f., Umgangslautung S. 64-67, Einleitungsteil gekürzt auch in »Der Duden – Grammatik«; gehört zum Handwerkszeug, wenn auch relativ weit von der Sprechrealität entfernt; in der 4. Aufl. beträchtliche Änderungen gegenüber den vorausgehenden Auflagen, v.a. im Hinblick auf die Nähe zur sprechsprachlichen Realität]

Boor, H. de/Moser, H./Winkler, Ch. (1969): Siebs – Deutsche Aussprache. Reine und gemäßigte Hochlautung mit Aussprachewörterbuch. 19. Aufl. – Berlin: de Gruyter. [ziemlich weit von der Sprechrealität entfernt; seitdem keine grundlegenden Neubearbeitungen mehr]

Krech, E.-M./Kurka, E./Stelzig, H./Stock, E./Stötzer, U./Teske, R. (Hgg.) (1982): Großes Wörterbuch der deutschen Aussprache. – Leipzig: VEB Bibliograph. Institut. [Einleitung von 149 Seiten: darin genaue und realistische Beobachtungen zur Artikulation; informative Übersichten über die Aussprache in vielen Fremdsprachen]

Besch, W. (2003): Aussprache-Standardisierung am grünen Tisch? Der Siebs nach 100 Jahren. – In: Androutsopoulos/Ziegler (Hgg.), "Standardfragen" (Frankfurt: P. Lang), S. 15-26 (= VarioLingua Bd. 18).

König, W. (1989): Atlas zur Aussprache des Schriftdeutschen in der Bundesrepublik Deutschland. 2 Bde. – Ismaning: Hueber. [vermutlich das einzige Werk, das sich wirklich mit der Realität der Aussprache befasst. Eine wahre Fundgrube.]

Kurka, E. (1980): Die deutschen Aussprachenormen im 19. Jh. – In: Ling. Studien, Reihe A 66/II, S. 1-67.

Mangold, M. (1979): Aussprachewörterbücher. – In: Ezawa, K./Resch, K.-H. (Hgg.), Sprache und Sprechen. FS für E. Zwirner zum 80. Geb. (Tübingen: Niemeyer), S. 141-148.

Mangold, M. (2000): Entstehung und Problematik der deutschen Hochlautung. – In: Besch, W. e.a. (Hg.), Sprachgeschichte. Ein Handbuch zur Geschichte der deutschen Sprache und ihrer Erforschung, Bd. 2 (Berlin, New York: de Gruyter), S. 1804-1809.

Meinhold, G. (1986): Phonostilistische Ebenen in der deutschen Standardaussprache. – In: DaF (Ost), Jg. 1986, H. 5, S. 288-293.

Muhr, R./Sellner, M. B. (Hgg.) (2006): Zehn Jahre Forschung zum Österreichischen Deutsch: 1995-2005. Eine Bilanz. – Frankfurt etc.: P. Lang (= Österreichisches Deutsch. Sprache der Gegenwart Bd. 10).

Neuland, E. (Hg.) (2006): Variation im heutigen Deutsch: Perspektiven für den Sprachunterricht. – Frankfurt etc.: P. Lang (= Sprache - Kommunikation - Kultur. Soziolinguist. Beiträge Bd. 4)

Schrodt, R. (1995): Der Sprachbegriff zwischen Grammatik und Pragmatik: Was ist das österreichische Deutsch? – In: R. Muhr/R. Schrodt/P. Wiesinger (Hgg.), Österreichisches Deutsch (Wien), S. 52-58.

Schrodt, R. (1997): Nationale Varianten, areale Unterschiede und der »Substandard«: An den Quellen des österreichischen Deutsch. – In: R. Muhr/R. Schrodt (Hgg.), Österreichisches Deutsch und andere nationale Varietäten plurizentrischer Sprachen in Europa (Wien), S. 12-39.

Takahashi, H. (1996): Die richtige Aussprache des Deutschen in Deutschland, Österreich und in der Schweiz nach Maßgabe kodifizierter Normen. – Frankfurt/M.: P. Lang.

Ungeheuer, G. (1977): Duden, Siebs und WDA: Drei Wörterbücher zur deutschen Aussprache. – In: Ders., Materialien zur Phonetik des Deutschen (Hamburg), S. 47-62.

Veith, W. H. (1985): Theorie und Praxis der Lautungsnormung. – In: Akten des VII Germanistenkongresses, Bd. 4 (Göttingen), S. 64-85.

Wängler, H.-H. (1981): Atlas deutscher Sprachlaute. – Berlin.

Zur Normproblematik:

Ammon, U. (2005): Standard und Variation: Norm, Autoriät, Legitimation. – In: Eichinger, L./Kallmeyer, W. (Hgg.), Standardvariation. Wie viel Variation verträgt die deutsche Sprache? (Berlin: de Gruyter), S. 28-40.

Berend, Nina (2003): Aussprachvarianten des Deutschen. Überlegungen zur Gestaltung einer korpusbasierten Datenbank. – In: Androutsopoulos/Ziegler (Hgg.), "Standardfragen" (Frankfurt: P. Lang), S. 235-250 (= VarioLingua Bd. 18).

Eichinger, L. M./Kallmeyer, W. (Hgg.) (2005): Standardvariation. Wie viel Variation verträgt die deutsche Sprache? – Berlin: de Gruyter.

Hollmach, U. (1996): Soziophonetische Grundlagen zur Neukodifizierung des Aussprachewörterbuches. – In: Krech, E.-M./Stock, E. (Hgg.), Beiträge zur deutschen Standardaussprache (Halle und Hanau: Dausien), S. 60-67 (= Hallesche Schriften zur Sprechwiss. und Phonetik Bd. 1).

Hollmach, U. (2004): Untersuchungen zur Kodifizierung der Standardaussprache in Deutschland. Halle-Wittenberg (= unveröff. Habilschrift. Martin-Luther-Univ.).

Krech, E.-M. (1997): Untersuchungen zur Sprechrealität – Grundlage für die Kodifizierung von Aussprachenormen. – In: Mattheier, K. (Hg.), Norm und Variation (Frankfurt etc.: P. Lang), S. 93-104.

Krech, E.-M. (2002): Neukodifizierung der deutschen Standardaussprache. Zur Orthoepieforschung an der Universität Halle. – In: Braun, A./Masthoff, H.R. (Hgg.), Phonetics and its Applications. FS for Jens-Peter Köster (Wiesbaden), S. 506-515 (= ZS für Dialektologie und Linguistik, Beiheft 121).

Löffler, H. (2005): Wieviel Variation verträgt die deutsche Standardsprache? Begriffsklärung: Standard und Gegenbegriffe. – In: Eichinger, L./Kallmeyer, W. (Hgg.), Standardvariation. Wie viel Variation verträgt die deutsche Sprache? (Berlin: de Gruyter), S. 7-27.

Mattheier, K. J. (1997): Norm und Variation. Eine Vorbemerkungen zum Thema. – In: Mattheier, K. (Hg.), Norm und Variation (Frankfurt etc.: P. Lang), S. 7-10 (= Forum Angewandte Linguistik Bd. 32).

Stock, E. (2001): Probleme neuer deutschsprachlicher Aussprachekodizes. – In: Bräunlich, M./ Neuber, B./Rues, B. (Hgg.), Gesprochene Sprache – transdisziplinär. FS f. G. Meinhold (Berlin), S. 161-169 (= Hallesche Schriften zur Sprechwissenschaft und Phonetik Bd. 5).

Thurmair, M. (2002): Standardnorm und Abweichungen. Entwicklungstendenzen unter dem Einfluss der gesprochenen Sprache. – In: Deutsch als Fremdsprache 39, H. 1, S. 3-8.

Veith, W. H. (1986): Theorie und Praxis der Lautungsnormung. – In: Polenz, P. von/Erben, J./ Goossens, J. (Hgg.), Sprachnormen: lösbare und unlösbare Probleme. – Kontroversen und die neuere deutsche Sprachgeschichte – Dialektologie und Soziolinguistik: Die Kontroverse um die Mundartforschung (Tübingen: Niemeyer), S. 64-85 (= Akten des VII. internat. Germanistik-Kongresses Göttingen 1985).

Übungsaufgabe Nr. 3 zu den **Sprachschichten**:
Nennen Sie die wichtigsten Merkmale, die für die Standardsprache üblicherweise angesetzt werden.

2.5.2 Einzelne Ausspracheregeln

Die folgende Zusammenstellung meist normativer Ausspracheregeln orientiert sich am Regelteil des aktuellen Aussprache-Dudens (Duden. Das Aussprachewörterbuch (2005), »F. Genormte Lautung. I. Standardlautung, S. 34-61. II. Bühnenaussprache, S. 62f. G. Ungenormte Lautung, S. 64-68. H. Deutsche Aussprachelehre, S. 69-106.«) Wo die Realität deutlich von der genormten Lautung abweicht, ohne dass das von Standardsprachesprechern als Verstoß gewertet würde, wird das jeweils im Nachgang vermerkt.

1. Aussprache des Schwa: Der *e*-Vokal in nichtakzentuierten Silben wird in nativen Wörtern als Schwa [ə] ausgesprochen. Beachte aber die von dieser Regel abweichende Aussprache der Verbalpräfixe (*er-* [ɛɐ̯], *ver-* [fɛɐ̯], *zer-* [t͡sɛɐ̯]).
2. Elision des Schwa: Das Schwa kann in nichtakzentuierten Silben nativer Wörter vor [m, n, l] elidiert werden. Die genannten Konsonanten werden dann silbisch (Silbenkerne): [ˈmaxən > ˈmaxn̩], [ˈhaː.bən ̣ > ̣ ˈhaː.bn̩ > ˈhaː.bm̩ > haːm].

3. Aussprache des Schwa + r: meist als zentrale [ɐ]-Variante (vgl. die *r*-Vokalisierung im Bairischen).
4. Kurzvokale sind zentraler, ungespannter zu artikulieren (außer [ɑ]: *r<u>a</u>ten* - *R<u>a</u>tten;* denn bei den zentralen Vokalen gibt es nur einen Quantitäts-, keinen Öffnungs-, Zentralitäts- oder Gespanntheitsunterschied).
5. Langvokale sind geschlossener, dezentraler, gespannter zu artikulieren als die entsprechenden Kurzvokale (außer [ɑː] und [ɛː]), wobei die Größe des Unterschieds regional deutlich verschieden ist. Distinktiv ist nach neuerer Ansicht nicht das Merkmal der Quantität, sondern das der Qualität (Dezentralität/Zungenhöhe/Gespanntheit), vermutlich aber ein Bündel von Eigenschaften.
6. Aussprache von [r]: freie Variation zwischen Zungenspitzen-*r* [r], Zäpfchen-*r* [ʀ] und frikativiertem *r* [ʁ], wobei regionale und soziale Faktoren eine Rolle spielen. Diese Varianten werden in Ausspracheworterbüchern nicht geschrieben; üblicherweise wird nur das (in Süddeutschland übliche) [r] verwendet, obwohl heute wohl überwiegend das [ʁ] als Standard gilt. – In postvokalischer Stellung im Silbenauslaut kann *r* zu [ɐ] vokalisiert werden; dies gilt ausnahmslos beim Suffix *-er* (»Lehrer-Schwa«) und mit hoher Wahrscheinlichkeit nach Langvokal, dagegen nur eingeschränkt nach Kurzvokal. Während der Aussprache-Duden (2005) nach [ɑː, ɑ] ein unsilbisches [ɐ̯] als Vokalisierungsprodukt ansetzt, würden wir hier von Totalassimilation ausgehen, die in beiden Fällen zu [ɑː] führt: also bei *bar* nicht [bɑːɐ̯], sondern [bɑː], bei *hart* nicht [hɑɐ̯tʰ], sondern [hɑːtʰ] (vgl. aber *w<u>a</u>rten – w<u>a</u>ten*).
7. Glottisverschluss (»Glottisschlag«) [ʔ] vor vokalischem Wortanlaut und in Wortbildungsfugen. **Beachte:** Diese Erscheinung ist vor den hohen Vokalen, in den Dialekten und in schneller Umgangssprache meist nicht vorhanden. – In den Aussprachewörterbüchern wird nur die Regel angegeben, in den Transkripten taucht das Zeichen nicht auf. Wir verwenden es hier aber im Sinne der üblichen Regel (da dies meist von den Prüflingen verlangt wird), obwohl wir ihr sehr kritisch gegenüberstehen.
8. Die stimmlosen Plosive [p, t, k] sind am Wortanfang und im absoluten Auslaut stark behaucht, im Inlaut schwach behaucht (aspiriert). – **Beachte:** In den meisten Dialekten sind diese Verschlusslaute in allen Positionen nicht aspiriert, werden nur mit harter Verschlusslösung gebildet (soweit sie überhaupt vorhanden sind). – In den Aussprachewörterbüchern wird nur die Regel angegeben, in den Transkripten taucht die Aspiration nicht auf. Wir geben die starke Behauchung aber jeweils nach der Regel an (obwohl sie keineswegs bei allen Standardsprechern auftaucht).
9. Die stimmhaften Plosive [b, d, g] werden in keiner Position aspiriert. Im Morphemauslaut werden sie zu den entsprechenden stimmlosen behauch-

ten Plosiven [p^h, t^h, k^h] (»Auslautverhärtung«; zur Aspiration siehe 8.). Entsprechend verhält sich das stimmhafte [z] und [v]. – **Beachte,** dass in den binnendeutschen Dialekten [b, d, g] kaum stimmhaft sind, sondern nur mit weicher Verschlusslösung artikuliert werden [b̥, d̥, g̊]. Auch die Auslautverhärtung ist dort kaum zu beobachten (sog. »binnendeutsche Konsonantenschwächung«).

10. Anlautendes prävokalisches <s>wird stimmhaft gesprochen, inlautendes intervokalisches <s> kann je nach Lexem stimmhaft gesprochen werden: [z]. Gerät ein solches [z] in den absoluten Auslaut, so wird es stimmlos: [ˈleː.zən, liːs]. – Die Unterscheidung von sth. und stl. *s* ist den meisten Dialekten fremd: Die Standardsprecher in diesen Gebieten verwenden häufig in allen Positionen das stl. [s].
11. [v], geschrieben <w> bzw. in nichtnativen Wörtern auch <v>, wird hochdeutsch labiodental [v] gesprochen, nicht wie z.B. im Bair. bilabial: [β].
12. Der Hauchlaut [h] tritt nur anlautend prävokalisch auf. <h> im Wortinneren ist ein Dehnungs-<h> oder ein <h> zur Markierung der Silbengrenze: z.B. *ziehen, sehen, gehen.* Alle diese Verben sind nach dem Aussprache-Duden ohne [h], allerdings mit Schwa zu sprechen: [ˈtsiː.ən, ˈzeː.ən, ˈgeː.ən], tatsächlich aber werden sie meist einsilbig gesprochen: [tsiːn, zeːn, geːn]. Ein inlautendes [h] weisen wenige native Wörter wie *Uhu, Ahorn* und nichtnative wie *Mahagoni* auf.
13. <g> ist im Suffix *-ig* frikativiert auszusprechen zu [ç]: *König (!), ewig.* Nach Aussprache-Duden muss *-ig* auch im Inlaut als [ɪç] ausgesprochen werden: *Ewigkeit* [ˈʔeː.vɪç.k^{h}a͡ɪ̯t^h], *wenigstens* [ˈveː.nɪçs.təns]. In Altbayern undenkbar: *König Ludwig!* [ˈk^{h}øː.nɪç ˈluːt.vɪç].
14. <s> ist vor <p, t> im Morphemanlaut [ʃ] zu sprechen, vor den übrigen Konsonanten ist die Palatalisierung durch <sch> ausgedrückt. [s, z] treten also anlautend präkonsonantisch in nativen Wörtern nicht auf (sehr wohl aber [s] im Anlaut vor [p, t] im Hamburgischen: *spitzer Stein*).

Beachte, dass nur die mit »hochsprachlich«/»standardsprachlich« gekennzeichneten Duden-Aussprachen als normgerecht (im Sinne von Deutschlehrern) gelten können, die mit »ugs.« (= umgangssprachlich) oder »dialektal« gekennzeichneten Varianten sind nicht normgerecht. Dabei werden immer noch die oberdeutschen Varianten unterbewertet bzw. die den oberdeutschen Gepflogenheiten widersprechenden Varianten überbewertet. Meist sind die Standardsprachesprecher wesentlich toleranter als der Aussprache-Duden.

15. Relativ viele Probleme macht die Aussprache der (Wortbildungs-)**Suffixe** (vgl. hierzu Aussprache-Duden 2005, S. 25). Folgende, meist schon bekannte Regeln sind zu beachten (während andere nicht angewendet werden dürfen):

<-er> wird als [ɐ] artikuliert (auch in *-erchen, -erl, -ern, -ernd, -ernde, -erst, -ert, -ler, -ner, -tümler*).

<*r*-> im Silbenanlaut bleibt konsonantisch! *-erei* [əˈra͡ɪ̯] , *-erich* [ərɪç].

<*-r*> nach Langvokal (wie in <*-bar*>) wird zu unsilbischem [ɐ̯] vokalisiert.

<-e-> in nichtakzentuierten Silben wird als [ə] realisiert (*-e, -elei, -erei, -erich, -erisch, -es, -est, -et, -ige, -innen, -lose, -nisse, -sche, -te,-tümelei, -tümeln*) oder unterliegt der Synkope, wobei ein folgender Nasal oder Liquid [m, n, l] silbisch wird. Das betrifft die Suffixe *-chen, -el, -elchen, -eln, -elnde, -elst, -elt, -em, -en, -end, -ende, -entlich, -igen, -lichen, -tel.* Die Synkope wird übrigens bei *-tel* vom Aussprache-Duden völlig unsystematisch als obligatorisch angesetzt.

- Alle anderen (akzentfähigen) Lang- und Kurzvokale behalten ihren Charakter auch in den (akzentlosen) Suffixen, z.B. in *-bar, -haft(-ig)(-keit), -sal, -sam, -schaft; -wärts; -erich, -erisch, -ich, -icht, -ig, -ige, -igen, -igkeit, -iglich, -igs, -igst, -igt, -innen, -isch, -lich, -lichen, -ling, -lings, -nis, -nisse; -los, -lose, -losigkeit; -tum, -ung; -tümelei, -tümeln, -tümler, -tümlich; -ei, -elei, -erei, -heit, -keit, -lei, -lein.* Die verbreitete Regel, dass akzentuierte Langvokale bei Akzentverlust kurz werden, gilt offenkundig nicht für *-bar, -sal, -los, -lose.*
- Auslautverhärtung gilt bei [b, d, g, z]: *-end, -ernd, -iglich (!), -los.* Diese Regelung erscheint in sog. lenisierender Umgebung (Nasale und Liquide) wenig plausibel (z.B. bei *-end, -iglich*). Hier bleiben nach unseren Beobachtungen [b, d, g, z] meist erhalten.
- Frikativierung von <g> zu [ç] gilt bei *-haftig(keit), -ig, -igkeit, -igs, -igst, -igt, -losigkeit* (wenn also <g> in der Silbenkoda steht), aber nicht bei *-ige, -igen* (im Silbenkopf). Diese Regel halten wir für einen westmitteldeutschen Regionalismus, der den (ost)oberdeutschen Dialekten völlig fremd ist.
- Suffixanlautendes <ch> wird als [ç], nicht als [x] realisiert: <*-chen, -elchen, -erchen*>.

Überschaubar sind die Probleme bei der Aussprache der Verbal-**Präfixe** (vgl. hierzu Aussprache-Duden 2005, S. 25). Folgende Regeln sind zu beachten:

- <*e*> wird in einigen Präfixen als [ə] realisiert: <*be-, ge-*>; in den anderen trotz gleicher Bedingungen als [ɛ]: <*ent-, er-, ver-, zer-*>.
- Auslautendes <*r*> in *ver-, zer-, er-* wird nie wie bei dem Wortbildungssuffix *-er* mit dem vorausgehenden <*e*> zu [ɐ] verschmolzen, sondern folgt einfach auf [ɛ] in vokalisierter Form als [ɐ].

Weitere Ausspracheregeln (immer in Bezug auf die Schriftform formuliert), die den Wortstamm und die Flexionsaffixe betreffen (Assimilationsregeln werden hierbei nicht berücksichtigt; siehe hierzu den Abschnitt »Realisationsphonologie«):

- unbetontes <*e*> im Inlaut ist immer als [ə] zu realisieren; es unterliegt nie der Synkope (Aussprache-Duden 2005, S. 39): *Ebene*. Auch das ist eine Entscheidung gegen die Regelung in den oberdeutschen Dialekten, die sowohl Synkope als auch Apokope sprachgeschichtlich konsequent anwenden (außer in amtlichen Benennungen wie *bayerisch*, das systematisch richtig nur ['bɑ͡ɪ̯.rɪʃ] ausgesprochen werden kann; im Aussprache-Duden (2005) hingegen (im Sinne der Schemakonstanz) ['bɑ͡ɪ̯ə.rɪʃ]!)
- stimmhafte Konsonanten wie [b, d, g, v, z, ʒ, d͡ʒ] werden in stimmloser Umgebung oft stimmlos (Aussprache-Duden 2005, S. 55; im Bereich der binnendeutschen Konsonantenschwächung sind sie es ohnehin meist): *abtreten* ['ʔɑp.tre:.tən], *Abt* ['ʔɑpt] oder ['ʔɑb̥t].

Literaturhinweise:
Aussprache-Duden (2005), S. 34-61 zur Standardlautung; S. 62f. zur Bühnenaussprache; S. 64-68 zur ungenormten Lautung; S. 69-107 deutsche Aussprachelehre.
Meinhold/Stock ([2]1982), S. 176-179 zur Distribution der Vokale und Konsonanten; S. 188-191 zur Auslautverhärtung; S. 191-193 zur Stimmlosigkeitsassimilation; S. 193-202 zur Eliminierung des /ə/; S. 203 zur Aussprache des Suffixes *-ig*.

2.5.3 Aussprache von Fremdwörtern

Jede Sprache übernimmt Lexeme aus anderen Sprachen, die man als **Fremdwörter** bezeichnet. Sie werden im Deutschen meist in einer Form übernommen, die der Originalform sehr nahe ist; danach beginnt die allmähliche Integration in das eigene Sprachsystem: Nicht im eigenen Lautinventar enthaltene Laute werden durch die nächstverwandten eigenen Laute ersetzt, die Silbenstruktur wird angepasst, ebenso ggf. die Schreibung, die Wörter werden früher oder später in das eigene Flexionssystem integriert und können dann unbeschränkt wie eigene Lexeme verwendet werden. Diese Integration erfolgt in einem (schriftlosen/schriftfernen) Dialekt schneller als in einer Schriftsprache, die zur Konservierung veralteter Zustände tendiert. Vor allem im deutschen Bildungswesen hat man einen merkwürdigen Stolz entwickelt, die angeblich originalen fremdsprachlichen Formen in Laut und Schrift zu bewahren. – Vollständig integrierte Wörter fremder Herkunft werden als **Lehnwörter** bezeichnet. Im Gegensatz dazu stehen die **Erbwörter** (»echte deutsche« Wörter). Um zu entscheiden, zu welcher der drei Gruppen ein bestimmtes Lexem gehört, muss man entsprechende etymologische Kenntnisse haben. Für eine synchrone grammatische Beschreibung ist das eher problematisch (und die drei Begriffe sollten in einer Analyseaufgabe auch problematisiert werden).

Üblich ist heute v.a. in der synchronen Sprachbeschreibung eine Trennung in native und nichtnative Wörter. **Native** Wörter entsprechen auf allen grammatischen Ebenen den Regeln des deutschen Sprachsystems, **nichtnative** hingegen zeigen Abweichungen, z.B. im Lautinventar, in den phonotaktischen Gesetzmäßigkeiten, in der Silbenstruktur, in der Akzentuierung, in der Schreibung, in der Flexion und daraus folgend in den syntaktischen Verwendungsmöglichkeiten. Es liegt in der Natur dieser definitorischen Festlegung, dass Wörter zu den nativen gerechnet werden, die gleichzeitig zu den Lehn- oder Fremdwörtern gezählt werden, z.B. *Fenster* (von lat. *fenestra*), *schreiben* (von lat. *scribere*), *pink* (aus dem Englischen). Andererseits werden Wörter zu den nichtnativen gerechnet, die man als Erbwörter bezeichnen würde, z.B. *Ahorn*, und zwar deswegen, weil zwei Silben Volltonvokalismus zeigen und ein intervokalisches <h> als Frikativ ausgesprochen wird, oder *Wacholder*, weil das Wort wiederum zwei Silben mit Volltonvokalismus aufweist und der Akzent nicht auf der Stammanfangssilbe liegt. An der letztgenannten Eigenschaft kann man sehen, dass diese Einordnung natürlich auch davon abhängt, wie man die lautstrukturellen und Akzentregeln für native Wörter formuliert: Geht man anders als wir hier von einer Regel »Ultimaakzent für native Simplizia« aus (Pänultima, wenn die Ultima nicht betont werden kann), dann entspricht der Akzent auf *Wacholder* den Regeln für native Wörter.

Bei der Beschreibung der Lautstruktur nichtnativer Wörter hat man zu unterscheiden zwischen der Originallautung, die man in den Standardwörterbüchern der betreffenden Sprache findet (z.B. beim Englischen im Oxford English Dictionary, beim Französischen im Larousse; auch in diesen Fällen muss man, wie beim Aussprache-Duden oder dem Siebs, mit einer gewissen Distanz zu den tatsächlichen Aussprache-Gewohnheiten rechnen), und der üblichen Aussprache im Bereich des Deutschen, die fast immer bereits gewisse Merkmale der Integration in das eigene Lautsystem zeigt.

In den uns zugänglichen Unterlagen v.a. für schriftliche Prüfungen sind nicht gerade selten auch Aufgaben zur Transkription nichtnativer Wörter enthalten, darunter auch solche, die nach unserer Einschätzung allenfalls von Studierenden moderner Fremdsprachenphilologien (Englisch, Französisch, Italienisch) gelöst werden können. Es ist fast aussichtslos, generelle Regeln für die Aussprache/Transkription nichtnativer Wörter anzugeben. Trotzdem soll hier ein Versuch gemacht werden.

Der **Hauptakzent** vieler nichtnativer Wörter richtet sich (grob skizziert) nach der Regel für die Akzentuierung lateinischer Wörter, die den größten Teil dieses Wortschatzsegments bilden (abgesehen von der Ultima-Betonung, die wohl dem Französischen zuzuordnen ist).

a) Den Wortakzent erhält die letzte Silbe (»Ultima«), wenn sie »schwer« ist, d.h. wenn sie auf langen Vokal, auf Diphthong oder auf (beliebigen) Vokal plus wenigstens einen Konsonanten endet, sofern diese Silbe nicht aus morphologischen Gründen unbetonbar ist.
b) Hat ein Wort keine »schwere« Ultima, so erhält die vorletzte Silbe (»Pän-

ultima«) den Akzent, wenn sie schwer ist; wenn nicht, dann die drittletzte (»Antepänultima«), wenn vorhanden.

Beispiele: [çe.ˈmiː] *Chemie*, [ˈçeː.mɪʃ] *chemisch*, [çemiˈkaːlɪʃ] *chemikalisch* .

Diese Regeln werden v.a. auch auf Wörter aus Sprachen angewendet, deren Akzentsysteme man nicht kennt, z.B. auf das Japanische, wo der Wortakzent offenbar lexikalisch gesteuert wird (also keiner globalen Regel unterliegt): *Kawasaki, Toyota, Mitsubishi, Yokohama, Hayashi, Masaki* (Eigennamen!).

Die Kurzvokale in nichtnativen Wörtern meist lateinischen Ursprungs werden meist zentraler/ungespannt gesprochen, und zwar sowohl unter dem Akzent wie deakzentuiert. Die Langvokale werden unter dem Akzent dezentral/ mit höherer Zungenaufwölbung/gespannt gesprochen; verlieren sie den Akzent, so verlieren sie das Merkmal der Länge, behalten aber nach Aussprache-Duden (2005) das Gespanntheitsmerkmal. Diese Regelung ist für die deakzentuierten Langvokale sehr unplausibel. Bei genauer Beobachtung findet man kaum einen Sprecher, der sich an diese Regel hält: So wird z.B. statt [ˈmuː.zi.kɐ] *Musiker* eher [ˈmuː.zɪ.kɐ] realisiert, statt [mu.ˈziːk] *Musik* eher [mʊ.ˈziːk].

Nichtakzentuiertes <*i*> soll in nichtnativen Wörtern vorwiegend lateinischen Ursprungs vor einem Vokal mit bzw. ohne Akzent immer als [i] gesprochen werden, ggf. wird es sehr stark verkürzt zu einem nichtsilbischen [i̯]: *Ferien* [ˈfeː.ri̯ən], *Nation* [na.ˈt͡si̯oːn]. Tatsächlich aber wird es meist als [j] ausgesprochen.

<*e*> soll in nichtnativen Wörtern meist lateinischen Ursprungs in akzentlosen Silben nie als [ə] ausgesprochen werden, sondern immer als [e]. Tatsächlich findet man wechselnde Realisationen als [ɛ], [e] und als [ə].

Englische Fremdwörter:

Vokale: Von deutschen Sprechern werden

engl.	[əː]	*Sir* [səː]	[ʌ]	*lunch* [lʌnt͡ʃ]	[æ]	*Campbell* [kæmbl]	[ɔː]	*Shaw* [ʃɔː]
substituiert durch								
dt.	[øː] [œː]	[zøːɐ̯] [sœːɐ̯]	[a]	[lanʃ] [lant͡ʃ]	[ɛ]	[kɛmpl]	[ɔː] [oː]	[ʃɔː] [ʃoː]

Diphthonge: Unter den Fremdphonemen verbreiten sich zunehmend die englischen Diphthonge [e͡ɪ] und [o͡ʊ], wofür früher meistens [eː] und [oː] gesprochen wurde, z. B. *Lady* [ˈle͡ɪ.di] (älter: [ˈleː.di]) und *Show* [ʃo͡ʊ] (älter: [ʃoː]).

Konsonanten:

- Engl. stimmhafter/stimmloser apiko-dentaler Reibelaut [ð]/[θ], z. B. in *Southey/that/thing* [ˈsa͡ʊðɪ] und *Thakeray* [ˈθækəri], von deutschen Sprechern oft ersetzt durch »gelispeltes« [s].

- Engl. stimmhafter bilabial-velarer *v*-Laut [w], z. B. *Wales* [weɪlz], und in Lautverbindungen, z. B. *Queen* [kwiːn], von deutschen Sprechern oft ersetzt durch [v] oder [β].
- Die stimmhafte koronalprädorsal-palatoalveolare Affrikate [d͡ʒ] wie in *gin* [ˈd͡ʒin] wird oft durch das stimmlose Äquivalent [t͡ʃ] wie in [ˈt͡ʃæplɪn] *Chaplin* ersetzt.
- Engl. Plosive sind stärker aspiriert als dt. Plosive.
- Die engl. sth. Plosive [b, d, g] unterliegen im Silben- bzw. Morphemauslaut nicht der Auslautverhärtung: *frog* [frɔg]

Diese engl. Phoneme werden im Deutschen oft mit Allophonen realisiert, die denen des Englischen sehr nahe kommen (weitere Einzelheiten bei Meinhold/Stock ([2]1982) und in Krech/Kurka/Stelzig e.a. (1982); s. u.).

Literaturhinweise:

Kufner, H. (1971): Kontrastive Phonologie Deutsch-Englisch. – Stuttgart: Klett.

Moulton, W. (1970): The Sounds of English and German. – Chicago: University of Chicago Press.

Meinhold/Stock ([2]1982), S. 104-109 zu Problemen der Interferenz bei der Realisation von Vokalphonemen aus anderen Sprachen im Deutschen; S. 149-155 zur Realisation von Konsonantenphonemen aus anderen Sprachen im Deutschen.

Krech, E.-M./Kurka, E./Stelzig, H./Stock, E./Stötzer, U./Teske, R. (Hgg.) (1982): Großes Wörterbuch der deutschen Aussprache. – Leipzig: VEB Bibliograph. Institut. [Einleitung von 149 Seiten: darin sehr genaue und realistische Beobachtungen zur Artikulation; sehr informative Übersichten über die Aussprache in sehr vielen Fremdsprachen]

Französische Fremdwörter:
Vokale:

frz.	[ɛ]	*beige* [bɛʒ]	[œ]	*deserteur* [dezɛʀˈtœʀ]	[ɔ]	*fort* [fɔʀ]
im Deutschen substituiert durch						
dt.	[eː]	[beːʒ] [bɛːʃ]	[øː]	[dezɛʀˈtøːɐ̯]	[oː]	[foːɐ̯]

- frz. Nasalvokale: [ɑ̃, ɛ̃, ɔ̃, œ̃] wie z. B. in *Chance* [ʃɑ̃ːs], *Teint* [tɛ̃ː], *Garcon* [gaʀˈsɔ̃] oder *Verdun* [vɛʀˈdœ̃] werden häufig übernommen, jedoch ist bei [ɔ̃] (z. T. [ɑ̃]) eine Eindeutschung nach folgendem Prinzip möglich: Es besteht die Möglichkeit, den Nasalvokal in die bisegmentale Verbindung ungespannter Oralvokal + hinterer Nasalkonsonant [ŋ] zu zerlegen, z. B. *Balkon* frz. [bɑlˈkɔ̃ː] > dt. [bɑlˈkɔŋ]. Oft ist auch [oːn] möglich, z. B. bei *Garnison, Explosion, Delegation, Balkon* (möglicherweise Analogiezwang der schon zuvor aus dem Lateinischen entlehnten Fremdwörter auf *-ion*, z. B. *Nation*). – Beachte, dass die Nasalvokale des Französischen im Deutschen je nach Region teilweise ganz anders als oben angegeben realisiert werden.

Halbkonsonanten:

- Frz. nichtsilbischer offener *u*-Laut in [wa], z. B. in *toilette* [twaˈlɛt], und frz. nichtsilbisches [ɥ] in [ɥi], z. B. *suite* [sɥit] werden im Deutschen durch [o͡ɑ] in [t^{h}o̯͡ɑ'lɛtə] bzw. [v] in [sviːtə] substituiert.

Konsonanten:

- Frz. stimmhafter Reibelaut [ʒ] gehört – zumindest bei den Nachrichtensprechern – bereits zum deutschen Lautinventar.
- Frz. mouilliertes (»erweichtes«, d.h. palatalisiertes) [ɲ] ist dem Deutschen fremd; dabei wird gleichzeitig ein [ŋ] und ein [j] artikuliert, weshalb es im Deutschen durch [n] +[j] substituiert wird. Beispiel: *Avignon* frz. [avi'ɲõ] wird zu dt. ['ʔavɪnjɔŋ].
- Frz. Plosive werden nicht aspiriert, z.B. [tɛ̃], in der deutschen Realisation aber meistens schon: [t^{h}ɛ̃].

In der deutschen Realisierung englischer und französischer Fremdwörter werden oft deutsche Ausspracheregeln angewendet, z. B. Auslautverhärtung, Reduktion zu silbischem [m̩, n̩, l̩, r̩].

Zur Vertiefung:

Boor, H. de/Moser, H./Winkler, Ch. (1969): Siebs – Deutsche Aussprache. Reine und gemäßigte Hochlautung mit Aussprachewörterbuch (19. Aufl. – Berlin), S. 45-46.

Heidolph, K. E./Flämig, W./Motsch, W. (1981): Grundzüge einer deutschen Grammatik (Berlin: Akademie-Verlag), S. 908-910, 918.

Krech, E.-M./Kurka, E./Stelzig, H./Stock, E./Stötzer, U./Teske, R. (Hgg.) (1982): Großes Wörterbuch der deutschen Aussprache. – Leipzig: VEB Bibliograph. Institut.

Meinhold, G./Stock, E. ([2]1982): Phonologie der deutschen Gegenwartssprache (2. Aufl. – Leipzig: VEB Bibliogr. Institut), S. 106-7, 152-153.

Munske, H. H. (1983): Zur Fremdheit und Vertrautheit der »Fremdwörter« im Deutschen. – In: Germanistik in Erlangen. Erlanger Forschungen, Reihe A, Bd. 31, S. 559-595.

Übungen zur phonetischen Transkription: Ramers/Vater (1995), S. 21-23; Lühr (1993), S. 206-221.

Übungsaufgabe Nr. 4 zur **phonetischen Transkription:**

Geben Sie an, ob es sich bei den folgenden Wörtern um native oder nichtnative Wörter handelt: *Radar, sexuell, Epitheton, Ferien, Nation, Linguist, Chiffren.* Transkribieren Sie die Wörter möglichst nah an der von den Aussprachewörterbüchern wiedergegebenen Standardlautung (ohne diese Wörterbücher bei der Transkription zu benutzen). Kontrollieren Sie das Ergebnis an den Einträgen einiger Aussprachewörterbücher und ermitteln Sie, ob es Abweichungen zwischen den einzelnen Einträgen gibt. Diskutieren Sie die Nähe/Ferne zur sprachlichen Wirklichkeit. – **Tipp**: Alle Beispiele werden auch in der Einleitung des Aussprache-Dudens (2005) verwendet.

2.5.4 Hinweise für die phonetische Transkription

Eine ausreichende Beherrschung der phonetischen Transkription der deutschen Standardsprache mit IPA ist nach unserer Überzeugung für den germanistischen Linguisten unverzichtbar. Dies nicht zuletzt auch deshalb, weil Transkriptionsaufgaben in schriftlichen Examina nicht gerade selten sind, aber auch wegen der späteren beruflichen Praxis (→ 1.1, S. 14f.). – Meist wird bei Aufgaben zur Transkription eine Lösung gefordert, die nach standardsprachlichen Kriterien verfährt. In diesem Fall befindet man sich mit der Transkription des Aussprache-Dudens auf der sicheren Seite. Man sollte dann aber nicht versäumen, auf die Quelle explizit hinzuweisen sowie die Probleme einer solchen Lösung zu verdeutlichen (siehe oben!).

Da der Aussprache-Duden aber in der Regel nicht benutzt werden darf und die Wörterliste sicherlich nicht gelernt werden kann, empfiehlt es sich, die Prinzipien, nach denen der Aussprache-Duden verfährt, zu lernen. Da diese aber nicht sehr konsistent und auch nicht sehr realitätsnahe sind, ist auch das nicht ganz einfach zu realisieren. Einige Tipps haben wir in der anschließenden Liste zusammengetragen. Aber auch wenn man nach diesen Normen verfährt, empfiehlt es sich, den Begriff der Standardsprache sowie den Normanspruch als solchen und die einzelnen Ausprägungen sorgfältig auf Tragfähigkeit, Konsistenz usw. zu überprüfen und ggf. zu kritisieren.

Als Alternative bietet sich an (nicht zuletzt wegen der Probleme der Normierung durch den Aussprache-Duden), aus eigenen Überlegungen heraus eine selbstständige Festlegung für den Begriff »Standardsprache« zu versuchen und darauf basierend eigene, z.B. realistische Grundsätze für die Aussprache und für die Transkription zu entwickeln. Dabei sei ausdrücklich davor gewarnt, das eigene Sprechverhalten ohne kritische Prüfung als »standardsprachlich« zu unterstellen. Wie bereits mehrfach ausgeführt, weist nahezu jeder Sprecher regionale, gruppenspezifische und nur ihn selbst betreffende Besonderheiten im Sprechen auf, die ihn, zusammen mit anderen Besonderheiten, als Person unverwechselbar machen. Ob man aber nun das eigene Sprechverhalten kritisch analysiert oder einen eigenen Begriff von Standardsprache entwickelt: In beiden Fällen sind umfangreichere Übungen unerlässlich. Eine sehr differenzierte Transkription unter Verwendung zahlreicher Diakritika wird aber von germanistischen Linguisten nach unseren Erfahrungen nicht erwartet.

Tipps für Transkriptionsaufgaben:

- am Wortende wird immer <er> als [ɐ], <en> als [n̩], <el> als [l̩], <em> als [m̩], <ng> als [ŋ] ausgesprochen (Bedingungen für diese Aussprache siehe Aussprache-Duden (2005), S. 32-34).
- Diphthonge werden im Aussprache-Duden (2005) so transkribiert: [a͡i], [a͡u], [ɔ͡y]. Wir verwenden hier allerdings die Transkriptionen [ɑ͡ɪ̯], [ɑ͡ʊ̯], [ɔ͡ʏ̯].

Achtung: langer Vokal + /r/ in der Akzentsilbe = langer Vokal + [ɐ̯]. Beispiele: *Bier* /bi:r/ [biːɐ̯], *Jahr* [jɑːɐ̯] (realistischer: [jɑː]), *bi̲sher* [ˈbɪs.heːɐ̯].

- (Bedingungen für die sonstige Verwendung von [ɐ̯] siehe Aussprache-Duden (2005), S. 47-48).

- Affrikaten: [p͡f], [t͡s], [t͡ʃ], [d͡ʒ].
- Beachte die Distribution von [s] – [z] und die Distribution von [ç] – [x] sowie die des Suffixes <-ig> = [ɪç].
- Auslautverhärtung, z. B. *gab* [gɑːp^h], *und* [ʔʊnt^h], *sag* [zɑːk^h].
- Diakritische Zeichen nicht vergessen, v.a. Zeichen für den Akzent, zur Markierung von Diphthongen und Affrikaten, für die Silbengrenze, für Syllabizität.
- Vermerken Sie explizit, ob Sie den Glottisverschluss und die Aspiration in die Transkription aufnehmen oder über Regeln einführen (wie im Aussprache-Duden 2005).

Vorbereitungstipps:

- einzelne Beispiele einprägen und andere Wörter damit vergleichen!
- Aussprache deutscher Suffixe bzw. Suffixfolgen und Präfixe aus dem Aussprache-Duden (2005), S. 21-22, lernen!

Literatur:

Bußmann, H. (^{4}2008): Lexikon der Sprachwissenschaft.– Stuttgart: Kröner.

Ramers, K. H./Vater, Heinz (1995): Einführung in die Phonologie. Fourth Revised Edition. – Hürth: Gabel Verlag (= Kölner linguistische Arbeiten – Germanistik.16)

Rues, B./Redecker, B./Koch, E./Wallraff, U./Simpson, A. P. (2007): Phonetische Transkription des Deutschen. Ein Arbeitsbuch mit CD. – Tübingen: Narr (= Narr Studienbücher).

Übungsaufgabe Nr. 5 zur **phonetischen Transkription:**

Transkribieren Sie folgende Wörter möglichst nahe an der standardsprachlichen Lautung: *rösten, einig, hochherzig, abgängig, wiehernde, verderblich, Enterich, leibhaftig, Ernsthaftigkeit, regnicht, Röhricht, Gefühllosigkeit, Verhältnisse, Mühsal, fauchen, Jenseits, übel, großem, bindenden, pingelig, Wasser, beachten, anekeln, dürr, Habach, Haarbach, Geld, machen, Zumutungen, Neuzeit.* Geben Sie die einschlägigen Ausspracheregeln (z.B. Auslautverhärtung, Ich-/Ach-Laut) an. – Tipp: Fast alle hier verwendeten Beispiele werden auch in der Einleitung des Aussprache-Duden (2005) verwendet.

2.6 Allgemeine Literaturhinweise zur Phonetik

2.6.1 Einführungen und Gesamtdarstellungen

Davis, J. F. (1998): Phonetics and Phonology. – Stuttgart: Klett. [Einführung in die Phonetik und Phonologie des Englischen, gut lesbar; auch Vergleiche mit dem Amerikanischen].

Dieling, H./Hirschfeld, U. (2000): Phonetik lehren und lernen. Buch mit 2 Kassetten. – München: Langenscheidt.

Dieling, H. (2007): Phonetik lehren und lernen. 4 Audio-CDs. – München: Langenscheidt.

Essen, O. von (1979): Allgemeine und angewandte Phonetik. – Berlin.

Franke, I. (2000): Sprachlabor. Eine multimediale und interaktive Einführung in die Welt des Sprechens. Wissenschaft auf CD-ROM. Multimedia mit Ausdruck und Inhalt. – Trier: Media Enterprise. <http://www.linguistlist.org/issues/7/7-988.html> [mit einer nützlichen Einführung und mit Analyseprogrammen, mit denen man akustisch-phonetische Analysen konkreter Äußerungen erarbeiten kann; nach unseren Erfahrungen sehr zuverlässig. Derzeit wohl vergriffen].

Hakkarainen, H. J. (1995): Phonetik des Deutschen. – München: Fink (= UTB 1835).

Hall, A. T. (2000): Phonologie. Eine Einführung. – Berlin, New York: de Gruyter (= de Gruyter Studienbuch). [v.a. S. 31-36, Abschn. 1.7. Sprachlaute des Deutschen].

Handke, J. (2001): The Mouton Interactive Introduction to Phonetics and Phonology. [CD-ROM]. Berlin, New York: Mouton de Gruyter.

Heidolph, K. E./Flämig, W./Motsch, W. (1981): Grundzüge einer deutschen Grammatik (Berlin: Akademie-Verlag), Kapitel 7, S. 898 - 993.

Heike, G. (1982): Phonetik und Phonologie. 2. Aufl. – München.

Hengartner, Th./Niederhauser, J. (1993): Phonetik, Phonologie und phonetische Transkription. Grundzüge, Begriffe, Methoden und Materialien. – Aarau: Sauerländer (= Studienbücher Sprachlandschaften 4). [hier bietet Kap. 6.2. Transkriptionssysteme zur Wiedergabe von Lauten; daneben auch einiges Vergnügliche]

Hirschfeld, U. (1992): Einführung in die deutsche Phonetik. – Ismaning: Hueber (Video).

Kohler, K. J. (1977): Einführung in die Phonetik des Deutschen. 2., neubearb. Aufl. 1995. – Berlin: E. Schmidt (= Grundlagen der Germanistik Bd. 20). [von einem Phonetiker, sehr anspruchsvoll, aus linguistischer Sicht nicht immer zutreffend]

Kohler, K. J. (1995): Phonetics – A Language Science in its own Right? – In: Proc. XIII. ICPhS, vol. 1, pp. 10-17 (Stockholm 1995). [Plenarvortrag zur Eröffnung des XIII. ICPhS Stockholm 1995]

Kröger, B. J. (1998): Ein phonetisches Modell der Sprachproduktion. – Tübingen: Niemeyer (= Ling. Arb. 387).

Ladefoged, P. (2000): A Course in Phonetics. 4. Aufl. – New York: Harcourt College Publishers.

Ladefoged, P./Maddieson, I. (1996): The Sounds of the World's Languages. – Oxford: Blackwell. [Ein guter Überblick über die akustischen und artikulatorischen Eigenschaften von Sprachlauten; für alle, die sprachübergreifend arbeiten]

Lindner, G. (1969): Einführung in die experimentelle Phonetik. – Berlin: Akademie-Verlag. [für naturwissenschaftlich interessierte Germanisten sehr gut geeignet; leider in Teilen überholt].

Lindner, G. (1981): Grundlagen und Anwendung der Phonetik. – Berlin-Ost (= Sammlung Akademie-Verlag 36 Sprache). [hier ist vielleicht Kapitel 5 »Einheiten der Lautsprache und ihre Systematik« von Interesse]

Lühr, R. (1993): Neuhochdeutsch. Eine Einführung in die Sprachwissenschaft. 4., unveränd. Aufl. München: Fink (UTB 1349).

Meinhold, G./Stock, E. (^{2}1982): Phonologie der deutschen Gegenwartssprache, 2. Aufl. – Leipzig: Bibliograph. Institut.

Meisenburg, T./Selig, M. (1998): Phonetik und Phonologie des Französischen. – Stuttgart: Klett. [gut lesbar]

Neppert, J. (1999): Elemente einer akustischen Phonetik. 4., vollst. neu bearb. Aufl. – Hamburg: Buske.

Pétursson, M./Neppert, J. (1996): Elementarbuch der Phonetik. 2., durchges. u. erw. Aufl. – Hamburg: Buske. [3., durchgesehene und bearb. Aufl. angekündigt für 2008]

Pompino-Marschall, B. (^{2}2003): Einführung in die Phonetik. 2. Aufl. – Berlin: de Gruyter (= de Gruyter Studienbuch). [anspruchsvoll, teilweise schwer zu lesen; Teil III ist zur Vertiefung durchaus geeignet]

Schubiger, M. (1977): Einführung in die Phonetik. 2. Aufl. – Berlin/New York: de Gruyter (= Sammlung Göschen 2203).

Tillmann, H. G./Mansell, Ph. (1980): Phonetik: Lautsprachliche Zeichen, Sprachsignale und lautsprachlicher Kommunikationsprozess. – Stuttgart: Klett-Cotta. [sehr anspruchsvoll, wenig für die Prüfungsvorbereitung geeignet]

Wängler, H.-H. (1983): Grundriss einer Phonetik des Deutschen, mit einer allgemeinen Einführung in die Phonetik. 4., überarb. Aufl. – Marburg: Elwert.

Wängler, H.-H. (1981): Atlas deutscher Sprachlaute. 7. Aufl. – Berlin: Akademie Verlag.

2.6.2 Aussprachewörterbücher/Transkription

Boor, H. de/Moser, H./Winkler, C. (1969): Siebs – Deutsche Aussprache. Reine und gemäßigte Hochlautung mit Aussprachewörterbuch. 19., umgearb. Aufl. – Wiesbaden: VMA-Verlag. [ziemlich weit von der Sprechrealität entfernt]

Duden – Aussprachewörterbuch (2005): Wörterbuch der deutschen Standardaussprache. 6., überarb. und aktualisierte Aufl., bearb. von Max Mangold. – Mannheim/Leipzig/Wien/Zürich: Dudenverlag (= Der Duden Bd. 6). [Einleitungsteil gekürzt auch in »Der Duden – Grammatik«; gehört zum Handwerkszeug, wenn auch relativ weit von der Sprechrealität entfernt; in der 4. Aufl. beträchtliche Änderungen gegenüber den vorausgehenden Auflagen, v.a. im Hinblick auf die Nähe zur sprechsprachlichen Realität; in der 5. und 6. Aufl. wurde wohl nur die Schreibung der Lemmata je nach dem Stand der Orthographiediskussion angepasst. Substantiell ergaben sich keine Änderungen. Leider wird darauf in diesen Auflagen nicht explizit hingewiesen]

Krech, E.-M./Kurka, E./Stelzig, H./Stock, E./Stötzer, U./Teske, R. (Hgg.) (1982): Großes Wörterbuch der deutschen Aussprache. – Leipzig: VEB Bibliograph. Institut. [Einleitung von 149 Seiten: darin sehr genaue und realistische Beobachtungen zur Artikulation; sehr informative Übersichten über die Aussprache in sehr vielen Fremdsprachen]

Ungeheuer, G. (1977): Duden, Siebs und WDA: Drei Wörterbücher zur deutschen Aussprache. – In: Ders., Materialien zur Phonetik des Deutschen (Hamburg), S. 47-62.

Besch, W. (2003): Aussprache-Standardisierung am grünen Tisch? Der Siebs nach 100 Jahren. – In: Androutsopoulos/Ziegler (Hgg.), "Standardfragen" (Frankfurt: P. Lang), S. 15-26 (= VarioLingua Bd. 18).

König, W. (1989): Atlas zur Aussprache des Schriftdeutschen in der Bundesrepublik Deutschland. 2 Bde. – Ismaning: Hueber.

Kurka, E. (1980): Die deutschen Aussprachenormen im 19. Jh. – In: Ling. Studien Reihe A 66/II, S. 1-67.

Mangold, M. (1979): Aussprachewörterbücher. – In: Ezawa, K./Resch, K.-H. (Hgg.), Sprache und Sprechen (Tübingen), S. 141-180.

Mangold, M. (1985): Entstehung und Problematik der deutschen Hochlautung. – In: Besch, W. e.a. (Hgg.), Handbuch der Sprachgeschichte Bd. 2 (Berlin: de Gruyter), S. 1459-1501.

Pullum, G. K./Ladusaw, W. A. (1996): Phonetic Symbol Guide. 2. Aufl. – Chicago etc.: The University of Chicago Press.

Richter, H. (1973): Grundzüge und System der Transkription (IPA). – Tübingen: Niemeyer.

Takahashi, H. (1996): Die richtige Aussprache des Deutschen in Deutschland, Österreich und in der Schweiz nach Maßgabe kodifizierter Normen. – Frankfurt/M.: P. Lang.

Veith, W. H. (1985): Theorie und Praxis der Lautungsnormung. – In: Akten des VII. Germanistenkongresses, Bd. 4 (Göttingen), S. 64-85.

Wiesinger, P. (1964): Das phonetische Transskriptionssystem der Association Phonétique Internationale (API) aus der Sicht der deutschen Dialektologie. – In: ZS für dte. Mundarten 31, S. 42-49.

3. Phonologie

3.1 Grundbegriffe

Die lautlichen Einheiten, die man durch die Segmentation bei der Analyse des Lautkontinuums einer Äußerung gewonnen hat, werden aufgrund ihrer artikulatorischen (oder akustischen oder auditiven) Eigenschaften vorklassifiziert und ggf. transkribiert. Eine phonologische Analyse, die auf dieser phonetischen Analyse aufbaut, versucht eine **funktionale** Klassifikation der Lautsegmente: Aussprache-Varianten, die keinen funktionalen Unterschied signalisieren (z.B. Ich-/Ach-Laut [ç,x], die r-Varianten [r, ʀ, ʁ, ɐ]) werden dabei ausgeschieden; übrig bleiben nur diejenigen Varianten, die einen funktionalen Unterschied signalisieren, z.B. /ɪ/ und /ʊ/. Dieser besteht in der Unterscheidung von (Wort-) Bedeutungen, üblicherweise überprüft durch das Verfahren der Minimalpaaranalyse: So unterscheiden bei den Wörtern *ballen – Gallen – fallen – schallen – hallen – wallen – lallen* oder *Land – Sand – Rand – Hand – Tand* jeweils die anlautenden Konsonanten die Bedeutungen, da die restlichen Segmente für alle diese Wörter identisch sind. Andererseits ändert sich die Bedeutung des Wortes *raus* oder *Rand* nicht, wenn man den anlautenden Konsonanten als apikales [r] oder als uvularen Vibranten [ʀ] oder frikativiert [ʁ] ausspricht.

Laut (Phon): kleinste, durch Segmentierung gewonnene lautliche Einheit. Für ihre Beschreibung können beliebig viele lautliche Merkmale verwendet werden; je mehr verwendet werden, umso genauer wird die Beschreibung. In der Transkription werden die Phone in eckige Klammern geschrieben: [ɑ].

Phonem: kleinste **bedeutungsunterscheidende** lautliche Einheit; der Phonembestand einer Sprache wird durch die Bildung von Minimalpaaren ermittelt, d.h. durch Gegenüberstellung von (mindestens) zwei Wörtern mit verschiedener Bedeutung, die sich nur durch ein minimales lautliches Element unterscheiden lassen (Listen von Minimalpaaren u.a. im Aussprache-Duden (2005), S. 26; Meinhold/Stock (^{2}1982), S. 82-86). In der Transkription werden Phoneme durch die Notation zwischen Schrägstrichen gekennzeichnet: /ɑ/. Wenn mehrere bedeutungsgleiche Varianten = Allophone vorliegen, dann können diese zusammen das Phonem kennzeichnen, z.B. /r, ʁ, ʀ, ɐ/, wobei man die typische Variante meist an erster Stelle aufführt; man kann aber auch eine/die typische Variante als **Archiphonem** einstufen (z.B. den Ach-Laut /x/ beim palatalen/velaren Frikativ [ç, x]) und damit das Phonem benennen. Für Archiphoneme verwendet man meist Großbuchstaben oder Kapitälchen, also z.B. /X/ für den Ich-/Ach-Laut.

Distinktives Merkmal: Phoneme können beschrieben werden als Bündel distinktiver, d. h. phonologisch relevanter Merkmale. Diese Merkmale werden ermittelt durch Minimalpaare, bei denen sich die distinktiven Segmente nur in einem Merkmal unterscheiden: So z.B. unterscheiden sich *doll* und *soll* nur in den anlautenden Konsonanten, und diese wiederum nur durch den Artikulationsmodus, also Plosiv gegenüber Frikativ, nicht durch die Artikulationsstelle oder den Artikulator (die sind – weitgehend – identisch). Beide sind im Übrigen stimmhaft. Dies zeigt uns, dass ein Merkmal [+/–FRIKATIV] distinktiv ist bzw. sein könnte. Von [d] aus gesehen könnte man das Merkmal übrigens auch als [+/–PLOSIV] bezeichnen. – Normalerweise ist ein distinktives Merkmal nicht nur in einer Opposition relevant, sondern für alle Laute eines bestimmten Artikulationsmodus bzw. einer bestimmten Artikulationsstelle; man denke etwa an das Merkmal [+STIMMHAFT], das für /b/, /d/, /g/ gegenüber /p/, /t/, /k/ relevant ist, aber auch für /v/, /z/, /ʒ/ gegenüber /f/, /s/, /ʃ/ usw. Auf diese Weise kann man relevante Merkmals**dimensionen** etablieren. Werden alle Merkmalsoppositionen optimal genutzt (also ohne Lücken), so erhält man ein hochintegriertes phonologisches System. Meistens allerdings gibt es Lücken im System, z.B. ist in der deutschen Standardsprache die velare Position bei den Affrikaten [k͡x] nicht besetzt, oder die bilabiale Position bei den Frikativen [β]. Da es aus der Sicht des Systems allein darauf ankommt, dass die funktional relevanten Oppositionen angemessen repräsentiert werden, ist die Benennung der Merkmale und Merkmalsdimensionen sekundär; man kann sich dabei auf das unbedingt Nötige beschränken, da eine möglichst genaue artikulatorische Beschreibung der Laute in dieser Sicht nicht nötig ist. Dazu kommt, dass sich einzelne Merkmale über Redundanzregeln von selbst ergeben, etwa das Artikulatormerkmal [+DORSAL] über das Artikulationsstellenmerkmal [+PALATAL] oder [+VELAR]. Es treten nämlich nur bestimmte Kombinationen von Artikulator und Artikulationsstelle im Deutschen auf: bilabial; labiodental; apikodental/apikoalveolar/apikopräpalatal; dorsopalatal; dorsovelar. – Aus Vereinfachungsgründen versucht man traditionell, die Merkmale möglichst binär zu formulieren. – Phonologische Merkmale werden üblicherweise in eckige Klammern geschrieben (oft auch mit Kapitälchen, wie generell Merkmale, auch semantische oder syntaktische).

Allophon: Klasse von Realisierungsvarianten eines Phonems, oft basierend auf der Distribution (= der charakteristischen Verteilung = Position und Kombination) und auf der phonetischen Ähnlichkeit. Sie sind nie bedeutungsunterscheidend. – Man unterscheidet zwei Typen von Allophonen:

- **kombinatorische** (stellungsbedingte) Allophone: Sie sind komplementär verteilt (»distribuiert«), d. h. sie treten nicht in derselben lautlichen Umgebung auf, z. B.
  [x]: nach Hinterzungenvokalen [ɑ, ɔ, o, ʊ, u].
  [ç]: nach Vorderzungenvokalen [i, ɪ, e, ɛ, a, y, ʏ, ø, œ], nach Konsonanten wie in [manç] *manch* und im Morphemanlaut, vgl. [ˈfra͡u#çən] *Frauchen* – [ˈfa͡u.xən] *fauchen*.
- **fakultative** (freie) Allophone: von ihrer lautlichen Umgebung unabhängige Varianten; sie können den Charakter individueller, regionaler, sozialer oder zufälliger Realisierungen haben, z. B. die (konsonantische) Aussprache des <r> im Deutschen: [r, ʁ, ʀ].

Für die meisten Prüfungszwecke mag dieses einfache, strukturalistisch orientierte Merkmalssystem genügen. Für die Zwecke eines produktions- und wahrnehmungsorientierten realistischen Modells genügt es bei weitem nicht. So hat sich in der automatischen Spracherkennung ein an Prototypen erinnerndes statistisches Modell als erfolgreich durchgesetzt, das mehrere hundert akustische Parameter erfasst und statistisch gewichtet und dann in einer Form von Mustererkennung einem bestimmten Laut zuordnet (wobei der Kotext jeweils berücksichtigt werden kann). Das ähnelt der Prototypentheorie, bei der jeder Einheit ein bestimmter Variationsraum, oft um einen prototypischen Kern, zugeordnet wird. Die Variationsräume zweier Laute können sich dabei durchaus in Teilen überlagern (im Sinne der Merkmalsneutralisation).

Literaturhinweise:

Bußmann ([4]2008), S. 69 (s.v. Allophon), 510-516 (s.v. Phonem, -analyse, Phonologie usw.)
Aussprache-Duden (2005), S. 26-27.
Taylor, J. R. (1989): Prototype Categories in Phonology. – In: Ders., Linguistic Categorization, 2. Aufl. 1995 (Oxford: Clarendon), S. 222-238.
Tillmann, H.G./Günther, H. (1986): Zum Zusammenhang von natur- und geisteswissenschaftlicher Sprachforschung – Phonetik und Phonologie. – In: ZS f. Sprachwiss. 5:2, S. 187-208.
Vary, P./Heute, U./Hess, W. (1998): Digitale Sprachsignalverarbeitung. – Stuttgart: Teubner.

3.2 Phoneminventar der deutschen Standardsprache

3.2.1 Inventar der Konsonantenphoneme

Folgende Konsonanten lassen sich aufgrund der Minimalpaaranalyse als (native) Konsonantenphoneme identifizieren (wichtige nichtnative Konsonantenphoneme werden in Klammern mit aufgeführt):

/p/, /t/, /k/, /ʔ/; /b/, /d/, /g/; /f/, /s/, /ʃ/, /x/, /h/; /v/, /z/, (/ʒ/), /j/;
/p͡f/, /t͡s/, /t͡ʃ/, /k͡s/ (/d͡ʒ/); /m/, /n/, /ŋ/; /l/, /r/

Als distinktive Merkmale lassen sich identifizieren:

- Artikulationsmodusmerkmale: [+/–Plosiv, +/–Frikativ, +/–Nasal, +/–Vibrant, +/–Lateral, +/–Stimmhaft]
- Artikulationsstellenmerkmale: [+/–Labial, +/–Dental, +/–Alveolar, +/–Palatal, +/–Velar, +/–Glottal]
- (Artikulatorenmerkmale: An sich könnten hier die Merkmale [+Labial, +Apikal, +Dorsal] angesetzt werden. Wie aber oben bereits angeführt, gibt es im Deutschen nur ganz bestimmte Kombinationen aus Artikulationsstellen und Artikulatoren, nämlich: bilabial, labiodental, apikoalveolar, dorsopalatal, dorsovelar. Solange also die relevanten Distinktionen erhalten bleiben, kann man auf die Artikulatoren-Merkmale verzichten).

Jedes Konsonantenphonem kann aufgrund der distinktiven artikulatorischen Merkmale als **Merkmalsbündel** beschrieben werden: so z.B. /p/ als: [+Plosiv, +(Bi)Labial, –Stimmhaft]. Bei dieser Beschreibung werden nur distinktive Merkmale verwendet. Da also das Merkmal der Behauchung (obwohl es phonetisch auftritt) in keiner Opposition distinktiv ist, wird es auch bei der Beschreibung nicht verwendet. – Die Menge der Merkmale muss ein Phonem von jedem anderen Phonem in mindestens einem Merkmal unterscheiden.

Bei der Benennung der Merkmale gehen wir bewusst nicht auf vorhandene Vorschläge wie etwa in Chomsky/Halle (1967) ein.

In der folgenden tabellarischen Übersicht wird die Anordnung analog zum Kopfquerschnitt S. 27 beibehalten, also von links nach rechts Labiale – Dentale – Alveolare – Palatale – Velare – Uvulare/Glottale, und von oben nach unten die Unterteilung nach Artikulationsweisen vom vollständigen Verschluss über Engebildung und die Verbindung dieser beiden Artikulationsweisen in den Affrikaten, zusammengefasst als **Obstruenten**, hin zu den **Sonoranten** mit den Untergruppen Nasale, Laterale und Vibranten.

Inventar der Konsonantenphoneme (in der Standardsprache)

	Artikulationsstelle			+Labial	+Dental	+Alveolar	+Palatal	+Velar	+Glottal
Artikulationsmodus	Obstruenten	+Plosiv	–sth	p		t		k	ʔ
			+sth	b		d		g	
		+Frikativ	–sth		f	s	ʃ	x	h
			+sth		v	z	(ʒ)	j	
		+Plosiv +Frikativ		p͡f		t͡s	t͡ʃ	(k͡s)	
	Sonoranten	+Nasal		m		n		ŋ	
		+Lateral				l			
		+Vibrant				r			

Bei der folgenden **Übersicht über die Konsonanten-Phoneme**, ihre distinktiven Merkmale, ihre Allophone und ggf. deren Distribution beziehen wir uns nur auf die Regelungen des Aussprache-Duden (siehe aber unsere Einwände dazu im Kap. 2.). Um die Konsonanten von den Vokalen unterscheiden zu können, kann man ihnen das Merkmal [+KONSONANTISCH] oder [–VOKALISCH] zuschreiben. Da die Merkmalsmengen aber auch ohne dieses Gruppenmerkmal distinkt sind, ist es eigentlich redundant. – Im Einzelnen:

Stimmlose Plosive /p/, /t/, /k/, /ʔ/: Damit sind auch gleich die zwei wesentlichen Gruppen-Merkmale genannt: [+PLOSIV, –STIMMHAFT]. Die einzelnen Laute der Gruppe unterscheiden sich durch das kombinierte Artikulationsstellen-/Artikulator-Merkmal, also: [+LABIAL]; [+ALVEOLAR]; [+VELAR], [+GLOTTAL]. Ob man das vorletzte Merkmal als [+VELAR] oder als [+PALATAL] bezeichnet, ist zunächst gleichgültig, da nur vier stimmlose Plosive vorhanden sind. Erst wenn sich bei einer anderen Konsonantengruppe diese Merkmalsdimensionen als distinktiv erweisen, müssen sie auch beide angesetzt werden und man muss sich bei [k] entscheiden, ob man es der Merkmalsdimension [PALATAL] oder [VELAR] zuordnen will. Dies ist eine rein kombinatorische Argumentation, die sich hier allerdings möglichst nahe an der phonetischen Substanz bewegt. – Den glottalen Plosiv [ʔ] haben wir hier zugeordnet, weil es von den Merkmalen [+PLOSIV, –STIMMHAFT] her sinnvoll ist. Er zeigt aber eine Reihe von Merkmalen, die ihn von den übrigen drei Konsonanten dieser Gruppe unterscheiden: Es gibt kein Buchstabenzeichen für ihn, er tritt nur in einer Position auf (morphemanlautend prävokalisch), und er zeigt nicht die für diese Gruppe üblichen Allophone (z.B. die aspirierten Varianten). Stattdessen fehlt er weitgehend bei schneller informeller Rede und in dialektnahen Varianten. – Andererseits lassen sich Minimalpaare bilden: *beide – ʔEide – leide, ʔErle – Perle; ʔOden – Boden* usw. Doch ist ein entsprechendes Phonem nicht beschreibungsnotwendig, da auch bei seinem Fehlen alle notwendigen Distinktionen erhalten bleiben. Das zeigt auch unsere Schrift. Die Aussagen über sein Auftreten unter 2.2.2, S. 34f., zeigen deutlich, dass es sich um ein eher marginales Lautphänomen ohne phonologische Relevanz handelt. Der Glottisschlag ist ein reiner Stimmeinsatz vor Vokalen, zudem fakultativ, also für die Bedeutung der Äußerung irrelevant. Es gibt keinen Kontrast zwischen Wörtern, die mit [ʔ] plus Vokal anlauten, und Wörtern, die mit Vokal ohne [ʔ] anlauten; ja auch dasselbe Wort kann den Glottisschlag aufweisen oder nicht: [ʔa͡ʊ̯s] – [a͡ʊ̯s]. Es handelt sich um ein morphematisches Grenzsignal, das man besser der Ebene der Phrasierung, also tendenziell der Prosodie zuweist, siehe etwa *Rost – ʔOst, verreisen – verʔeisen, der Riegel – der ʔIgel, mitteilen – mitʔeilen, mein Neid – MeinʔEid, Eier-satz – Ei-ʔersatz.* In den meisten Fällen werden diese Oppositionen über den Kontext disambiguiert, ohne den Einsatz segmentaler oder suprasegmentaler Merkmale.

Allophone: Im (absoluten) An- und Auslaut treten stark behauchte Varianten auf: [p^h], [t^h], [k^h].

Literaturhinweise:

Crystal, D. (1993): Die Cambridge-Enzyklopädie der Sprache. – Frankfurt/M. etc.: Campus-Verlag.

Dieth, E. (1968): Vademekum der Phonetik. – Bern/München: Francke.

Kohler, K. J. (1977): Einführung in die Phonetik. 2., neubearb. Aufl. 1995. – Berlin: E. Schmidt (= Grundlagen der Germanistik Bd. 20) [S. 109; 172f.].

Krech, E.-M. (1968): Sprechwissenschaftlich-phonetische Untersuchungen zum Gebrauch des Glottisschlageinsatzes in der allgemeinen deutschen Hochlautung. – Basel:Karger (= Bibliotheca Phonetica 4).

Ladefoged, P./Maddieson, I. (1996): The Sounds of the Worlds Languages. – Oxford: Blackwell [zu Stops: S. 47-101].

Sievers, E. (1901): Grundzüge der Phonetik. – Leipzig: Breitkopf und Härtel. [Die Laryngallaute: S. 69, 137, 141].

Stimmhafte Plosive /b/, /d/, /g/: Diese Gruppe zeigt die Merkmale [+PLOSIV, +STIMMHAFT]. Die einzelnen Laute werden, wie bei den stl. Plosiven, durch die kombinierten Artikulationsstellen-/Artikulator-Merkmale [+LABIAL]; [+ALVEOLAR]; [+VELAR] unterschieden, die glottale Position ist allerdings nicht besetzt.

Allophone: Im absoluten (Wort-/Morphem-/Silben-)Auslaut treten nach dem Gesetz der Auslautverhärtung stl. behauchte Varianten auf, also: [p^h], [t^h], [k^h]. Ferner laut Duden-Ausspracheswörterbuch [ç] als Realisation des <g> im Suffix {-ig}. Das Phonem /g/ lautet also in der Allophonschreibweise: /g, k^h, ç/.
Mögliche Formulierungen der Regel der Auslautverhärtung:

- Stimmtonverlust bei /b/, /d/, /g/ (und ev. /v/, /z/)
  - im Silbenauslaut (auch vor Konsonant), gleichgültig in welcher Umgebung (Vennemann 1994).
  - im Morphemauslaut, ggf. modifiziert in versch. Umgebungen (Aussprache-Duden 2005).
  - im Silbenauslaut in stl. Umgebung: Als solche gilt auch die reine postvokalische Stellung.

Regionale und soziale Einflussfaktoren werden i.d.R. nur bei der dritten Lösung berücksichtigt (vgl. hierzu 2.2.2, S. 35f.). – Die Existenz einer Regel der Auslautverhärtung wird aber i.A. nicht bezweifelt, obwohl ihr Nicht-Auftreten in bestimmten Varianten offenkundig in keiner Weise kommunikationsgefährdend ist. – V.a. oberdeutsch treten auch stimmlose Varianten mit weicher Verschlusslösung auf.

Affrikaten /p͡f/, /t͡s/: Als Gruppenmerkmale werden [+PLOSIV, +FRIKATIV] = [+AFFRIKATA] und [–STIMMHAFT] angesetzt. Als Artikulationsstellen-/Artikulatoren-Merkmale müssen nicht die genauen Merkmale des plosiven und des frikativen Bestandteils angegeben werden, es genügen die Merkmale des plosiven Teils, also [+LABIAL], [+ALVEOLAR], da dadurch die notwendigen Distinktionen bereits repräsentiert sind. – Rein vom System der Konsonantenphoneme her wäre es ökonomischer, die Affrikaten als Folge der Phoneme /p/ und /f/ sowie /t/ und /s/ zu werten, da jeweils beide Bestandteile ohnehin im Phonemsystem vorhanden sind. Man würde sich dann eine weitere Merkmalsdimension sparen. – Die distributionellen Daten sind sehr komplex und sprechen weder eindeutig für die mono- noch für die biphonematische Lösung.

Für die monophonematische Wertung sprechen folgende Argumente:

- Die nativen Affrikaten [p͡f], [t͡s] entstehen beide in der zweiten Lautverschiebung aus Einzelkonsonanten, die dem Erstbestandteil der Affrikata entsprechen.
- Affrikaten können an Positionen auftreten, wo normalerweise nur ein Einzellaut möglich ist. So würden *Glanz, Rumpf* den (höchst anfechtbaren) Vorschlag für eine maximale Silbe (CCVCC) verletzten, wenn man [t͡s] biphonematisch werten würde.
- Normalerweise können Konsonantenfolgen, die im Silbenkopf auftreten können, in der Silbenkoda in spiegelbildlicher Anordnung verwendet werden (aufgrund der Silbenstrukturgesetze). Das gilt auch für [t͡s] (*Hast*), aber nicht für [p͡f].
- Sowohl der Plosiv als auch der Frikativ in der Affrikata müssen entweder stimmlos oder stimmhaft sein. Eine ähnliche Bedingung gibt es für normale Konsonantenfolgen nicht (abgesehen von Angleichungen durch Assimilation).
- Wenn im Silbenkopf eine Folge von 2 oder 3 Konsonanten stehen kann, dann müsste man auch den jeweils ersten Konsonanten weglassen können: *grasen* → *rasen*; *Strumpf* → *Trumpf*. Bei [t͡s] ist das nicht möglich (*zwar* – **swar*), bei [p͡f] schon (*Pflaume* – *Flaum*; *Pfründe* – *Freunde*).
- Die Affrikaten [t͡s], [t͡ʃ], [d͡ʒ], [k͡s], [k͡v] und auch [k͡x] können (u.a.) mit einem einzelnen Graphem verschriftet werden: <z>, <c>, <g>, <j>, <x>, <qu>, <k>. Das deutet darauf hin, dass es sich in der Intuition der Schreiber um ein einziges Segment gehandelt haben könnte.

Für die biphonematische Wertung sprechen folgende Argumente:

- Affrikaten treten nicht im Silbenkopf kombiniert mit 2 Konsonanten auf (vgl. *Straße, Splint, spritzen*)
- nur /l/ und /r/ können auf /p͡f/ im Silbenkopf folgen (*pflegen, Pfründe*), nur /v/ kann auf /t͡s/ im Silbenkopf folgen (*Zweck, Zwirn*). Das ist eine Beschränkung, die in dieser Art nur bei Dreierkombinationen von Konsonanten im Silbenkopf auftritt.
- Minimalpaare lassen sich sowohl mit den Bestandteilen als auch mit den gesamten Affrikaten bilden: *Zahl* — *Tal* – *Saal; Pfahl* – *fahl* – **pahl.*

Zumindest bei einem Teil dieser in der einschlägigen Literatur angeführten Argumente vermisst man einen zwingenden Zusammenhang mit der gestellten

Frage. Denn einige der distributionellen Besonderheiten gehen zurück auf Bedingungen ihrer Entstehung aus [p, t, k] in der Zweiten Lautverschiebung oder auf lautliche Entwicklungen wie die Palatalisierung von mhd. [s] zu [ʃ] im Wortanlaut vor Konsonant. – Der akustische Befund spricht eher für monophonematische Wertung. – Die Lücke bei den Velaren, nämlich /k͡x/, ist nur dialektal im Südbair. und Hochalemann. geschlossen. Nur hier nutzt also das System alle denkbaren Merkmalskombinationen optimal aus. – Üblicherweise werden nicht mehr als die genannten zwei Affrikaten als Phoneme angesetzt. Dies hat aber sprachgeschichtliche Gründe, siehe dazu oben! Synchron gesehen gibt es eigentlich keinen Grund, andere Kombinationen von stimmlosen Plosiven und stimmlosen Frikativen, die z.B. durch die Flexion entstanden sind, nicht auch als Affrikaten anzusetzen, z.B. /t͡ʃ/ wie in *Knatsch, rutschen, Kutsche*, oder /k͡s/ wie in *Hexe, häckseln, Echse*. Wollte man noch weiter gehen, so könnte man auch Kombinationen aus stimmlosen Plosiven und stimmhaften Frikativen wie /k͡v/ in *Quelle, Quark* ansetzen, vielleicht sogar (nichtnative) Kombinationen aus stimmhaften Plosiven und stimmhaften Frikativen wie /d͡ʒ/ in *Gin*. – Die Vokale vor den Affrikaten /p͡f/ und /t͡s/ innerhalb desselben Morphems sind immer kurz. Verknüpft man diese Tatsache mit der Frage der Silbenstruktur, so stellt man fest, dass bei der Annahme von ambisyllabischen Konsonanten eine biphonematische Wertung der Affrikaten keine Probleme macht. Die Affrikaten gehören dann mit dem Plosiv zur Koda der vorausgehenden Silbe, der Frikativ zum Kopf der Folgesilbe (eine Lösung, die auch die orthographische Silbentrennung nahelegt). Bei einer monophonematischen Wertung der Affrikaten ist diese Lösung ausgeschlossen. Die gesamte Affrikate „sitzt“ dann sozusagen auf der Silbengrenze (die dann in IPA nicht angezeigt werden kann).

Literaturhinweise:

Aussprache-Duden (2005): zu den Affrikaten S. 52.

Griffen, T. D. (1981): German Affricates. – In: Lingua 53, S. 175-198.

Hall, T. A. (1991): Über ein ungültiges Argument für den Affrikatenstatus von Plosiv- und Frikativ-Sequenzen im Deutschen. – In: Ling. Ber. 134 (1991), S. 310-313.

Prinz, M./Wiese, R. (1991): Die Affrikaten des Deutschen und ihre Verschriftung. – In: Ling. Ber. 133, S. 165-189.

Übungsaufgabe Nr. 6 zu den **Affrikaten:**
Überlegen Sie am Beispiel der Lautfolge [t͡s] in *Amtsgeheimnisses*, ob es sich dabei um eine Affrikata handelt. Ziehen Sie zur Lösung der Aufgabe auch Darstellungen wie im Aussprache-Duden (2005), S. 52, und Heidolph/Flämig/Motsch (1981), S. 941 heran.

Nasale /m/, /n/, /ŋ/: Als Gruppenmerkmal wird nur [+NASAL] angesetzt, das Merkmal [+STIMMHAFT] ist redundant, da es sich automatisch aus dem Nasalitätsmerkmal ergibt. Als distinktive Artikulationsstellen-/Artikulatoren-Merkmale werden [+LABIAL]; [+ALVEOLAR]; [+VELAR] angesetzt. – Der velare Na-

sal ist auf die morphemauslautende Position beschränkt. Alle Vokale vor /ŋ/ sind kurze Monophthonge.
Allophone: Im absoluten Auslaut treten nach Synkope eines vorausgehenden Schwa [ə] die silbenbildenden Varianten [m̩, n̩] auf.

Literaturhinweis:
Aussprache-Duden (2005): zu den Nasalen S. 48f.

Stimmlose Frikative /f/, /s/, /ʃ/, /x/, /h/: Eine Gruppe, die durch die gemeinsamen Merkmale [+FRIKATIV] und [–STIMMHAFT] gekennzeichnet ist. Bei den gruppenintern unterscheidenden Artikulationsstellen-/Artikulatoren-Merkmalen ergeben sich hier drei Probleme: erstens dadurch, dass /f/, wenn man den Aussprachenormierungen glaubt, nicht bilabial, sondern labiodental ist, was man durch die Ansetzung einer Merkmalsdimension [+LABIODENTAL] oder aber einfach [+DENTAL] ausdrücken könnte. Da die Unterscheidung [LABIAL/DENTAL] aber nirgends distinktiv ist, könnte man /f/ auch einfach als [+LABIAL] einstufen. Das zweite Problem ergibt sich daraus, dass mit /s/ und /ʃ/ die mittlere Position doppelt besetzt ist. Hier ist es unvermeidlich, neben [ALVEOLAR] noch die Dimension [PALATAL] anzusetzen, um die beiden Laute mit mindestens einem Merkmal unterscheiden zu können. /x/ wird als [+VELAR] eingeordnet. – Zusätzlich hat man das Problem, dass man für /h/ noch eine weitere artikulatorische Position ansetzen muss, nämlich [+GLOTTAL], die man aber ohnehin für den Glottisschlag /ʔ/ benötigt.
Allophone: Bei /s/ ist v.a. unklar, ob die sth. Entsprechung [z] als Allophon oder als selbstständiges Phonem zu werten ist. Die stl. Variante kommt in allen Positionen vor außer anlautend präkonsonantisch (vom Mhd. zum Nhd. durch die Palatalisierung zu [ʃ] geworden) und anlautend prävokalisch. [z] kommt nur anlautend prävokalisch und inlautend intervokalisch vor. Und nur für diesen letzten Distributionstyp gibt es einige wenige Minimalpaare: [ˈmuː.zə] *Muse* – [ˈmuː.sə] *Muße,* [ˈra͡ɪ̯.zən] *reisen* – [ˈra͡ɪ̯.sən] *reißen.* Soweit man das überhaupt entscheiden kann aufgrund der wenigen Daten, unterliegt [z] im Auslaut der Auslautverhärtung: *kreisen* [ˈkʰra͡ɪ̯.zən] – *Kreis* [kʰra͡ɪ̯s], *blasen* [ˈblaː.zən] – *blas* [blaːs], *Rosen* [ˈroː.zən] – *Ros'* [roːs]. Nimmt man die wenigen Minimalpaare ernst, dann handelt es sich um zwei Phoneme. Gegen den phonemischen Status von /z/ spricht, dass die sth./stl.-Opposition bei den Frikativen sonst nur noch bei /f/ – /v/ vorkommt, abgesehen von /ʃ/ – /ʒ/ bei Nichtnativen; ferner die Tatsache, dass die sth. Frikative im oberdeutschen Raum aufgrund der sog. binnendeutschen Konsonantenschwächung i.d.R. nicht realisiert werden. Für die Allophone von /x/ werden üblicherweise [ç] nach Vorderzungenvokalen, nach Konsonanten und am Morphemanfang, sowie [x] nach Hinterzungenvokalen angesetzt. Tatsächlich gibt es aber koartikulativ so viele Allophone wie vorausgehende Vokale. – Als Benennung wird meist /X/ gewählt, man kann aber auch in Form der Mengenschreibweise alle Allophone

angeben: /x, ç/. Der Hauchlaut /h/ (wie auch der Glottisschlag /ʔ/) sind distributionell extrem beschränkt auf anlautend prävokalisch, wo sie auch Minimalpaare bilden (*Heide – Eide, Herde – Erde, halt – alt*). Man darf sich hier nicht von der Schreibung täuschen lassen: <h> im Wortinneren (*gehen*) und am Wortende (*Zeh*) ist ein Dehnungs-<h>, wird also nicht gesprochen, abgesehen von einigen wenigen Ausnahmefällen wie *Uhu, Ahorn, ahoi.*

Literatur:
Jessen, M. (1988): Die dorsalen Reibelaute [ç] und [x] im Deutschen. – In: Ling. Ber. 117, S. 371-396.

Übungsaufgabe Nr. 7 zu den **stimmlosen Frikativen:**
Formulieren Sie die Regel der Verteilung der Laute [ç] und [x] in der deutschen Standardsprache auf der Basis der Beispiele *angesichts, leicht, Recht, nüchtern, König, München, Chemie, möchte, Chirurg, Versuche, auch, jedoch, lustig, machen, Psychologie, Chassidismus.* Bilden Sie Gruppen von Beispielen mit gleichem Lautwert und geben Sie an, ob es sich um Allophone eines Phonems oder um verschiedene Phoneme handelt. Begründen Sie Ihre Auffassung.

Stimmhafte Frikative /v/, /z/: Die Gruppe ist bei nativen Wörtern des Deutschen erstaunlich stark restringiert auf zwei Phoneme, wobei auch noch der Phonemstatus von /z/ problematisch ist, da es nur wenige mögliche Minimalpaare gegenüber /s/ gibt (s.o.!). Als Gruppenmerkmale werden [+STIMMHAFT] und [+FRIKATIV] angesetzt, als Artikulationsstellen-/Artikulator-Merkmale [+LABIAL] (statt [LABIODENTAL], mit den gleichen Gründen wie oben bei den stl. Frikativen) und [+ALVEOLAR]. Die Gruppe wird ergänzt durch das in nichtnativen Wörtern wie *Journal* auftretende /ʒ/, das das Merkmal [+PALATAL] erhält. – /v/ tritt nur anlautend prävokalisch (*wringen, Wrasen, Wrack* stammen aus dem niederdeutschen Raum und müssen als nichtnativ gelten) und inlautend intervokalisch auf (also distribuiert wie /z/).– Die labiodentale Aussprache wird durch die Parallelität zu /f/ gestützt; in einigen Dialekten und Regionalsprachen (z.B. im Bairischen) wird es jedoch bilabial realisiert (parallel zu /b/, das intervokalisch zu [β] frikativiert wird: ['heː.βə] *Hebel*).
Allophone: Auslautend scheinen die beiden Laute der Auslautverhärtung zu [f] bzw. [s] zu unterliegen, soweit die mageren Daten (*Calw* [kalf], *Löw'* [løːf]; *kreisen* ['kʰra͡ɪ.zən] – *Kreis* [kʰra͡ɪs], *blasen* ['blaː.zən] – *blas* [blaːs], *Rosen* ['roː.zən] – *Ros'* [roːs] usw.) eine Aussage zulassen.

Literaturhinweis:
Aussprache-Duden (2005): zu den sth. u. stl. Frikativen S. 50-52.

Halbkonsonant/Halbvokal /j/: Ein Laut, der keiner anderen Konsonantengruppe zugeordnet werden kann. Deshalb müsste man für ihn eigentlich eine eigene Merkmalsdimension einrichten, z.B. [+/–VOKALISCH] oder [+/–KONSO-

NANTISCH]. Wenn man das vermeiden will, dann kann man ihn eigentlich nur den stimmhaften Frikativen als palatale Variante zuordnen. Dabei ist das Merkmal [+STIMMHAFT] unproblematisch, das Merkmal [+FRIKATIV] ist intuitiv wohl kaum plausibel, das Merkmal [+PALATAL] aber führt zur Merkmalsidentität mit /ʒ/. – Hier liegt eine extreme Distributionsbeschränkung vor, denn /j/ als Konsonant tritt nur im Morphemanlaut prävokalisch auf. Insofern könnte man hier einen Fall von komplementärer Distribution zu /ŋ/ sehen. Gegen die Wertung als Allophone spricht aber die fehlende phonetische Ähnlichkeit. – Der Laut /j/ tritt auch bei nichtnativen Wörtern in einer Folge von Monophthongen auf, z.B. in *Fe̱rien* [ˈfeːr.jən]; der Duden setzt hier allerdings ein sog. unsilbisches [i̯] als Allophon zu /i/ an.

Liquide: /l/ und /r/ werden oft zu der Konsonanten-Gruppe der Liquide (Merkmal des Artikulationsmodus) zusammengefasst. In diesem Fall müsste man aber eine entsprechende Merkmalsdimension einrichten. Die Folge wäre, dass man die beiden Laute durch das Artikulationsort-/Artikulator-Merkmal unterscheiden müsste, man könnte sie also nicht beide, wie eigentlich notwendig, als [+ALVEOLAR] einordnen, sondern müsste sie als [+DENTAL] für /l/ und [+ALVEOLAR] für /r/ unterscheiden. Da es aber ohnehin 4 Allophone von /r/ gibt, ist man nicht auf die genauen Merkmale der »Standardvariante« [r] festgelegt. Wir wählen deshalb die Lösung, im Bereich des Artikulationsmodus [l] als [+LATERAL] und [r] als [+VIBRANT] einzustufen; dadurch sind wir frei, als kombiniertes Artikulator-/Artikulationsort-Merkmal in beiden Fällen [+ALVEOLAR] zu wählen.

Allophone: /l/ weist standardsprachlich nur geringfügige allophonische Variation im Artikulationsort und im Artikulationsmodus auf. Auslautend kann es silbisch werden, wenn ein vorausgehendes Schwa [ə] der Synkope unterliegt: [ˈvan.dəl] > [ˈvan.dl̩] *Wa̱ndel.* Dialektal tritt sehr häufig Vokalisierung zu [i] (mittelbairisch) in postvokalischer Position auf, aber auch leicht retroflexe Artikulation (nordbairisch) sowie monolaterale Öffnung (anlautend prävokalisch im Wienerischen meist rechtslateral, im Südrheinfränkischen interdental). Der Vibrant /r/ weist eine besonders starke freie allophonische Variation auf: apikales »gerolltes« [r], velar-frikatives [ʁ] und uvulares [ʀ], meist in prävokalischer Position (z.B. *re̱den*). Dabei sind soziale und dialektale Einflüsse wirksam. – In postvokalischer Position wird er meist zu [ɐ] vokalisiert; vom Aussprache-Duden (2005) wird aber nur die Vokalisierung im *-er*-Suffix und nach Langvokal und Diphthong ohne Einschränkungen akzeptiert. Mittelbairisch und im nordrheinischen Gebiet wird er jedoch postvokalisch immer vokalisiert. Diese Regel scheint sich langsam auf das gesamte Sprachgebiet auszudehnen.

Literaturhinweis:
Aussprache-Duden (2005): zum /l/ S. 49; zum /r/ S. 52; zum vokalischen /r/ S. 40f.; zu den Allophonen von /r/ S. 53.

Betrachtet man das System insgesamt, so zeigt sich, dass es Lücken aufweist, z.T. auch Überfüllung, dass also die Merkmalsdimensionen nicht optimal genützt werden. – Lücken:

- bei sth. und stl. Frikativen im labialen Bereich: [ꞵ],
- bei den Affrikaten im velaren Bereich: [k͡x],
- bei Plosiven und Nasalen im palatalen Bereich.

Überfüllung:

- bei stl. Plosiven und stl. Frikativen im glottalen Bereich: /h/, /ʔ/
- bei den sth./stl. Frikativen im dentalen und palatalen Bereich:/ʃ/, /ç/, /x/, /z/, /ʒ/.

Trotzdem handelt es sich im Vergleich zu den Konsonantensystemen anderer Sprachen um ein relativ gut integriertes System.

Literaturhinweise:

Heidolph/Flämig/Motsch (1981), S. 937-967. Kap. 7.5.: Phonolog. Strukturbedingungen: S. 967-993.

Jessen, M. (1996): The Relevance of Phonetic Reality for Underlying Phonological Representation: the Case of Tense versus Lax Obstruents in German. – In: Kleinhenz, U. (ed.), Interfaces in Phonology (Berlin: Akademie-Verlag), S. 294-328 (= Studia grammatica 41).

Meinhold/Stock ([2]1982), S. 120-124 zu den distinktiven Merkmalen der deutschen Konsonantenphoneme.

Walther, M./Wiese, R. (1995): Deklarative versus prozedurale Modellierung von Konsonantenalternationen im Deutschen. – In: Ling. Berichte 157, S. 175-185.

3.2.2 Inventar der Vokalphoneme

Folgende Vokale lassen sich aufgrund der Minimalpaaranalyse als (native) Vokalphoneme identifizieren:

/iː/ /ɪ/	/yː/ /ʏ/		/uː/ /ʊ/
/eː/ /ɛ/	/øː/ /œ/		/oː/ /ɔ/
/ɛː/		/ə/ /ɐ/	
/aː/ /a/		/ɑː/ /ɑ/	

Als distinktive Merkmale lassen sich identifizieren:

- Lage der Zungenaufwölbung: [VORNE], [ZENTRAL], [HINTEN];
- Höhe der Zungenaufwölbung: [HOCH], [MITTELHOCH], [MITTELTIEF], [TIEF];
- Lippenrundung: [GERUNDET, UNGERUNDET];
- Dauer: [LANG], [KURZ]; oder Zentralität: [DEZENTRAL], [ZENTRAL]; oder Mundöffnung: [GESCHLOSSEN], [OFFEN]; oder Gespanntheit: [GESPANNT], [UNGESPANNT].

In der folgenden tabellarischen Übersicht wird die Anordnung analog zum Kopfquerschnitt S. 28 beibehalten, also von links nach rechts vordere – mittlere – hintere, von oben nach unten hohe – mittelhohe – mitteltiefe – tiefe Lage der Zungenaufwölbung. Das Merkmal der Lippenrundung und der Quantität/ Zentralität/Mundöffnung/Gespanntheit lässt sich nicht in dieses Schema einordnen.

3.2.2.1 Monophthonge

		Lage der Zungenaufwölbung				
		vorne		zentral	hinten	
Höhe der Zunge	**Quantität etc.**	ungerundet	gerundet		(ungerundet)	(gerundet)
hoch	lang /geschlossen/.../ gespannt	iː	yː			uː
	kurz/ offen/ ... /ungespannt	ɪ	ʏ		ʊ	
mittelhoch	lang /geschlossen/.../gespannt	eː	øː			oː
	kurz /offen/ ... ungespannt	ɛ	œ	ə	ɔ	
mitteltief	lang /offen/ ... ungespannt	ɛː				
tief	–lang/–kurz			ɐ		
	lang	aː		ɑː		
	kurz	a		ɑ		

Konsequent binär organisierte Merkmale:

		Lage der Zungenaufwölbung				
		+VORNE		+/–VORNE	–VORNE	
Höhe	**Quantität**	–GERUNDET	+GERUNDET	–GERUNDET	–GERUND.	+GERUND.
+HOCH	+LANG	iː	yː			uː
	–LANG	ɪ	ʏ		ʊ	
–HOCH	+LANG	eː	øː			oː
	–LANG	ɛ	œ	ə	ɔ	
–TIEF	+LANG	ɛː				
	–LANG			ɐ (Phonem?)		
+TIEF	+LANG	aː		ɑː		
	–LANG	a		ɑ		

Literaturhinweise:
Heidolph/Flämig/Motsch (1981), zu den Vokalen S. 904-937.
Meinhold/Stock ([2]1982); S. 79-82 zu den distinktiven Merkmalen deutscher Vokalphoneme.

Im Einzelnen:

1. Langvokale/Kurzvokale: Traditionell wird die Vokalquantität als distinktives Merkmal angesehen. Seit einiger Zeit wird das aber angezweifelt, da in nicht akzentuierten Silben dieses Merkmal neutralisiert ist (vgl. aber z.B. die

Transkription des <a> in *Monat* als [ɑ] und in *Heimat* als [ɑː] im Aussprache-Duden (2005)) und da genaue Messungen der Vokaldauer eine breite Überlagerungszone ergeben haben. Stattdessen zieht man jetzt qualitative Merkmale wie die Distinktion offen/ungespannt (für die »Kurzvokale«) und geschlossen/gespannt (für die »Langvokale«) vor, da diese Merkmale angeblich in nicht akzentuierten Silben erhalten bleiben, während das Quantitätsmerkmal neutralisiert wird. Tatsächlich lässt sich das noch nicht einmal für die nichtnativen Wörter nachweisen, geschweige denn für native, siehe etwa das erste *e* in [ˈleː.bən] *Leben* – [le.ˈbɛn.dɪç] *lebendig,* das von fast allen Sprechern in *lebendig* als ungespanntes/offenes [ɛ] oder als [ə], nicht als [e] realisiert wird; ebenso bei <u> und <i> in *Musik – Musiker.* Außerdem hat man dann noch das Problem, dass eine Öffnungs- oder Gespanntheitsopposition für /ɑ/ gegenüber /ɑː/ nicht angenommen werden kann (und auch nicht angenommen wird). Das Gleiche gilt für das offene/ungespannte und gleichzeitig lange /ɛː/ in Wörtern wie *Bären, sähen* usw. Nur am Rande sei bemerkt, dass Dialekte wie der mittelbairische die Gespanntheitsopposition nicht kennen (da sie nur ungespannte Vokale realisieren). – Ein weiterer Vorschlag zielt auf den sog. »Silbenschnitt« (→ 3.4.2, S. 78ff): Danach gibt es im Deutschen zwei Silbentypen:

- eine »scharfgeschnittene« Silbe, die auf Konsonant endet (also einen »Kurzvokal« enthält),
- eine »schwachgeschnittene« Silbe, die auf Vokal endet (also einen »Langvokal« enthält).

Dieser Vorschlag, der erstmals schon Ende des 19. Jh. von Sievers gemacht (und der von Vennemann (1982) wieder aufgegriffen) wurde, hat den Vorteil, dass er die Quantitätsänderungen der deutschen Vokale seit dem Ahd. mit erklärt als Änderung der Silbenstruktur. Aber auch hier hat man erhebliche Probleme: Der Ansatz gilt nicht für die Einsilbler, die trotz Langvokal konsonantisch enden können, z.B. *Papst, kahl, Tag,* und auch nicht für Mehrsilbler, in denen die Akzentsilbe trotz Langvokal auf einen oder mehrere Konsonanten endet, *z.B. Papstes, Obstes.* Und natürlich gilt der Ansatz ohnehin nur für die Akzentsilben, was weiter kein Problem wäre, wenn die nichtakzentuierten Silben alle Schwa-Silben wären, aber das ist mitnichten der Fall, man denke wieder an *Heimat, endlich, Gesundheit.*

Es ist zu beachten, dass in den obigen Tabellen das Merkmal der Quantität durch Vorhandensein oder Fehlen von [ː] markiert wird, das Qualitätsmerkmal durch unterschiedliche IPA-Zeichen für gespannte (z.B. [i]) und ungespannte Vokale (z.B. [ɪ]). Die Darstellung ist also redundant (aus didaktischen und mnemotechnischen Gründen haben wir sie aber dann doch gewählt).

Literaturhinweise:

Lenerz, J. (2000): Zur sogenannten Vokalopposition im Deutschen. – In: ZS f. Sprachwiss. 19:2, S. 167-209.

Ramers, K. H. (1988): Vokalquantität und -qualität im Deutschen. – Tübingen: Niemeyer (= Ling. Arb. 213).

Vennemann, Th. (1982): Zur Silbenstruktur der deutschen Standardsprache. – In: Vennemann, Th. (Hg.), Silben, Segmente, Akzente (Tübingen: Niemeyer), S. 261-305.

2. Die Qualität des /ɑ/: (→ 2.3.1, S. 45f.) Es gilt als ausgemacht, dass das standardsprachliche *a* weder ein vorderes noch ein hinteres *a* ist, sondern ein wirklich zentrales. Zum Problem der Transkription dieses zentralen *a* verweisen wir nachdrücklich auf unsere Ausführungen im Absch. 2.3.1, die wir hier noch einmal knapp zusammenfassen, da es nach unserer Erfahrung oft zu Irritationen führt. Das IPA kennt nur die Zeichen [a] für ein vorderes und [ɑ] für ein hinteres *a*, kein gesondertes Zeichen für das mittlere *a*. Sehr viele Veröffentlichungen, so auch der Aussprache-Duden (2005), wählen das Zeichen [a] für das deutsche *a*, doch das erscheint uns wenig nützlich. Wir ziehen nicht zuletzt deshalb, weil in manchen Regionalsprachen und bei Fremdwörtern aus dem Lateinischen durchaus ein vorderes /a/ auftaucht, nie aber ein hinteres, das Zeichen /ɑ/ vor, um die Distinktion /a/ – /ɑ/ ausdrücken zu können; so verfährt auch der Siebs (1969). – Schon weiter oben wurde darauf hingewiesen, dass beim /ɑ/ (wie auch beim /a/) die Qualitätsopposition aufgehoben ist, so dass man stattdessen eine Quantitätsopposition annehmen muss. – Setzt man für das Deutsche ein zentrales [ɑ] an, dann erhält man ein symmetrisches Vokalphonemsystem, bei dem allerdings bei den tiefen Vokalen die vordere (wenn man [a] / [aː] als marginal ignoriert) und hintere Position nicht besetzt ist (wie auch bei den zentralen Vokalen die hohe Position). Nimmt man dagegen ein hinteres /ɑ/ an, dann erhält man ein artikulatorisch sehr unplausibles System, es sei denn, man besetzt die vordere tiefe Position mit einem /a/, das in nichtnativen Wörtern (z.B. *Kanzler*) von vielen Sprechern realisiert wird. Kann man dann noch /ɐ/ und /ə/ als Phoneme wegerklären, so erhält man ein (im Sinne strukturalistischer Ansätze) nahezu optimales phonologisches Vokalsystem, das trotzdem alle notwendigen Distinktionen enthält.

3. e-Laute: Hier ist durch den Umlaut eine Asymmetrie im Vokalsystem entstanden, die allerdings allmählich abgebaut wird. Bei den Kurzvokalen tritt nur (noch) ein *e*-Laut auf, nämlich das [ɛ]. Man darf sich dabei durch die Schreibung, die den Umlaut des *a* als <ä> verschriftlicht, nicht irritieren lassen: Der betonte Vokal in *hätten* und *Ketten* ist derselbe, nämlich [ɛ]. Im Gegensatz dazu ist in manchen Dialekten durchaus noch der Unterschied zwischen altem *e* und Umlaut-*e* erhalten, etwa im bair. *Betten* [ˈbetn̩] und *beten* [ˈbɛtn̩]. Bei den Langvokalen hingegen wird üblicherweise eine Distinktion zwischen offenem [ɛː] und geschlossenem [eː] angenommen, z.B. bei dem Minimalpaar *Bären* – *Beeren*. Doch auch hier gibt es viele Sprecher, die in beiden Fällen nur [eː] realisieren, so dass hier wieder eine einfache Opposition zwischen dem offenen Kurzvokal [ɛ] und dem geschlossenen Langvokal [eː] hergestellt wäre. Wenn sich das durchsetzt, dann wäre die Asymmetrie an dieser Stelle beseitigt.

4. Die gerundeten Vorderzungenvokale /yː/, /ʏ/, /øː/, /œ/ sind im Spät-Ahd. als Assimilation der entsprechenden Hinterzungenvokale an ein *i, j, u* der Folgesilbe(n) entstanden (»Umlaut«). In einer Reihe von Dialekten (z.B. dem Mittelbair.) fehlen diese gerundeten Vorderzungenvokale, wurden aber in jüngster Zeit aus der Standardsprache übernommen.
5. Die Hinterzungenvokale /uː/, /ʊ/, /oː/ und /ɔ/: Sie liegen, wie die anderen Vokale auch, in langen/geschlossenen/gespannten Varianten, die mit Lippenrundung gesprochen werden, und kurzen/offenen/ ungespannten Varianten, die (weitgehend) ohne Lippenrundung gesprochen werden, vor.
6. Vokalismus in Nebensilben: Bisher wurden nur die so genannten Tonvokale, also die Vokale in akzentuierten Silben, beschrieben. Jetzt soll der Vokalismus in Nebensilben, also in nicht akzentuierten oder nicht akzentuierbaren Silben nativer Wörter, behandelt werden. – Zunächst stellt sich die Frage: Kommen Langvokale in Nebensilben vor? Die einschlägige phonologische Literatur ist sich einig, dass die Quantitätsopposition in Nebensilben neutralisiert ist, dass dort also nur Kurzvokale auftreten. Aber im Aussprache-Duden (2005) werden durchaus Langvokale in (nicht akzentuierbaren!) Nebensilben erwähnt, teilweise sehr unsystematisch: so etwa bei *Heimat,* aber trotz der Ähnlichkeit nicht in *Monat.* Dazu kommt das Argument der Dehnbarkeit des Nebensilbenvokals in Fällen wie *Mutti, Papa, Otto.* Fälle, in denen Akzentsilben mit Langvokal den Akzent verlieren, sind bei nativen Wörtern sehr selten: [ˈleː.bən] *leben* – [le.ˈbɛn.dɪç] *lebendig* in der Transkription des Aussprache-Dudens (2005). Nach unseren Beobachtungen wird aber in der ersten Silbe statt [e] eher [ɛ] oder [ə] realisiert. Man kann also den Schluss ziehen, dass Langvokale in Nebensilben allenfalls in Einzelfällen auftreten; der Normalfall sind, in der Mehrheitsmeinung, gespannte und ungespannte Kurzvokale. Wir votieren eher für die Beschränkung auf ungespannte und zentralisierte Varianten, die aber untereinander durchaus in Opposition zueinander stehen können: *Freunden* – *Freundin; Willi - Wille – Villa.*

Der Phonemstatus der zentralen Vokale [ə] und [ɐ] ist umstritten. [ɐ] erscheint eigentlich nur als Allophon des /r/ in postvokalischer, silbenauslautender Position (auch vor Konsonant: [veːɐ̯t] *Wert*, [fɑːɐ̯t] *Fahrt*). Beim sog. Lehrer-Schwa tritt hierbei ein besonderes Problem auf, da das Vokalisierungsprodukt [ɐ] mit dem vorausgehenden [ə] verschmilzt. Dieser Fall ist durch Regeln nicht einfach zu erfassen. – Ein [r] nach langem oder kurzem [ɑ] (*Haar, hart*) wird totalassimiliert, wobei das kurze [ɑ] gedehnt wird – entgegen der Behandlung im Aussprache-Duden (2005), der hier das Vokalisierungsprodukt getrennt als nichtsilbisches [ɐ̯] verzeichnet. Diese Erscheinung ist aber noch relativ leicht in Regeln zu fassen. Da dieses [ɐ̯] im Paradigma noch mit konsonantischem [r] alterniert, ist der Status als Allophon des [r] noch offenkundig: *Fahrt* [fɑːɐ̯t]– *Fahrer* [ˈfɑː.rɐ] . – Das [ə] wird üblicherweise auf nicht akzentuierbare Silben beschränkt. Nimmt man hierbei die Schreibung <e> zu Hilfe, dann müsste die Regel also lauten: Jedes <e> in einer nicht-akzentuierbaren Silbe ist als [ə] zu realisieren (oder unterliegt unter bestimmten Bedingungen der Synkope). Doch ist eine derartige Regel aus mehreren Gründen sehr unbefriedigend: Das Ausgehen von der verschrifteten Form (»Schriftnähe« der Standardlautung) kehrt die Beweisrichtung unsinnigerweise um. Außerdem sind keineswegs alle derartigen <e>-Schreibungen so zu realisieren, man denke nur an die Vorsilben *er-, ver-, zer-* und an das Suffix *-er,* jedenfalls, wenn man sich am Aussprache-Duden (2005), S. 25 orientiert. Außerdem werden nach unseren Beobachtungen /eː/ und /ɛ/, wenn sie keinen Wortakzent erhalten, von vielen Sprechern in nativen wie auch in nichtnativen Wörtern als [ə] realisiert, gegen den Aussprache-Duden. Wir halten es daher für die einfachere Lösung, dem [ə] in nicht akzentuierbaren Silben Phonemstatus zuzuerkennen, da es in diesen Positionen nicht mehr mit einem anderen Laut alternieren kann. Der gleiche Laut kann aber auch als Allophon von /eː/ und /ɛ/ auftreten (Beispiel: *Leben – lebendig*).

Bei den nichtnativen Wörtern ist der Wechsel des Wortakzents normal. Üblicherweise wird auch hier die Regel so formuliert: Langvokale sind unter Akzent gespannt; bei Akzentverlust entstehen daraus gespannte Kurzvokale. Aus unserer Sicht ist das wenig plausibel. Wir beobachten auch in nichtnativen Wörtern fast nur ungespannte Kurzvokale, genauso wie aus Kurzvokalen in Akzentsilben bei Akzentverlust kurze und ungespannte Vokale werden (→ 3.4.2, S. 96).

Literaturhinweise:

Becker, Th. (1998): Das Vokalsystem der deutschen Standardsprache. – Frankfurt etc.: P. Lang (= Arbeiten zur Sprachanalyse Bd. 32).

Ramers, K. H. (1988): Vokalquantität und -qualität im Deutschen. – Tübingen: Niemeyer (= Ling. Arb. 213).

3.2.2.2 Diphthonge

Inventar der nhd. Diphthongphoneme und Beispiele dafür:

a͡ɪ̯	ba͡ɪ̯n	*Bein*
a͡ʊ̯	ba͡ʊ̯m	*Baum*
ɔ͡ɪ̯	ˈbɔ͡ʏ̯mə	*Bäume*
u͡ɪ̯	pfu͡ɪ̯	*pfui*

Phonologisch hat man bei der Behandlung der Diphthonge zwei Optionen:

1. Die **biphonematische** Wertung: Diphthonge werden danach behandelt als Folge von Vokal + Vokal, die beide im Phoneminventar bereits vorhanden sind. Argumente für diesen Ansatz sind, dass es im Deutschen kein Wort gibt, das aus einem einzigen Vokalphonem besteht (Interjektionen wie *ah/oh/ii* könnten

hier allerdings Ausnahmen darstellen, aber da müsste auch noch der Glottisschlag berücksichtigt werden). Bei vokalischem Anlaut muss ein weiteres Phonem folgen: *All, Aal, Eck.* Ebenso verhalten sich aus dieser Sicht *Au* und *Ei.* Außerdem kann man Minimalpaare wie *Greis* [gra͡ɪ̯s] und *Graus* [gra͡ʊ̯s] feststellen, bei denen nur die Zweitbestandteile der Diphthonge distinktiv sind, während die Erstbestandteile identisch sind.

2. Die **monophonematische** Wertung: Hier findet man (allerdings nur in nichtnativen Wörtern) Gegensatzpaare wie *heroisch* und *algebraisch*, die für eine Folge von Einzellauten sprechen im Gegensatz zu ganz anders aufgebauten Diphthongen wie in *Fleisch* und *täuschen,* die für einzelne Segmente sprechen. Ferner spricht die Silbenstruktur bei *Ei-er, blau-e, miss-trau-isch* für eine Distribution wie bei Monophthongen.

Literaturhinweis:
Berg, Th. (1986): The Monophonematic Status of Diphthongs Revisited. – In: Kohler, Klaus (Hg.), Prosodic Cues for Segments (= Phonetica 43/44), S. 198-205.
Becker, Th. (1996): Gute und schlechte Diphthonge: ein Präferenzgesetz für Vokalverbindungen. – In: Terzan-Kopecky, K. (Hg.), Sammelband des II. internationalen Symposiums zur Natürlichkeitstheorie (Maribor), S. 41-55.
Becker, Th. (1998): Das Vokalsystem der deutschen Standardsprache (Frankfurt/M.: P. Lang), S. 15-19, 39-47, 101-116.
Heidolph/Flämig/Motsch (1981), zu den Diphthongen S. 920f.
Hummel, S. (1990): Bi- oder monophonematische Bewertung von Diphthongen – »a never ending story«? – In: Bassarek A. (Hg.), Wurzel(n) der Natürlichkeit (Berlin), S. 56-63 (= Studien zur Morphologie und Phonologie Bd. 4).
König, W. (1989): Atlas zur Aussprache des Schriftdeutschen in der Bundesrepublik Deutschland. 2 Bde. – Ismaning: Hueber. [zu den Diphthongen Bd. I, S. 53-61; Bd. II, S. 20-25; 140-146]
König, W. (1999): Das Diphthongsystem des Deutschen neu betrachtet. – In: Sprachwissenschaft 24, S. 105-126.

3.3. Hinweise für die phonologische Transkription

Wenn eine phonologische Transkription (z.B. eines geschriebenen Textes) verlangt wird, so ist Folgendes zu beachten:

1. Es sind nur die Zeichen für die Phoneme zu verwenden. Üblicherweise verwendet man dafür die »Normalvarianten«, man kann aber auch das Zeichen für eine der allophonischen Varianten als Namen eines Phonems festlegen (Archiphonemschreibweise), so z.B. bei /ç, x/ das Zeichen /x/ oder das zusammenfassende /x/.

2. Die allophonischen Varianten werden nicht geschrieben, also

bei	/p/, /t/, /k/	nicht	[pʰ], [tʰ], [kʰ],
bei	/b/, /d/, /g/	nicht	[pʰ], [tʰ], [kʰ] (Auslautverhärtung) oder [ç] bei {*-ig*} oder die entstimmlichten Varianten,
bei	/v/, /z/	nicht	[f], [s] (Auslautverhärtung) ,
bei	/r/	nicht	[ʁ], [ʀ], [ɐ],

bei /m/, /n/, /l/ nicht die silbischen Varianten [m̩], [n̩], [l̩] usw.

3. Man muss in den oben behandelten problematischen Fällen vorher festlegen, wo man Phonemstatus annehmen will oder nicht. Das betrifft v.a. das stimmhafte [z], das [ʔ] und das Schwa [ə], die Quantitäts-/Qualitätsopposition bei den Vokalen, die mono- oder biphonematische Wertung von Affrikaten und Diphthongen ...

Übungsaufgabe Nr. 8 zur **phonologischen Transkription**:
Transkribieren Sie phonemisch die Standardaussprache der Wörter *Leuten, erläutern, wenn, Männer, ihrem, hier, mir.* Begründen Sie problematische Entscheidungen und geben Sie so weit wie möglich Prinzipien für die Schreibung der Tonvokale (= Vokale in Akzentsilben) in der Normalorthographie an!

3.4 Wortphonologie

Untersuchungsgegenstand sind die Regularitäten der lautlichen Struktur von Wörtern in Isolation (Wortgrundgestalten), also der Aufbau von Wörtern aus einzelnen Lauten. Ihre Kombination zu Silben und von Silben zu Wörtern unterliegt einzelsprachübergreifenden sowie spezifisch einzelsprachlichen Gesetzmäßigkeiten. Die Anpassung der Lautgestalt eines Wortes an einen weiteren Kotext wird erst später in der Sandhi-Lehre (→ 3.5.2, S. 104) behandelt. – Für Silben-, Wort-, Phrasen- und Satzgrenzen haben sich keine einheitlichen Symbole durchgesetzt. Üblicherweise verwendet man dafür Sonderzeichen, die im gegebenen Zusammenhang für keinen anderen Zweck benötigt werden: hier das IPA-Zeichen ».« für die Silbengrenze, das einfache Doppelkreuz »#« für die Wortgrenze und zwei Doppelkreuze »##« für die Satzgrenze. Die übliche Markierung für Morpheme sind geschwungene Klammern, die damit auch die Morphemgrenzen angeben:{ }.

3.4.1 Segmentale Eigenschaften

Im Sinne der oben angegebenen Analyseprinzipien kann man jede lautsprachliche Äußerung (die eigentlich ein Kontinuum darstellt) in Segmente, also Einzellaute, und Segmentverbände, also Silben, Wörter, Phrasen und Sätze, zerlegen:

Hast du es ihm gegeben? /##hast#du:#ʔɛs#ʔi:m#gə.ˈge:.bən##/

Durch Segmentierung können minimale Einheiten festgestellt werden. Diese minimalen Einheiten kann man dann in bedeutungsunterscheidende Segmente

(Minimalpaarbildung) und Variantenklassen (freie, kombinatorische) unterteilen. – Bei uns ist es eine fast unbestrittene Tradition, als elementare Segmente/ Einheiten Einzellaute anzunehmen, basierend wohl auf unserer Alphabetschrift. Man könnte aber genausogut die (Halb-)Silbe als elementare Einheit annehmen, zumal die Silbe als natürliche Einheit der Artikulationsbewegung gelten kann (und in vielen Fällen auch als Basis einer Silbenschrift dient). Dann erhielte man allerdings ein sehr viel größeres Grundinventar, ca. 1000 Halbsilben, würde sich aber den Aufwand der allophonischen Variation und der Assimilationsregeln sparen, die man auf diese Weise als Artefakt der lautorientierten, segmentalen Phonologie erkennen würde.

Literaturhinweise zum Thema »Silbenbasierte Phonologie«:

Bell, A./Hooper, J. (Hgg.) (1978): Syllables and Segments. – Amsterdam: North-Holland Publishing Company.
Griffen, T. D. (1985): Aspects of Dynamic Phonology. – Amsterdam/Philadelphia: John Benjamins.
Heike, G. (1992): Zur Phonetik der Silbe. – In: Eisenberg, P./Ramers, K. H./Vater, H. (Hgg.), Silbenphonologie des Deutschen (Tübingen: Narr), S. 1-44. [sehr gut lesbarer Aufsatz]
Hooper, J. B. (1972): The Syllable in Phonological Theory. – In: Language 48:3, S. 525-540.
Vennemann, Th. (1972): On the Theory of Syllabic Phonology. – In: Ling. Berichte 18, S. 1-18.
Vennemann, Th. (1982): Zur Silbenstruktur der deutschen Standardsprache. – In: Vennemann, Th. (Hg.), Silben, Segmente, Akzente (Tübingen: Niemeyer), S. 261-305.
Vennemann, Th. (1986): Neuere Entwicklungen in der Phonologie. – Berlin/New York/Amsterdam: Mouton de Gruyter.

3.4.2 Phono-Syntax (Phonotaktik)

Auf jeder Ebene der Untersuchung der Struktur einer Lautsprache (Phonologie, Morphologie, Syntax) ermittelt man zunächst das Inventar der Grundeinheiten auf der jeweiligen Ebene (Phoneme, Morpheme, Wörter, Sätze) und dann die Regeln für die Kombination dieser Einheiten der jeweiligen Ebene zu Einheiten der nächsthöheren Ebene, also Phonosyntax, Morphosyntax, syntaktische Syntax. Die Laute aus dem **Lautinventar** sind im Deutschen (wie in jeder Sprache) nicht frei kombinierbar, sondern unterliegen bestimmten Kombinationsgesetzen, die in der **Phonosyntax** erfasst werden. Üblicherweise sind sie auf die Silbe als die Einheit des Sprechens bezogen, und zwar in der Form der Silbenstrukturregeln. Der lautsprachliche Artikulationsprozess kann verstanden werden als eine Folge von Öffnungs- und Schließvorgängen des Mundes, wobei ein Öffnungs- und Schließvorgang zwei Halbsilben, zusammengefasst zu einer Silbe, entspricht. Wegen der Vielzahl der konkurrierenden Terminologien ist es hier nicht ganz einfach, sich zurechtzufinden. Eine Silbe besteht danach aus

- Silbenanlaut, Anfangsrand = **»Kopf«** (K), engl. »onset«;
- Silbenkern, **»Nukleus«** (N), engl. »peak«;
- Silbenauslaut, Silbenendrand, auch Silbenschwanz, engl. »**coda**« (C).

– Nukleus und Koda werden oft auch als »Reim« (engl. »rhyme« oder »rime«) zusammengefasst.

z.B.	*<Stra-*	*ßen-*	*bahn-*	*hal-*	*te-*	*stel-*	*le>*
phonetisch:	ˈʃ t r aː .	s n̩ .	b aː n .	h a l .	t ə	ʃ t ɛ l .	l ə
mit Grenzen	#ʃ t r aː .	s ə n .	b aː n .	h a l .	t ə .	ʃ t ɛ l .	l ə #
Silbenteile:	K N	K N C	K N C	K N C	K N	K N C	K N

Hinweis: [l] in *-stelle* ist ambisyllabisch, also sowohl Koda der ersten als auch Kopf der zweiten Silbe. Leider erlauben die IPA-Fonts nicht die Anordnung des Zeichens für die Silbengrenze direkt unter dem [l]; so mussten wir eine fehlerhafte Darstellung mit zwei [l] und Silbengrenzzeichen dazwischen wählen.

Silbenkopf: Er besteht aus 0 bis 3 Konsonanten, z.B. [ʃtr], [ʃpl], aber nicht [ŋ], [pt], [rl], [rs], [rt], [hl], [rst] usw.

– Leerer Silbenkopf (»leerer Anfangsrand«, »nackte« Silbe): Tatsächlich ist er im Deutschen bei wortanlautenden Silben wegen des Glottisverschlusses [ʔ] nicht wirklich leer, sondern enthält einen Konsonanten.

– 1 Konsonant (»gedeckte« Silbe): Hier sind alle Konsonanten möglich außer [ŋ], [x]. Der Ich-Laut [ç] kann nur in nichtnativen Wörtern wortanlautend auftreten, z.B. *Chemie*. Wortinitiales <ch> in nativen Wörtern wie *Chiemsee,* eine alte Graphie für [k͡x], wird [k] gesprochen (im Bereich des Bairischen übrigens auch wortinitiales <ch> bei nichtnativen Wörtern). – Morphemanlautend kann [ç] aber sehr wohl auftreten, z.B. beim Diminutivsuffix *-chen.*

– 2 Konsonanten (»gedeckte« Silbe): Hier dürfen im Silbenkopf
  – nicht zwei Verschlusslaute (vgl. aber nichtnatives *Ptolemaios*) und
  – nicht zwei Frikative kombiniert werden (vgl. aber nichtnatives *Sforzato);*
  – nicht [s] vor Konsonanten stehen (durch Palatalisierung mhd./s/ > nhd. zu /ʃ/ geworden: *slange* > *Schlange*);
  – erlaubt ist dagegen die Kombination Verschlusslaut + homorganer Frikativ = Affrikata: *Zahl, Pfau, tschilpen,* nicht umgekehrt;
  – erlaubt ist außerdem Verschlusslaut + Nasal oder Liquid,: *Knabe, kleben, Plage,* nicht umgekehrt (vgl. aber Kisuaheli *Si-mba, Mbeki*).

– 3 Konsonanten (»gedeckte« Silbe): nur [ʃtr], [ʃpr], [ʃpl], nicht [ʃkr]: *Straße, Sprache, Splitter.*

Man sieht also, dass mit der Zunahme der Zahl der Konsonanten im Silbenkopf die Anzahl der möglichen Kombinationen deutlich geringer wird.

Nukleus: Er besteht aus einem Monophthong, Diphthong oder silbischen Konsonanten, z.B. / l̩, m̩, n̩ /, in manchen Dialekten auch /r̩/, aber nicht aus einem Halbvokal wie /j, v/ oder aus sog. unsilbischen Vokalen, die durch ein nach oben gewölbtes Böglein unter dem Vokalzeichen markiert werden: [i̯], z.B. [zʊp.stan.ˈt͡si̯ɛl] *substanziell.*

Koda: sie besteht aus 0 (»leerer Endrand«) bis 3 Konsonanten, z.B. [n], [rt], [pt], [rl], [pst], aber nicht [ʃtr, ʃpl]. Kopf und Koda zeigen also weder die gleichen noch spiegelbildliche phonotaktische Eigenschaften. – Flexionsformen haben bisweilen eine noch komplexere Koda, vgl. *kämpfst, humpelst, stampfst, Arzts* (aber mit Morphemgrenzen in der Koda).

- leerer Endrand (»offene« Silbe): fast immer nach Langvokal und Diphthong in akzentuierter Silbe in mehrsilbigen Simplizia: *Ha-fen, Sei-le.* Einsilbler wie *Mut, Tag* müssen dieser Festlegung nicht entsprechen.

Eine »geschlossene Silbe« liegt vor, wenn auf den Nukleus folgt:

- 1 Konsonant:
  - nach Langvokal in einsilbigen Wörtern: *her, wohl, Pfuhl.* Dabei können alle Konsonanten außer [ŋ] und [j] auftreten; beachte, dass [r] in dieser Position i. d. R. zu [ɐ] vokalisiert wird und dass die stimmhaften Konsonanten /b/, /d/, /g/, /v/, /z/, /ʒ/ in dieser Position entstimmt werden zu [p], [t], [k], [f], [s], [ʃ]: *Grab, Rad, mag, brav, Gras, Courage* (Auslautverhärtung). Der Phonemstatus ist aber nach wie vor /b/, /d/, /g/, /v/, /z/, /ʒ/;
  - nach Kurzvokal in einsilbigen Wörtern können nur stimmlose Plosive und Frikative [p], [t], [k], [f], [s], [ʃ] sowie Nasale und Liquide [m], [n], [ŋ], [l], [r] stehen, nicht jedoch stimmhafte Plosive und Frikative [b], [d], [g], [v], [z], [ʒ]: *hat, Hass, kann, Fall, wirr, *Egg;*
  - nach Kurzvokal in mehrsilbigen Wörtern kann ein Konsonant als **Silbengelenk** ausgebildet sein: Dabei ist er sowohl Koda der vorausgehenden als auch Kopf der nachfolgenden Silbe **(ambisyllabisch,** auch ambisilbisch). Orthographisch wird das durch Doppelschreibung angezeigt, soweit die orthographischen Regeln das erlauben (→ 4.4.1, S. 137f.); lautlich liegt aber nur e i n Konsonant vor. In der IPA-Transkription gibt es derzeit nach unserem Wissen keine Möglichkeit, diese Konstellation korrekt anzuzeigen, z.B. durch den Punkt als Silbengrenzzeichen unter dem ambisyllabischen Konsonanten. In unseren Transkriptionen bleibt deshalb diese Konstellation unbezeichnet; sie kann erschlossen werden durch die Abfolge von Kurzvokal und einfachem Folgekonsonanten vor dem nächsten Vokal. – Solche Silbengelenke können normalerweise nur stimmlose Plosive, Frikative und Affrikaten sowie Nasale und Liquide bilden, nicht jedoch stimmhafte Plosive und Frikative: *hatte, schaffen, können, harren.* Sehr selten treten aber bei Wörtern, die aus dem Niederdeutschen übernommen worden sind, sth. Plosive als Silbengelenke auf: *knuddeln, Egge, Ebbe* usw. – Manchmal wird in diesen Fällen auch von **Geminaten** mit Bezug auf die Verdoppelung der Konsonantenzeichen

gesprochen. Tatsächlich besitzt das Deutsche seit dem Althochdeutschen keine lautlichen Geminaten (= tatsächliche Konsonantenverdoppelungen) mehr. Man vermeide also den Terminus »Geminaten« und spreche lieber korrekt von Konsonantenzeichenverdoppelung.

- 2 Konsonanten (»geschlossene Silbe«; ohne Morphemgrenze dazwischen): Sie folgen mit wenigen Ausnahmen (*Wust, Knatsch, Mond, Papst*) auf einen Kurzvokal; hier dürfen nicht zwei Verschlusslaute in der Abfolge [kp]/[pk] oder [tp] oder zwei Frikative oder zwei Nasale oder zwei Liquide in der Abfolge *l+r*, sehr wohl aber in der Abfolge *r+l* (*Kerl*) kombiniert werden, dagegen durchaus Verschlusslaut + (homorganer) Frikativ (*Platz;* Affrikata, bei biphonematischer Wertung), oder Nasal/Liquid + Frikativ (*Wunsch*) oder Liquid + Plosiv *(halt)*. **Beachte,** dass diese Lautfolgen bei Mehrsilbigkeit verschiedenen Silben angehören: *Wu̲n-sches, ha̲l-te.*
- 3 Konsonanten (»geschlossene Silbe«) ohne Morphemgrenze dazwischen: Sie folgen (bis auf wenige Ausnahmen wie *Papst, Obst*) auf einen Kurzvokal. Dabei können Nasal/Liquid + Verschlusslaut + Frikativ (bzw. Affrikata) kombiniert werden: [mp͡f] *Strumpf,* lt͡s] *Holz,* rk͡s] *Murks.* **Beachte,** dass diese Lautfolgen bei Mehrsilbigkeit durch die Silbengrenze getrennt werden: [ˈhœl.t͡sɐ] *Hö̲lzer,* [ˈpɑːps.təs] *Pa̲pstes.*

Es zeigt sich also, dass es im Deutschen zwei Haupttypen von **Silben mit dem Wortakzent** gibt:

- **Offene** Silbe, auch »schwachgeschnittene« Silbe: nur Kopf + Nukleus (also ohne Koda). In diesem Fall ist der Vokal in einer akzentuierten Silbe lang bzw. gespannt/geschlossen.
- **Geschlossene** Silbe, auch »scharfgeschnittene« Silbe: (Kopf +) Nukleus + gefüllte Koda. Bei dieser Konstellation ist der Vokal in einer Akzentsilbe in einem mehrsilbigen Wort kurz bzw. ungespannt/offen, in einem einsilbigen Wort kann er auch lang (bzw. gespannt/geschlossen) sein (*kamst*).

Bis zum Mittelhochdeutschen gab es noch vier Silbentypen für Akzentsilben:

- Offene Silbe:
  - mit Kurzvokal, z.B. mhd. *sagen* [ˈzɑ.gən]. Beachte, dass in diesem Fall der Folgekonsonant nicht ambisyllabisch ist, sondern dass die Silbengrenze vor dem Folgekonsonanten liegt (für uns schwer zu artikulieren). Diese Konstellation wurde auf dem Weg zum Nhd. beseitigt (z.B. durch Dehnung des Kurzvokals in offener Tonsilbe: [ˈzɑː.gən]);
  - mit Langvokal: mhd. *hô̲ve* [ˈhoː.fə].
- Geschlossene Silbe:
  - mit Kurzvokal: mhd. *he̲lfen* [ˈhɛl.fən].
  - mit Langvokal, z.B. (mhd. *hêrre* <) ahd. *hê̲rrô* [ˈheːr.roː]< *hê̲rirô* ›der Hehrere, der Herr‹: Diese Konstellation wurde auf dem Weg zum Nhd. beseitigt (z.B. durch Kürzung des Vokals).

Man beachte auch, dass es für geschlossene Einsilbler keinen »Normalfall« gibt. Hier finden sich zahlreiche Minimalpaare, bei denen nur die Vokalquantität/-qualität distinktiv ist: *Saat – satt, Beet – Bett, lahm – Lamm.*

Man kann jedoch die zwei zentralen Silbentypen des Nhd. auch vom vokalischen Nukleus ausgehend charakterisieren:

- **Kurzvokalsilbe (»scharfgeschnitten«):** Sie ist immer konsonantisch geschlossen. Der schließende Konsonant kann auch ein Silbengelenk sein, kann also gleichzeitig auch Kopf der nächsten Silbe sein wie in *Welle, hatte, Knarre.* Die stimmhaften Konsonanten /b/, /d/, /g/, /v/, /z/, /ʒ/, /j/ können nicht Silbengelenk sein (vgl. aber *Knubbel, buddeln, Egge,* die aus dem niederdeutschen Sprachgebiet stammen, in diesem Sinne also nichtnative Wörter sind); sie stehen also nicht nach einem Kurzvokal. Von der Regel, dass Kurzvokalsilben konsonantisch geschlossen sind, weichen viele akzentlose Silben in nativen Wörtern ab, die auf [ə, ɐ] enden, aber auch offene Silben in nichtnativen Wörtern, die unter Akzent einen gespannten Langvokal aufweisen, ohne Akzent aber nach den einschlägigen Aussprachewörterbüchern einen gespannten Kurzvokal – eine Konstellation, die nach unseren Beobachtungen allenfalls von sehr geübten Sprechern realisiert werden kann: also [ˈmuː.zi.kɐ] *Musiker,* [mu.ˈziːk] *Musik.*

Langvokalsilbe (»schwachgeschnitten«): Sie ist eine Akzentsilbe, die bei mehrsilbigen Wörtern offen ist (also mit einer leeren Koda: *wa-gen, Kohle, sie-gen*), bei einsilbigen Wörtern aber auch konsonantisch geschlossen sein kann wie in *Tal, saß, Tag.*

Diese Regeln gelten natürlich nur für native Wörter des Deutschen. Nichtnative Wörter können im Deutschen verbotene Lautfolgen aufweisen, z.B. *Ptolemaios,* doch besteht eine Tendenz, sie an die Silbenstruktur des Deutschen anzupassen, z.B. gr. *Di-phthong* > dt. **Dif-tong*; oder Suaheli *si-mba*, dt. *Sim-ba.*

Bei den **Nebensilben**, also bei den **Silben ohne Akzent**, gibt es folgende Konstellationen:

- Silben mit einem Schwa-Nukleus oder einem silbischen Konsonanten als Nukleus: Diese haben nie den Akzent: [ˈhaː.bən / ˈhaː.bn̩] *haben*;
- Silben mit Volltonvokalismus, aber ohne Akzent: In solchen Silben ist die Quantitätsopposition angeblich nicht distinktiv. Dagegen stehen aber Beispiele wie *Demut, Bischof* (nach Aussprache–Duden (2005), S. 204 [ˈbɪʃɔf] und [ˈbɪʃoːf]), *Heimat, Monat* (nach Aussprache-Duden S. 560 [ˈmoː.nat], aber [ˈha͡ɪ.maːt], S. 394), *Unrat, Drangsal, Mühsal, Trübsal, Labsal, Rinnsal, nutzlos,* die im Aussprache-Duden teilweise sehr inkonsequent transkribiert werden. Geht man weiter davon aus, dass Diphthonge grundsätzlich als lang zu werten sind, dann dürften in unbetonten Silben auch keine Diphthonge vorkommen, siehe aber *Ameise;*

– Akzentsilben, die den Akzent verloren haben: Auch in solchen Silben ist die Quantitätsopposition angeblich nicht distinktiv. In offenen, unbetonten Silben mit einem nicht zentralen Vokal [ə, ɐ] wird der Vokal eher gespannt ausgesprochen (z.B. ['grʊf.ti] *Grufti*), in geschlossenen Silben eher ungespannt ([vɛn.'gla͡ɪç] *wenngleich*). Diese »Regel« gilt schon bei nativen Simplizia nur sehr eingeschränkt aufgrund regionaler und individueller Abweichungen. Bei nichtnativen Wörtern wendet sie der Aussprache-Duden (2005) gar nicht an, sondern orientiert sich weitgehend an der Aussprache der betreffenden Vokale unter dem Akzent. Danach sind Vokale, die unter Akzent lang und gespannt sind, nach Verlust des Akzents kurz und gespannt zu artikulieren, eine Regelung, die uns realitätsfern erscheint, da wir selbst faktisch nur ungespannte Vokale in dieser Position beobachten; Vokale, die unter dem Akzent kurz und ungespannt zu artikulieren sind, sind nach Verlust des Akzents ebenfalls kurz und ungespannt zu artikulieren: *Doktor* ['dɔk.toːɐ̯] – *Doktoren* [dɔk.'toː.rən].

Nach dem jeweiligen Aufbau unterscheidet man folgende Silbentypen:

- **leichte** Silbe: eine offene Silbe mit kurzem Nukleus; eine derartige Silbe kann nie den Wortakzent erhalten;
- **schwere** Silbe: mit langem Nukleus oder konsonantisch geschlossen. Sie ist wortakzentfähig. Dabei spielt es keine Rolle, ob man von der Regel »Stammanfangssilbenakzent« oder »((Ante)Pän)Ultima-Akzent« ausgeht (→ 3.6.1.2, S. 106ff.).

Allgemeines Silbenbaugesetz: Die bevorzugte Silbe ist nach Th. Vennemann so gebaut, dass die Konsonantenstärke in Kopf und Koda zum Nukleus hin monoton abnimmt und im Nukleus ihr Minimum erreicht. Umgekehrt nimmt die Sonorität (Schallfülle) zum Nukleus hin von beiden Seiten her zu. Die Silbe endet, bevor die maximale Konsonantenstärke (bzw. minimale Sonorität) erreicht ist.

Konsonantenstärkenskala für die deutsche Standardsprache:

konsonantische Stärke →

a e i o u	l r	ŋ n m	ʒ j z v	h ç χ f ʃ s	b g d	p k t
Vokale	Liquide	Nasale	sth. Frikative	stl. Frikative	sth. Plosive	stl. Plosive

← Sonorität

Von diesem Silbenbaugesetz gibt es zahlreiche Abweichungen, z.B. dann, wenn die Koda konsonantischer endet, als der folgende Silbenkopf beginnt, wie in

Ad-ler, Mag-net, Kap-sel, Ät-na, die eigentlich besser als *A-dler, Ma-gnet, Ka-psel, Ä-tna* syllabifiziert würden, dann aber z.T. verbotene Lautfolgen im Silbenkopf aufweisen würden. Auch alle zulässigen Konsonantenkombinationen bei 3 Konsonanten im Silbenkopf [ʃtr], [ʃpr], [ʃpl] wie in der Silbenkoda [mps], [lts], [rks] verstoßen gegen dieses Silbenbaugesetz.

Dabei handelt es sich nach unserem Verständnis nicht um ausnahmslos gültige universale Gesetze, sondern um universale Prinzipien (Tendenzen, Präferenzen), die einzelsprachlich realisiert werden (siehe Übungsaufgabe!).

Die Verteilung der Laute spiegelt z.T. die Silbengesetze wieder, sie sind aber teilweise auch die Folge sprachgeschichtlicher Entwicklungen, die selber wieder durch die Silbenstrukturgesetze bedingt sein können (Herstellung möglichst optimaler Silben), diesen aber auch zuwiderlaufen und ungünstig strukturierte Silben erzeugen können. So etwa kann man den Verlust des auslautenden Ich-/Ach-Lautes bei Einsilblern mit Kurzvokal im Mittelbairischen als Beseitigung einer zu konsonantischen Koda interpretieren: [mɪː] *mich,* [dɪː] *dich,* [bɔː] *Bach,* [dɔː] *Dach,* [nɔː] *nach.* Die entstehenden offenen Silben bedingen die Längung der Vokale. Diese Regel (des mittelbair. Dialekts) wird übrigens in der Gegenwart rückgängig gemacht [bɔx, dɔx, nɔːx], abgesehen von den hochfrequenten Personalpronomina [mɪː, dɪː].

Keineswegs alle nach den phonotaktischen Gesetzen möglichen Lautkombinationen existieren auch als Wörter des Deutschen. Von einer **zufälligen Lücke** im Lexikon spricht man, wenn eine Lautfolge zwar ein phonologisch wohlgeformtes Wort des Deutschen wäre, aber keine Bedeutung hat, z.B. *horbes, lores, spraunk, fürbet.* Dagegen spricht man von einer **systematischen Lücke** im Lexikon, wenn eine Lautfolge kein phonologisch wohlgeformtes Wort des Deutschen ist, wenn es also nicht den phonologischen Wortstrukturbedingungen des Deutschen genügt: z.B. *pto, ngazfi.*

Die Relevanz des Silbenbegriffs erweist sich dadurch, dass phonologische Regeln darauf aufbauen, z. B. die Regel der Auslautverhärtung, wenn sie wie folgt formuliert wird: Stimmhafte Plosive und Frikative verlieren im absoluten Silbenauslaut den Stimmton. Das ist eine der möglichen Formulierungen. Diese Regel kann aber auch mit Bezug auf die Morphemgrenze und auf die lautliche Umgebung formuliert werden; so z.B. ist nach unserer Beobachtung die Auslautverhärtung in stimmhafter Umgebung wie nach Nasal oder Liquid unwahrscheinlich: [hand] *Hand,* [vald] *Wald.*

In vielen Fällen stimmen morphologische Gliederung und Silbengliederung nicht überein: z.B. {*dar*}-{*an*}/[dɑ.ˈran], {*Kegl*}-{*er*}/[ˈkeːg.ler], {*Münchn*}-{*er*}/ [ˈmʏnç.nɐ], {*Teufel*}-{*ei*}/[tɔ͡ʏ.fə.ˈlɑ͡ɪ]. Im Laufe der Zeit setzt sich meist die Silbengliederung gegen die ursprüngliche Morphemgliederung durch und führt zu einer neuen Morphemgliederung, z.B. {*Liebe*}-{*lei*}/[liː.bə.ˈlɑ͡ɪ], {*Dörf*}-{*ler*}/[ˈdœrf.lɐ].

Literaturhinweise:
Altmann, H./Kemmerling, S. ([2]2005): Wortbildung fürs Examen. 2., überarb. Aufl. – Göttingen: Vandenhoeck & Ruprecht (= Ling. fürs Examen 2). [zur »Analogiebildung« S. 20, S. 110 f.]
Auer, P. (1991): Zur More in der Phonologie. – In: ZS f. Sprachwiss. 10:1, S. 3-36.
Brockhaus, W. (1999): The Syllable in German: Explaining an Alternative. – In: Hulst, H. G. van der/Ritter, N. (eds.), The Syllable. Views and Facts (Berlin, New York: de Gruyter), S. 169-217.
Butt, M. (1992): Sonority and the Explanation of Syllable Structure. – In: Ling. Berichte 137, S. 45-67.
Eisenberg, P./Ramers, K. H./Vater, H. (Hgg.) (1992): Silbenphonologie des Deutschen. – Tübingen: Narr. [Rez. von Féry, C. (1996), In: Ling. Ber. 164, S. 357-361]
Hall, T. A. (1992): Syllable Structure and Syllable-Related Processes in German. – Tübingen: Niemeyer (= Ling. Arb. 276).
Hulst, H. G. van der/Ritter, N. (1999): Theories of the Syllable. – In: Hulst, H. G. van der/Ritter, N. (eds.), The Syllable. Views and Facts (Berlin/New York: de Gruyter), S. 13-51.
Kohler, K. (1977): Einführung in die Phonetik. 2., neubearb. Aufl. 1995 – Berlin: E. Schmidt (= Grundlagen der Germanistik Bd. 20) [dort allumfassende Formel zur Phonotaktik]
Pompino-Marschall, B. ([2]2003): Einführung in die Phonetik. 2. Aufl. – Berlin: de Gruyter (= de Gruyter Studienbuch). [Zur Silbe als prosodische Einheit S. 239-244]
Restle, D. (2003): Silbenschnitt, Quantität, Kopplung: Zur Geschichte, Charakterisierung und Typologie der Anschlussprosodie. – München: Fink (= Studien zur Theoret. Linguistik 14).
Restle, D./Vennemann, Th. (2001): Silbenstruktur. – In: Haspelmath, M. u.a. (eds.), Sprachtypologie und sprachliche Universalien. Bd. 2 (Berlin/New York). S. 1310-1336.
Vater, H. (1998): Zur Silbenstruktur im Deutschen. – In: Kröger, B. J. (Hg.), FS G. Heike (Frankfurt), S. 137-149 (= Forum Phoneticum 66).
Vennemann, Th. (Hg.) (1983): Silben, Segmente, Akzente. – Tübingen: Niemeyer (= Ling. Arb. 126).
Vennemann, Th. (1991): Skizze der deutschen Wortprosodie. – In: ZS für Sprachwiss. 10 (Themenheft »Prosodische Phonologie«, hg. von K. H. Ramers/R. Wiese), S. 86-111.

Übungsaufgabe Nr. 9 zur **Silbenstruktur:**
Erstellen Sie eine phonologische Transkription von *trockenen, abspringen* und *Labergrund,* und erarbeiten Sie eine möglichst genaue Analyse der Silbenstruktur.

Übungsaufgabe Nr. 10 zur **Silbenstruktur:**
»Reine« Reime sind dadurch ausgezeichnet, dass alle Laute ab dem Nukleus der letzten betonten Silbe identisch sind. Die folgenden Reime sind unrein. Transkribieren Sie jeweils die Reime, und bestimmen Sie die Art der Unreinheit:

(3-1) *Oh was macht der Besenstiel*
Für ein schmerzliches Gefühl!
(3-2) *Doch wie er schnell den Rückzug sucht,*
Hemmt's Stubenmädel seine Flucht.
(3-3) *Kaum hat er dies als wahr befunden,*
So kommt ein Stich direkt von unten.
(3-4) *Und selbst, wer es auch redlich meint,*
Erwirbt sich selten einen Freund.

3.4.3 Distributionstypen (für Phonetik, Phonologie und Graphemik)

Um eine phonologische Regel möglichst allgemein formulieren zu können, ist es nötig, sich nicht nur auf einzelne Laute und relevante Gruppen von Lauten zu beziehen, sondern auch auf ihre für die jeweilige Regel relevante Position etwa in einer Silbe oder einem Wort. Denn sehr häufig betrifft z.B. ein Lautwandel nicht alle Exemplare eines Lautes oder einer Gruppe von Lauten, sondern nur diejenigen, die in einer bestimmten Silbenposition stehen (z.B. im Silbenkopf), oder vor oder nach einem bestimmten Laut. Dabei ist es sinnvoll, sich auf möglichst allgemein formulierte Distributionstypen zu beziehen.

1. An der **Silbenstruktur** orientiert:

- Silbenkopf:
  - prävokalisch (*L* in *Lied*)
  - präkonsonantisch (*b* in *blind*)
  - postkonsonantisch (und prävokalisch) (*l* in *blind*)
  - interkonsonantisch (das erste *t* in *Streit*)
- Silbenkern bzw. Nukleus:
  - anlautend, wenn der Silbenkopf nicht gefüllt ist (*a* in *arm*)
  - postkonsonantisch bei gefülltem Silbenkopf (*ei* in *bei*)
  - präkonsonantisch bei gefüllter Silbenkoda (*a* in *arm*)
  - interkonsonantisch, wenn Silbenkopf und -koda gefüllt sind (*i* in *bis*)
- Silbenkoda:
  - postvokalisch (*s* in *bis*)
  - postvokalisch und präkonsonantisch (*s* in *bist*)
  - interkonsonantisch (*s* in *magst*)
  - postkonsonantisch (auslautend) (*t* in *bist*)

2. Traditionelle/**Strukturalistische Taxonomie** (ohne Bezug auf die Silbenstruktur, aber auf diese übertragbar):

- Anlaut:
  - vokalisch (= präkonsonantisch) (*a* in *alt*)
  - konsonantisch:
    - prävokalisch (bei einfachen Konsonanten) (*s* in *suchen*)
    - präkonsonantisch, postkonsonantisch (bei Mehrfachkonsonanz) (*p* in *platt, l* in *platt*)
- Inlaut:
  - vokalisch: postkonsonantisch (*o* in *tot*), präkonsonantisch (*o* in *Hort*), interkonsonantisch (*o* in *tot*).
  - konsonantisch: postvokalisch (*t* in *Otto),* prävokalisch (*t* in *Otto*), intervokalisch (*t* in *Otto*).
- Auslaut:
  - vokalisch: postkonsonantisch (*au* in *Donau*).

- konsonantisch:
  - postvokalisch (bei einfachem Konsonanten) (*s* in *Haus*).
  - präkonsonantisch (*s* in *Hast*), postkonsonantisch (*t* in *Hast*) (bei Mehrfachkonsonanz).

Hinweise:
- Üblicherweise geht man nur von lexikalischen Basen aus, nicht von komplexen Flexionsformen, da sonst die Analyse zu kompliziert würde.
- Als relevante lautliche Umgebungen können genannt werden:
  1. allgemeine Distributionstypen, z.B. »intervokalisch ...« (bei einem Konsonanten);
  2. (artikulatorische) Gruppen von Lauten, z.B. »auslautend nach stimmlosem Plosiv«;
  3. einzelne Laute, z.B. »im Inlaut (Silbenkern) nach /r/«.
- Viele Aufgaben können ohne explizite Bezugnahme auf phonologische und graphematische Theorien relativ einfach gelöst werden; statt von Phon/Phonem spricht man dann von »(Sprach–)Laut«, statt von Graph/Graphem von »(Schrift–/Laut-)Zeichen«.

3.4.4 Phonologische Prozesse innerhalb eines Wortes

3.4.4.1 Assimilation

Üblicherweise geht man von der Vorstellung aus, dass die Einzellaute bei ihrer Kombination in Silben und größeren Einheiten wie Wörtern aufgrund der Koartikulation nicht unverändert bleiben, sondern sich aneinander anpassen (das ist eine Folge des segmentorientierten Vorgehens, die bei silbenorientiertem Vorgehen vermieden werden könnte; →3.4.1, S. 91). Diesen Prozess nennt man **Assimilation**, eine der wesentlichen Quellen für die Entstehung von komplementär distribuierten Allophonen. Entscheidend ist dabei die Richtung der Anpassung: Wenn also ein Laut einen nachfolgenden Laut verändert (assimiliert), dann spricht man von **progressiver** Assimilation; wenn ein Laut einen vorausgehenden Laut verändert (assimiliert), dann spricht man von **regressiver** Assimilation. – Spezifische Arten von Assimilation sind: Kontakt- und Fernassimilation; Palatalisierung, Labialisierung, Nasalierung, Umlaut, Vokalharmonie. Dabei ist i.d.R. nicht der gesamte Laut betroffen, sondern nur ein einzelnes Merkmal. Je nach Formalitätsgrad des Sprechens kann man mehrere aufeinanderfolgende Assimilationsstufen unterscheiden (→ 3.5.1, Realisationsphonologie, S. 104).

	Artikulationsstellen-Assimilation	Artikulationsmodus-Assimilation
progressiv	*sieben* [bn̩] > [bm̩]	*aussagen* [sz] > [ss]
	hupen [pn̩] > [pm̩]	*Regen* [gn̩] > [gŋ̍]
	Regen [gn̩] > [gŋ̍]	
	nehmen [mn̩] > [mm̩]	
regressiv	*anbinden* [nb] > [mb]	*lobpreisen* [bp] > [pp]
	Anpassung [np] > [mp]	*laden* [dn̩] > [nn̩]
	angeben [ng] > [ŋg]	
	Ankauf [nk] > [ŋk]	

Neutralisation: Dabei werden phonologische Kontraste aufgehoben, z.B. bei der Auslautverhärtung (nach der üblichen Behandlung der Thematik).

	Anlaut	Inlaut (+stl. Umgebung)	Auslaut (Neutralisation)
/k/ : /g/	*Kunst* [kʰ] : *Gunst* [g]	*Rocken* [k] : *Roggen* [g]	*sag!* [kʰ] : *Sack* [kʰ]
nur /g/		*wagen* [g] : *wagte* [k]	
		sagen [g] : *sagst* [k]	
/p/ : /b/	*pellen* [pʰ] : *bellen* [b]	*Staupe* [p] : *Staube* [b]	*Trab* [pʰ] : *knapp* [pʰ]
		lieben [b] : *liebte* [p]	*lieb* [pʰ] : *Chip* [pʰ]
/t/ : /d/	*Tank* [tʰ] : *Dank* [d]	*bunte* [t] : *Bunde* [d]	*bat* [tʰ] : *Bad* [tʰ]
		bandst [t] : *Bündnis* [d]	

	Anlaut	Inlaut (+stl. Umgebung)	Auslaut (Neutralisation)
/f/ : /v/	*falten* [f] : *walten* [v]	*brave* [v, f] : *Bravheit* [f]	*brav* [f] : *straff* [f]
		Kurve [v, f] : *kurvst* [f]	*Calw, Löw* [f]
/s/ : /z/	*singen* [z]	*reißen* [s] : *reisen* [z]	*reiß!* [s] : *Reis* [s]
		lesbar [s] : *lesen* [z]	*lies!* [s] : *ließ* [s]
		lies, liest [s]	

Zur Auslautverhärtung → 2.2.2, S. 35f.; 2.5.2, S. 60f; 3.2.1, S. 77, 81; siehe auch im Register unter diesem Stichwort. – Das Phänomen Auslautverhärtung wird in den meisten Phonologiebüchern sehr stark verkürzt dargestellt. Danach betrifft sie die sth. Verschlusslaute /b/, /d/, /g/ im absoluten Silbenauslaut, und zwar ohne Ausnahme. Alternativ wird als Position auch der Morphemauslaut und der absolute Auslaut, also der Wortauslaut, angegeben. Die Realität stellt sich komplizierter dar. Danach sind außer den sth. Verschlusslauten auch noch die sth. Frikative betroffen, also /v/, /z/, /ʒ/. Die Realisierung ist stark abhängig von der regionalen Zugehörigkeit des Sprechers, vom Sprechregister, von der lautlichen Umgebung. So realisieren Sprecher im Bereich der binnendeutschen Konsonantenschwächung keine sth. Verschlusslaute, also ist die Regel der Entstimmlichung in diesem Fall gegenstandslos. In anderen Bereichen werden die sth. Verschlusslaute in den genannten Positionen frikativiert, vgl. [tɑx] *Tag* im Raum Hannover. Viele Leser tendieren im Leseregister dazu, an den genannten Positionen aufgrund des Schriftbilds sth. Verschlusslaute zu realisieren. Und schließlich wird in sth. Umgebung von den meisten Sprechern die Entstimmlichung der Verschlusslaute nicht durchgeführt: [hʊnd] *Hund*, [vɑld] *Wald*.

Die Assimilation ist zunächst ein aktueller, synchroner Prozess. Er führt aber im Laufe der Zeit, wenn nicht mehr tatsächlich zwischen den Allophonen (z.B. im Paradigma) gewechselt wird, zu Änderungen der Lautstruktur, tendenziell zu einer Vereinfachung der Wortstruktur. Entgegengesetzt wirkt die **Dissimilation**: Dabei handelt es sich um die Veränderung eines Lautes, die ihn den umgebenden Lauten in einem oder mehreren Merkmalen unähnlich macht. Bsp. nach Ramers/Vater 1995, S.60: germ. *himin* > dt. *Himmel* (engl. *heaven*). D.h. im Deutschen wurde /n/ nach /m/, also nach einem anderen Nasal, zum Lateral; im Englischen wurde der erste Nasal zum Frikativ. In beiden Fällen wurden die Artikulationsstellen (annähernd) beibehalten, geändert hat sich nur der Artikulationsmodus. – Im heutigen Standarddeutsch spielt Dissimilation nur eine untergeordnete Rolle. Deshalb hier noch ein mittelbairisches Beispiel: In diesem Dialekt wird postvokalisches silbenauslautendes /l/ zu [ɪ̯] vokalisiert, und zwar auch nach [ɪː]. Dem standarddeutschen Ausdruck *viel zuviel Gefühl* entspricht denn auch in der Gegend von Berchtesgaden [fɪːɪ t͡sfɪːɪ gfɪːɪ] (das Mittelbair. kennt keine gerundeten Vorderzungenvokale). Im Nordmittelbairischen (etwa zwischen Straubing und Passau) wird der Erstbestandteil der i-Folge dissimiliert durch Senkung zu [ɛ], so dass [fɛ͡ɪ̯ t͡sfɛ͡ɪ̯ gfɛ͡ɪ̯] entsteht, im Südmittelbairischen (um München) hingegen wird der Erstbestandteil der i-Folge dissimiliert durch Verschiebung nach hinten zu [ʊ], so dass [fʊ͡ɪ̯ t͡sfʊ͡ɪ̯ gfʊ͡ɪ̯] entsteht.

Es sei hier noch einmal darauf hingewiesen, dass diese Sichtweise der assimilatorischen Vorgänge wesentlich von unserer laut-/segmentbezogenen Sichtweise auf diese Vorgänge abhängt. Ein silbenbasierter Ansatz (→ 3.4.1, S. 91) würde diese Assimilationsregeln weitgehend überflüssig machen.

Dazu kommt, dass jede Theorie dazu tendiert, ihre Beschreibungseinheiten zu reïfizieren, d.h. ihnen einen Status wie normale Gegenstände der Welt zuzuschreiben. Deshalb kann man nicht nachdrücklich genug darauf hinweisen, dass Phoneme rein theoretische Konstrukte sind, die man in der Realität nicht beobachten kann. Diese Konstrukte fassen lediglich eine Reihe von lautsprachlichen Merkmalen im Blick auf ihre Funktion zusammen.

3.4.4.2 Einfügung von Lauten (Insertion, Epenthese)

- Durch Einfügung eines epenthetischen Schwa kann z.B. eine silbenstrukturell ungünstige Konsonantenfolge in der Koda auf zwei Silben aufgeteilt werden:
  fünf > *fünef* (regional bzw. innerhalb der Bundeswehr üblich).
- Einfügung eines sog. Dentaltrenners zwischen Nasal und Liquid:
  mhd. *eigenlich* > nhd. *eigentlich;* ebenso *wesentlich, hoffentlich* usw.

3.4.4.3 Tilgung von Lauten (Elision)

- Schwa-Elision: Synkope im Inlaut, Apokope im Auslaut.
  ebenem ['ʔeː.bə.nəm] > *ebnem* ['ʔeːb.nəm] = Synkope;
  sage ich ['zaː.gə ʔɪç] > *sag ich* ['zaːkʰ ʔɪç] = Apokope.
- Plosiv-Elision aus Konsonantenfolgen:
  Weltkugel ['vɛlt.kuː.gəl] > ['vɛl.kuː.gl̩].
- Entdoppelung von Konsonanten (auch: Totalassimilation):
  weggehen ['vɛkʰ.geːn] > ['vɛkeːn].

3.4.4.4 Vertauschung von Lauten in ihrer Abfolge (Inversion, Metathese)

mhd. *ors* [ɔrs] ›Pferd‹ > nhd. *Ross* [rɔs].

3.4.4.5 Zusammenziehung von zwei Lauten zu einem neuen einzigen (Kontraktion, auch Totalassimilation)

an Mutter [ʔan 'mʊtɐ] > [ʔa'mʊtɐ]

Literaturhinweis:
Löhken, S. C. (1997): Deutsche Wortprosodie. Abschwächungs- und Tilgungsvorgänge. – Tübingen: Stauffenburg.

3.5 Satzphonologie

Zum Bereich der Satzphonologie gehören die sog. **Sandhi**-Erscheinungen (s. u.!), die Realisationsphonologie und die Intonation. Wir behandeln allerdings aus verschiedenen Gründen die Intonatorik in einem eigenen Kapitel, und zwar um die inhaltlich zusammengehörigen Gebiete auch zusammenhängend darzustellen und um ein Gebiet, das in Examensaufgaben nach unserer Erfahrung nur eine geringe Rolle spielt, auch deutlich als eher marginal zu markieren.

3.5.1 Realisationsphonologie (auch: Phonostilistik)

Sie untersucht lautliche Modifikationen von normalen Wortformen (sog. Explizitformen, wie sie bei isolierter Artikulation vorliegen) im Satzverband, die durch pragmatische Faktoren wie Sprechtempo, Formalitätsgrad etc. bedingt sind:

Bsp.: *Hast Du es ihm gegeben?* [hastʰ du: ʔɛs ʔi:m gə.ˈge:.bn̩]
[ˈhas.tu:s ˈʔi:m gə.ˈge:.bn̩]
[ˈhas.təs ˈʔi:m gə.ˈge:.bm̩]
[ˈhasəs.i:m ge:m] etc.

Auf wortübergreifender Ebene wirkende realisationsphonologische Regularitäten sind auch die sog. Sandhi-Phänomene.

3.5.2 Sandhilehre

Das Wort *Sandhi* stammt aus dem Sanskrit und bedeutet dort ›Verbindung‹. In der Phonologie bezeichnet man damit die systematischen lautlichen Veränderungen, die beim Zusammenfügen von Wortformen zu komplexeren Ausdrücken bis hin zum Satz auftreten, insbesondere an den Wortgrenzen.

Beispiele:

- Wenn in einer Lautkette zwei gleiche Konsonanten an den Wortgrenzen aufeinandertreffen, wird der erste von beiden nur unvollständig oder gar nicht artikuliert (*mein Neffe, ein Stück Kuchen, das Sofa,* usw.).
- Ähnliche Erscheinungen beobachtet man bei Plosiven, die an Wortgrenzen aufeinandertreffen, wenn sie sich nur durch das Merkmal [+/–STIMMHAFT] unterscheiden (*hast du* [ˈhas.tu:]).

Diese Sachverhalte sind wichtig bei Fragen nach der Unterscheidung von Standard- vs. Nichtstandardaussprache. Die Standardaussprache ist durch einen höheren Formalitätsgrad und damit durch geringere Sandhi-Erscheinungen geprägt, während die Umgangssprache sehr viel mehr Assimilationserscheinungen, auch über Wortgrenzen hinweg, erlaubt.

Literatur:

Billings, L. (1996): Sandhi Phenomena and Language Change. – In: Kleinhenz, U. (ed.), Interfaces in Phonology (Berlin: Akademie-Verlag), S. 60-82 (= Studia grammatica Bd. 41).

3.6 Suprasegmentale (prosodische) Phonologie

Neben den segmentalen beobachtet und beschreibt man auch suprasegmentale lautsprachliche Erscheinungen. Darunter versteht man solche, die sich nicht einzelnen Lauten, sondern nur Silben, Wörtern, Phrasen oder Sätzen zuordnen lassen. So betrifft der Akzent nicht einen Einzellaut, sondern eine Silbe in einem Wort. Würde man die Silbe zur Basis der lautsprachlichen Beschreibung machen, dann handelte es sich z.B. beim Wortakzent um ein segmentales Merkmal (→ 3.4.1, S. 91).

Die Behandlung der intonatorischen Markierung in diesem Rahmen stellt sicherlich die höchsten Ansprüche an den Leser: Nicht weil sie so kompliziert wäre, sondern weil es kaum eine Tradition der Behandlung intonatorischer Phänomene im Rahmen der Sprachwissenschaft gibt, weil sie deshalb häufig ignoriert werden, und weil sie schließlich dann, wenn sie nicht ignoriert werden, gerne in die pragmatische Ecke abgedrängt werden, oder weil ihnen gar der Zeichencharakter abgesprochen wird, weil sie zum bloßen Anzeichen degradiert werden. Dagegen spricht aber das Kriterium der Konventionalität, missverständlich auch als Arbitrarität (dt. ›Beliebigkeit‹) bezeichnet. Wenn Intonation nicht konventionell wäre, dann dürfte sie nicht einzelsprachspezifisch organisiert sein.

Für einige intonatorische Merkmale gilt sicher, dass sie Anzeichen und nicht Zeichen sind: Hohe Tonlage gilt als Anzeichen für klein und hilfsbedürftig, hohe Tonlage kombiniert mit großer Lautstärke und schriller Charakteristik als Anzeichen für Angst, Gefahr und Schmerzen, tiefe Tonlage kombiniert mit geringer Lautstärke als Anzeichen für Beruhigung, tiefe Tonlage kombiniert mit großer Lautstärke als Anzeichen für Größe, Kraft und Bedrohung. Man braucht sich da bloß manche männlichen und weiblichen lautsprachlichen Verhaltensweisen über alle Kulturen hinweg anzusehen.

Daneben aber gibt es viele offensichtlich konventionell geregelte Bereiche. So werden z.B. im Deutschen die w-Fragen überwiegend durch fallenden Tonverlauf in der Satzakzentsilbe angezeigt (wie generell im Englischen):

(3-5) *Wer hat das eingekauft?*↘, auch ↗.

Der Akzent wird hier auf *ein-* angenommen. Der Onset (Tonhöhe am Äußerungsanfang) ist meist tieftonig, der Bereich vor der Nukleussilbe (= Silbe mit dem Satzakzent) weist steigenden Tonverlauf auf; auf der Nukleussilbe wird ein signifikanter Tonabfall (in IPA angezeigt durch einen nach unten weisenden Pfeil) realisiert. Der »Nachlauf«, also der Bereich nach der Nukleussilbe, ist tieftonig. Bei steigendem Tonmuster jedoch ist der »Vorlauf«, der Bereich vor der Nukleussilbe, tieftonig, auf der Nukleussilbe wird ein signifikanter Tonanstieg (in IPA angezeigt durch einen nach oben weisenden Pfeil) realisiert. Der »Nachlauf« (der Bereich nach der Nukleussilbe) ist hochtonig.

Wirft man einen Blick auf andere Sprachen, so sieht man, dass dort Fragen intonatorisch teilweise ganz anders indiziert werden, im Finnischen z.B. durch große Tonhöhe am Äußerungsanfang und deutlichen Abfall über die gesamte Äußerung hinweg.

(3-6) *Kuinka kauan matka voi kestää?* (›Wie lange kann die Reise dauern?‹)

Die Intonation buchstabiert auch keineswegs nur bereits vorhandene Strukturen aus, z.B. Wort-, Phrasen- oder Satzstrukturen, wie in der generativen Grammatik immer noch angenommen wird, sondern sie wirkt aktiv an der Markierung der Strukturen mit. Ein Beispiel ist das vorher erwähnte: die Markierung von Fragesätzen, oder allgemeiner, von Satztypen im Satzmodussystem (→ 3.6.3, S. 116f.).

Folgende suprasegmentale Merkmale werden üblicherweise angesetzt:

- Der **Akzent:** hierarchisch gestuft in Wortakzent (Simplex- und Wortbildungsakzent), Phrasen- und Satzakzent.
- Die **Phrasierung:** Über Grenzmarkierungen wie Pausen werden sprachliche Einheiten wie Wort, Phrase, Teilsatz und Gesamtsatz markiert.
- Das **Tonmuster:** Es markiert selbstständige satzwertige Ausdrücke. Sein wichtigstes Mittel, der Tonverlauf, wirkt aber auch mit bei der akzentuellen Hervorhebung und bei der Phrasierung.

3.6.1 Das Akzentsystem

Zur Realisierung von Akzenten → 2.4.1, S. 49f. im Kapitel »Phonetik«.

3.6.1.1 Der Wortakzent

Man kann mit einigen guten Gründen annehmen, dass Wörter im Lautkontinuum u.a. durch den Wortakzent als Wörter identifizierbar sind. Im Gegensatz dazu kann man aber beobachten, dass der Wortakzent im Satzverband bei der Zunahme der Sprechgeschwindigkeit zurücktritt, ja vielleicht sogar ganz verschwindet.

3.6.1.2 Simplexakzent

Native Simplizia (= einfaches Wort, das noch keinen Wortbildungsprozess durchlaufen hat) zeigen bis auf wenige Ausnahmen Stammanfangsakzent: *Leben, Hirse, schöne, heuer.* Dieser Akzent markiert also den Anfang eines Wortes. Zu den immer wieder zitierten Ausnahmen zählen einige ursprünglich komplexe, heute aber wie Simplizia wirkende Zweisilbler wie *allein, sogar,* ferner einige wenige Dreisilbler wie: *Hornisse, Forelle, Wacholder, Akelei.* Dabei fällt auf, dass es sich ausschließlich um Tier- und Pflanzennamen handelt, deren Lautstruktur wegen des Volltonvokalismus (also weder [ə] noch [ɐ]) in mehreren Silben nicht gerade als typisch gelten kann. Ferner haben nichtnative Wörter, soweit sie nicht anderen germanischen Sprachen entstammen, ((Ante-)

Pän-)Ultima-Akzent (s.u.!), typischerweise solche aus dem Lateinischen in Beispielen wie *Doktor – Doktoren*. Bei nichtnativen Wörtern kann der Simplexakzent in einigen Fällen auch verschiedene Lesarten einer Lautfolge unterscheiden: *Kaffee – Café; Tenor – Tenor.*

Im Bestreben, eine einheitliche Akzentuierungsregel für alle Wörter des Deutschen (ohne Rücksicht auf ihre Herkunft) zu finden, haben Linguisten wie Kiparsky, Féry, Vennemann und Eisenberg für das Deutsche insgesamt einen Pänultimaakzent angesetzt. Später wurde diese Regel abgewandelt in einen Ultimaakzent mit der zusätzlichen Festlegung: Ist die Ultima (letzte Silbe) eine nichtakzentuierbare Silbe, so erhält die Pänultima (vorletzte Silbe) den Simplexakzent; ist die Pänultima auch nicht akzentuierbar, dann erhält die Antepänultima (drittletzte Silbe) den Simplexakzent. Der Grund für die fehlende Akzentuierbarkeit kann unterschiedlich angegeben werden, z.B. »leichte Silbe« (→ 3.4.2, S. 96.). Die Regel ist so global, dass sie fast alles beschreibt und nichts erklärt. – Da die meisten deutschen Simplizia ein- oder zweisilbig sind (und die zweite Silbe meist eine unbetonbare Schwa-Silbe ist), führt das weitgehend zum gleichen Ergebnis wie bei der Regel »Stammanfangsakzent«. Gegen die Lösung »((Ante)Pän)Ultimaakzent« sprechen aber folgende Faktoren:

- Gesetzmäßigkeiten des Erstspracherwerbs: Hier werden meist in den frühesten Phasen die pränuklearen Silben weggelassen, übrigens auch bei nichtnativen Wörtern: *(Ro)Sina, (Jo)Han(ne)s, (Schoko)Lade.* Oder der Akzent wird auf die erste Silbe verlagert: *Franzika* statt *Franziska.* Dies spricht dafür, dass Kinder zunächst eine einheitliche Regel »Anfangssilbenakzent« haben, die später differenziert wird. Die entsprechenden Vornamen der Erwachsenensprache, besonders der Dialekte, zeigen ebenfalls das Wirken der Regel »Stammanfangsakzent«.
- Die deutsche Sprachgeschichte: Hier gilt als ausgemacht, dass wesentliche Besonderheiten der germanischen Sprachen durch die Verlagerung des Simplexakzents auf die erste Silbe des Stammes ausgelöst wurden. Da damit der ursprünglich variable idg. Akzent fest wurde, unterlagen die notorisch akzentlosen Silben der sog. Nebensilbenabschwächung, die zu einer drastischen Reduzierung der Silbenzahl von Simplizia führt (→ Seebold 1998): ahd. *giloubita* > mhd. *geloubete* > nhd. *glaubte.* ahd. *helidos* > mhd. *heleden* > nhd. *Helden* [ˈhɛl.dn̩].
- Die Regelungen in den Dialekten, die so gut wie ausschließlich Stammanfangsakzent durchführen, auch bei den nichtnativen Wörtern, also z.B. mittelbairisch [ˈmuː.sə] statt [mu.ˈziːk] *Musik,* schwyzerdütsch [ˈhɔtəl] statt [ho.ˈtɛl] *Hotel.*
- Flexion und Wortbildung führen i.d.R. nicht zu einer Verlagerung des Akzents zum Wortende hin, wie das bei Sprachen mit Pänultimaakzent (z.B. dem Lateinischen) und den nichtnativen Wörtern des Deutschen

aus diesen Sprachen der Fall ist: *Doktor – Doktoren – doktorabel.* Bei nativen Wörtern bleibt der Wortbildungsakzent vielmehr auch bei vielfacher Suffigierung auf der Stammanfangssilbe: *Hof – höflich – Höflichkeiten.* Vereinzelt gibt es auch Ausnahmen von dieser Regel: *Leben – lebendig, Rechtfertigung* (bei Protestanten), *buchhalterisch* (in der Geschäftssprache). Lediglich bei Kurzwörtern des Untertyps »Silbenwort« (→ Altmann/Kemmerling ^{2}2005, 1.4.12, S. 40ff.) liegt der Akzent auf der letzten Silbe: [ʔɛs.peː.ˈdeː] *SPD*. Durch Lexikalisierung von Gebrauchsakzenten, z.B. des Kontrastakzents, kann es sowohl zu Linksverlagerung (z.B. [ˈt͡seː.deː.ʔuː.ˈt͡seː.ʔɛs.ʔuː] *CDU/CSU;* [ˈʔɛl.ka.veː] *LKW,* [ˈpʰeː.kʰa.veː] *PKW,* [ˈʔɛks.pɔrt] *Export,* [ˈʔɪm.pɔrt] *Import*), in seltenen Fällen auch zu Rechtsverlagerung kommen, z.B. *Arbeitgeber, Arbeitnehmer.*

– Schließlich ist noch darauf hinzuweisen, dass man die nichtnativen Wörter ohnehin getrennt von den nativen Wörtern mit einem eigenen Regelkorpus beschreiben muss: Weil sie Laute enthalten, die im deutschen Phoneminventar nicht auftreten, z.B. nasale Vokale; weil sie anders flektiert werden als deutsche Wörter; weil sie sich in der Wortbildung anders verhalten usw.

Wir begnügen uns hier mit der reinen Markierung des Simplexakzents. Daneben hat es, v.a. in der metrischen Phonologie, Versuche gegeben, mit einem binären System der Akzentabstufung über die Wörter ein feines **metrisches Raster** zu legen, das zu einem vielstufigen Akzentsystem führt: Benachbarten Silben werden dabei die Merkmale »stark« (»st«, auch »s« für engl. *strong*) und »schwach« (»sw«, auch »w« für engl. *weak*) zugewiesen. Das führt aber bei Wörtern mit ungerader Silbenzahl zu großen Problemen.

Literaturhinweise:

Alber, B. (1998): Stress preservation in German loan words. – In: Kehrein/Wiese (eds.), Phonology and Morphology of the Germanic Languages (Tübingen: Niemeyer), S. 113-142.

Eisenberg, P. (1991): Syllabische Struktur und Wortakzent: Prinzipien der Prosodik deutscher Wörter. – In: ZS f. Sprachwiss. 10:1, S. 37-64.

Féry, C. (1986): Metrische Phonologie und Wortakzent im Deutschen. – In: Studium Linguistik 20, S. 16-43.

Giegerich, H. J. (1985): Metrical Phonology and Phonological Structure. English and German. – Cambridge (Mass.): Cambr. Univ. Press (= Cambridge studies in linguistics 43). [ein durch seine Datenferne und Theorieverliebtheit absolut ungenießbares Buch].

Lieb, H.-H. (1999): Was ist Wortakzent? Eine Untersuchung am Beispiel des Deutschen. – In: Schindler, W./Untermann, J. (Hgg.), Grippe, Kamm und Eulenspiegel. FS für E. Seebold zum 65. Geburtstag (Berlin etc.: de Gruyter), S. 225-261. [sehr anspruchsvoll]

Seebold, E. (1998): Germanische Akzentverschiebung. – In: Beck, H./Steuer, H./Timpe, T. (Hgg.), Reallexikon der Germanischen Altertumskunde, Bd. 11 (Berlin etc.: de Gruyter), S. 448ff.

Vennemann, Th. (1991): Skizze der deutschen Wortprosodie. – In: ZS für Sprachwiss. 10 (Themenheft »Prosodische Phonologie«, hg. von K. H. Ramers/R. Wiese), S. 86-111.

Wiese, R. (1991): Was ist extrasilbisch im Deutschen und warum? – In: ZS f. Sprachwiss. 10:1, S. 112-133.

Wurzel, W. U. (1980): Der deutsche Wortakzent. – In: ZS f. Germanistik 1, S. 299-318.

3.6.1.3 Wortbildungsakzent

Auch er markiert, wie der Simplexakzent, tendenziell die linke Grenze eines komplexen Wortes, allerdings mit vielen Abweichungen. Für die einzelnen Wortbildungstypen gibt es spezifische Akzentuierungsregeln, die es umgekehrt erlauben, ein bestimmtes Wortbildungsprodukt einem bestimmten Wortbildungstyp zuzuordnen. Der Wortbildungsakzent kann also segmental identische Wortbildungsprodukte, die verschiedenen Wortbildungstypen zuzuordnen sind, unterscheiden:

- *umfahren* – *umfahren; unterstellen* – *unterstellen; übersetzen* – *übersetzen* (Partikelverben – Partikelpräfixverben);
- *blutarm* – *blutarm* (Steigerungsbildung – Determinativkompositum).

Die Regeln für den Wortbildungsakzent bei den einzelnen Wortbildungstypen lauten (→ Altmann/Kemmerling [2]2005, 1.3.2, S. 25f., und 1.4, S. 29-45):

Zusammenrückungen: Der Wortbildungsakzent ist hier zumindest anfänglich wie der Normalakzent in der parallelen syntaktischen Struktur platziert, also auf dem letzten Lexem; beachte aber, dass in der Verbalphrase (VP) auch der syntaktische Akzent wie bei einem Determinativkompositum links liegen kann: *Zeitvertreib.* Man kann eine Tendenz zur Verlagerung zum Wortanfang hin beobachten: *Geratewohl* – *Geratewohl, Stelldichein.*

Zusammenbildungen: Wenn sich bei diesen dreiteiligen Bildungen die Konstituenten a+b wie ein Determinativkompositum (*Mehrkornbrot*) oder wie eine Verbalphrasen-(VP)-Zusammenrückung (*Weichpfleger*) verhalten, dann wird der Wortbildungsakzent auf dem Erstelement platziert; wenn a+b die Merkmale einer Nominalphrasen-(NP)-Zusammenrückung zeigen, dann auf b: *Altweibersommer, Fünfjahresplan.*

Kopulativkomposita zeigen schwebenden (also annähernd gleichstarken) Akzent auf allen Bestandteilen, wobei der letzte Akzent meist auditiv prominenter ist: N + N > N (mit geläufigen Beispielen): *Österreich-Ungarn; Dichterkomponist, Arztkosmonaut, Marxismus-Leninismus* (mit Kontrastierung: *Marxismus-Leninismus*). Adj. + Adj. > Adj.: *schwarzweiß, hübsch-hässlich.* Auch hier ist eine Tendenz zum Anfangsakzent und damit ein Übergang zum Determinativkompositum zu beobachten (*Hosenrock*).

Determinativkomposita: Der Hauptakzent liegt auf dem Determinans, das Determinatum weist Nebenakzent auf: *Naturschutzgebiet.* Bei Mehrgliedrigkeit richtet sich die Akzentposition nach der inneren Struktur (je nach Klammerung, (siehe hierzu Stötzer 1975), teilweise erfolgt auch rhythmische Akzentverlagerung: *Campingplatz-Wächter, Autotelefon-Netz, Gartenbau-Betrieb, Binnen-Wasserstraße, Ganzmetall-Bauweise, Bundesausbildungsförderungsgesetz.*

Steigerungsbildungen: schwebender Akzent auf allen Bestandteilen, wobei der letzte Akzent meist auditiv prominenter ist: *Bombengeschäft, splitterfasernackt, sternhagelvoll;* bei attributivem Gebrauch erfolgt meist Akzentverschiebung auf das Erstelement: *ein saublöder Film.*

Präfigierungen: Native und nichtnative Präfixe erhalten nicht den Akzent und verändern i.d.R. auch nicht den Akzent der Basis: *verachten, umfahren, vergesellschaften* (N > V); eine Ausnahme bilden negierende Präfixe wie *un-* und *a-*, die i.d.R. einen Kontrastakzent aufweisen: *unschön, apolitisch.*

Suffigierungen: Native Suffixe erhalten auch bei Häufung nicht den Akzent und verändern nicht den Akzent der Basis: *belastbar, verächtlich.* Eine Ausnahme bildet das ehemals nichtnative Suffix *-ei* und seine Varianten *-erei/-elei* wie in *Bäckerei, Liebelei, Schweinerei.* Nichtnative Suffixe tragen oft selbst den Hauptakzent: *kafkaesk, Emotion;* oder sie bewirken eine Verschiebung des Wortbildungsakzents nach der (Ante-) Pänultimaregel: *Fressalien, Spezifikator, Viktualien.*

Konversionen und **Transpositionen** ändern i.d.R. den Wortakzent nicht. Ausnahmen sind Nominalisierungen von Partikelpräfixverben, bei denen häufig ein »Akzentumsprung« auf das Partikelpräfix zu beobachten ist: *misstrauen – Misstrauen; umkreisen – Umkreis.*

Für **Kurzwörter** gelten sehr komplizierte Akzentregeln für die Untertypen. Für Silbenwörter (Akronyme mit alphabetischer Aussprache) z.B. gilt Akzent auf der letzten Silbe: *SPD = Espede.* Kopfwörter etc. zeigen Akzent auf der ersten Silbe: *Uni, Stabi.*

Blends: Wortbildungsakzent i.d.R. wie in den zugrunde liegenden Strukturen: syntaktische Strukturen (*Indiskretin*), determinative Strukturen (*Hotelverführer*). Gelegentlich greift im Übergangsbereich zu den Wortkürzungen wohl eher die Akzentregel für diesen Wortbildungstyp, wie bei *Milka,* (*Milch + Kakao*), das als kopulative Struktur eigentlich einen Akzent auf der letzten Silbe aufweisen müsste.

Reduplikation: Bei allen Subtypen wie z.B. einfachen Doppelungen (*Wauwau*), Reimdoppelungen (*Schicki-Micki*) und Ablautdoppelungen (*Ticktack, tipptopp*) liegt der Wortbildungsakzent wohl überwiegend auf dem letzten Element in der Art von Silbenwörtern.

Rückbildungen: Der Wortbildungsakzent liegt entsprechend dem Ausgangslexem auf dem Erstelement: N > V: *Notlandung > notlanden, Staubsauger > staubsaugen.* Adj. > N: *sanftmütig > Sanftmut, hämisch > Häme.*

Der Übergang zwischen Wortbildungsprodukten und syntaktischen Strukturen ist gleitend. Da sich die verschiedenen Wortbildungsprodukte syntaktisch unterschiedlich verhalten, muss auch der Wortbildungsakzent berücksichtigt werden: *umfahren* (Partikelpräfix-Verb) – *umfahren* (Partikel-Verb); *misstrauen* (Verb) – *Misstrauen* (Substantiv) (→ Altmann/Kemmerling [2]2005, 1.3.2, S. 25f., und 1.4, S. 29-45).

Gebrauchsakzent: Bis jetzt war allerdings nur von **strukturellen** Akzenten die Rede; sie werden realisiert, wenn das betreffende Wort isoliert ausgesprochen wird. Dieser Normalakzent kann beim Einbau des Wortes in eine komplexere Struktur durchaus verlagert werden, und diese Verlagerung ist typisch für bestimmte Strukturen. So können wir in Isolation segmental identische Steigerungsbildungen und Determinativkomposita durch das Akzentmuster unterscheiden: *steinreich* (›reich an Steinen‹, also so etwas wie die Oberpfalz) – *steinreich* (›sehr reich‹, also so jemand wie Bill Gates). Als attributive Adjektiva haben beide fatalerweise dasselbe Gebrauchsakzentmuster: *der steinreiche Mann, die steinreiche Oberpfalz.* Die Ursache dafür ist wahrscheinlich ein bestimmtes **metrisches** Muster. – Ein anderer Faktor, der zur Verlagerung des Wortakzents führt, ist die **Kontrastierung**. Normalerweise werden die kontrastierenden Silben akzentuiert: *erraten, nicht verraten, Export – Import, Arbeitgeber – Arbeitnehmer.* Sind keine kontrastierenden Silben vorhanden (wird also nur die Bedeutung kontrastiert), oder kann man aus irgendwelchen Gründen die kontrastierenden Silben nicht akzentuieren, so wählt man meist eine auffallende Akzentposition, z.B. eine irreguläre Anfangsposition wie bei *CDU/CSU* nicht [t͡seː.ˈdeː.ʔuː] –[t͡seː.ˈʔɛs.ʔuː], sondern *tse-de-u* [ˈt͡seːdeːʔuː] – *tse-es-u* [ˈt͡seː.ʔɛs.ʔuː] (obwohl hier eigentlich kontrastierende Silben vorhanden wären). Tritt ein derartiger Gebrauchsakzent sehr häufig auf, so ändert sich schließlich auch der lexikalische Akzent, etwa im Fall von *Export/Import.* Derartige punktuelle Akzentverlagerungen können zu einer Verdunkelung der eigentlichen Akzentregeln führen.

Literaturhinweise:

Altmann, H./Kemmerling, S. ([2]2005): Wortbildung fürs Examen. 2., überarb. Aufl. – Göttingen: Vandenhoeck & Ruprecht (= Linguistik fürs Examen 2).

Benware, W. A. (1987): Accent variation in German nominal compounds of the type (A(BC)). – In: Ling. Ber. 108, S. 102-127.

Dietrich, R. (1990): Zu Form und Bedeutung der Kontrastintonation im Deutschen. – In: Ling. Ber. 129, S. 415-430.

Giegerich, H. (1983): Metrische Phonologie und Kompositionsakzent im Deutschen. – In: Papiere zur Linguistik 28, S. 3-25.

Kempgen, S. (1990): Akzent und Wortlänge: Überlegungen zu einem typologischen Zusammenhang. – In: Ling. Ber. 126, S. 115-134.

Stötzer, U. (1975): Die Betonung zusammengesetzter Wörter unter besonderer Berücksichtigung der Komposita mit fremden Konstituenten. – Masch. phil. Diss. Berlin.

Übungsaufgabe Nr. 11 zum **Wortbildungsakzent:**

a) Geben Sie den Wortbildungsakzent der folgenden Wortbildungskonstruktionen an: *CDU, spindeldürr, zu Gunsten, ticktack, cremig-fruchtig, Immergrün, durchwandern, faschistoid.* Begründen Sie Ihre Zuordnung.

b) Zeigen Sie kurz am Beispiel einer Steigerungsbildung, wann sich Wortbildungsakzent und Gebrauchsakzent unterscheiden.

Übungsaufgabe Nr. 12 zum **Akzent** und zur **Silbenstruktur:**
Transkribieren Sie phonologisch die folgenden Wörter mit Berücksichtigung der Akzent- und Silbenstruktur in der Standardaussprache: *ermöglicht*, *relativ*, *europäischen*, *EU-Mitgliedschaft*, *Energie*.

3.6.1.4 Der Phrasenakzent

Jede syntaktisch relevante Einheit, also jede Phrase, hat einen Phrasenakzent (bzw. maximal zwei), der strukturspezifisch ist. Er stuft einen Wort(bildungs)-akzent hierarchisch auf und markiert tendenziell die rechte Grenze einer Phrase, im Gegensatz zum Wort(bildungs)akzent, der in nativen Wörtern tendenziell die linke Grenze der Wörter markiert. Dies gilt aber nur für den sog. **Normalakzent**: Er wird dann realisiert, wenn keine Kontexteinflüsse und keine speziellen Einflüsse der semantischen Füllung vorhanden sind, wenn also der Ausdruck in Isolation gesprochen wird. Unter speziellen kommunikativen Bedingungen, z.B. bei Kontrastierung, bei Hervorhebung eines Attributs usw., gelten andere Akzentuierungsregeln. Bei Normalakzent erhalten in einer **Nominalphrase (NP)** nie die pränominalen Bestandteile den Phrasenakzent, sondern nur der nominale Kern selbst, wenn kein weiteres Element folgt, oder die nachfolgenden Modifikatoren (das letzte lexikalische Element),

(3-7) *Das rote Röslein/Röslein rot*

(3-8) *Vaters Auto/das Auto des Vaters*

(3-9) *Das Röslein auf der Heide*

es sei denn, es handelt sich um reine Adverbien:

(3-10) *Das Röslein dort*

Insoweit kann der Phrasenakzent auch zwischen verschiedenen Strukturierungen ambiger Ausdrücke unterscheiden, bei denen kategoriale, morphologische und topologische Markierung keine Disambiguierung bewirken können:

(3-11) *Er hat / den starken Mann /in der Parteizentrale / getroffen.*

(3-12) *Er hat / den starken Mann in der Parteizentrale / getroffen.*

Neben dem Normalakzent gibt es natürlich auch **markierte Akzente**, z.B. auf pränominalen Attributen zur Markierung der Restriktivität dieser Attribute:

(3-13) *Das rote Röslein, nicht das gelbe.*

Nicht ganz in dieses Schema passt die Regelung für den Normalakzent in der **Verbalphrase**. Bei null- und einstelligen Valenzträgern (→ Altmann/Hahnemann [3]2007, 5.1, S. 123-127) liegt der Normalakzent auf dem Valenzträger,

(3-14) *regnen, träumen, ein Narr sein, klug sein, daheim sein*

bei zweistelligen auf dem Nicht-Subjekt, also nicht auf dem Vollverb in Nachstellung, sondern auf der letzten NP/PP im Mittelfeld, außer es handelt sich um ein Pronomen:

(3-15) *ein Buch lesen/etwas lesen; in die Grube fahren; der Ehrung würdig sein.*

Bei dreistelligenVerben als Valenzträger ist der Normalakzent auf dem letzten Nicht-Subjekt in Normalstellung (→ Altmann/Hofmann ^{2}2008, Kap. 5, S. 109-142) platziert, außer es handelt sich um ein Pronomen:

(3-16) *dem Kind einen Ball geben; ihn mir geben.*

Dagegen liegt der Phrasenakzent in allen diesen Fällen auf dem Valenzträger, wenn die letzte Ergänzung vor dem Verb im Mittelfeld eine Proform ist. – Immerhin führt diese Regelung dazu, dass bei Verb-Erst und Verb-Zweit und Normalabfolge der Satzglieder im Mittelfeld die letzte volle lexikalische Phrase den Verbalphrasen-Akzent erhält:

(3-17) *Er fährt in die Grube. / Er gibt dem Kind einen Ball.*

Keinen syntaktischen Akzent erhalten unter Normalbedingungen folgende Funktionen/Strukturen: das Reflexivpronomen *sich* (hier dient *selbst* als Akzentträger), *es* in allen seinen Funktionen (siehe dazu Altmann/Hahnemann ^{3}2007, Kap. 10, S. 179ff.), Artikel, Konjunktionen und Subjunktionen, Gradpartikeln, Modalpartikeln, Steigerungspartikeln, also v.a. die Partikelfunktionen. Zu den Akzentuierungsregeln bei den einzelnen syntaktischen Funktionen siehe Altmann/Hahnemann ^{3}2007, S. 69-114.

3.6.1.5 Der Satzakzent

Mit den Regeln für die Verbalphrase (VP) hat man gleichzeitig die Hauptregeln für die Zuordnung des normalen Satzakzents erreicht: Der normale Verbalphrasen-Akzent wird, bei normaler Satzglied-Folge, zum normalen Satzakzent aufgestuft. Auch dieser markiert tendenziell den Endrand der Satzstruktur.

(3-18) *Es hat geregnet.*

(3-19) *Karl liest ein Buch. / Karl ist ein Narr.*

Tatsächlich ist aber diese strukturelle Funktion des Satzakzents nicht seine Hauptfunktion: Die besteht vielmehr in der Einordnung eines Satzes in einen Äußerungskontext. Danach steht der Hintergrundausdruck mit »bekannter« Information tendenziell am Satzanfang, der fokussierte Ausdruck mit der Information, auf die sich das Interesse richtet, steht tendenziell am Satzende: Also decken sich in der Normalkonstellation die strukturelle Position des Satzakzents und die informationelle. Die dabei relevanten Kontexte können durch den sog. Fragetest nachgebildet werden. Er zeigt uns, dass Sätze mit normaler Satzgliedfolge und Normalakzent in vergleichsweise die meisten Kontexte passen; in den folgenden Beispielen markiert die eckige Klammer den Umfang des Satzfokus:

(3-20) *Was war denn los? [Hans hat Sina einen Brief geschickt.]*

(3-21) *Was hat Hans gemacht? Hans/Er [hat Sina einen Brief geschickt.]*

(3-22) *Was hat Hans mit Sina gemacht? (Hans/er hat) Sina [einen Brief geschickt.]*

(3-23) *Was hat Hans Sina geschickt? (Hans hat Sina) [einen Brief] (geschickt).*

Wichtig daran ist v.a., dass es sich um immer denselben Satz mit gleicher Satzgliedfolge und gleicher Position des Satzakzents handelt.

Literaturhinweise:

Altmann, H./Hahnemann, S. (^{3}2007): Syntax fürs Examen. 3. Aufl. – Göttingen: Vandenhoeck & Ruprecht (= Linguistik fürs Examen 1).

Altmann, H./Hofmann, U. (^{2}2008): Topologie fürs Examen. 2., überarb. u. ergänzte Aufl. – Göttingen: Vandenhoeck & Ruprecht (= Linguistik fürs Examen 4).

Altmann, H./Batliner, A./Oppenrieder, W. (Hgg.) (1989): Zur Intonation von Modus und Fokus im Deutschen. – Tübingen: Niemeyer (= Ling. Arb. 234).

Baumann, S. (2006): The Intonation of Givenness. – Tübingen: Niemeyer (= Ling. Arb. 508).

Eroms, H.-W. (1986): Funktionale Satzperspektive. – Tübingen: Niemeyer (= Germanistische Arbeitshefte 31).

Hetland, J./Molnár, V. (eds.) (2003): Structures of Focus and Grammatical Relations. – Tübingen: Niemeyer (= Ling. Arb. 477).

Höhle, T. N. (1982): Explikationen für ›normale Betonung ‹ und ›normale Wortstellung‹. – In: Abraham, W. (Hg.): Satzglieder im Deutschen (Tübingen: Narr), S. 75-153 (= Studien zur deutschen Grammatik 15). [grundlegende Darstellung des Problems]

Jacobs, J. (1988): Fokus-Hintergrund-Gliederung und Grammatik. – In: Altmann, H. (Hg.): Intonationsforschungen (Tübingen: Niemeyer), S. 89-134 (= Ling. Arb. 200).

Jacobs, J. (1992) (Hg.): Informationsstruktur und Grammatik. – Opladen: Westdeutscher Verlag (= Linguistische Berichte, Sonderheft 4).

Lötscher, A. (1983): Satzakzent und Funktionale Satzperspektive im Deutschen. – Tübingen: Niemeyer (= Ling. Arb. 127).

Lötscher, A. (1985): Akzentuierung und Thematisierbarkeit von Angaben. – In: Ling. Ber. 97, S. 228-251.

Reis, M. (1993) (Hg.): Wortstellung umd Informationsstruktur. – Tübingen: Niemeyer (= Ling. Arb. 306). [Darin wichtige Aufsätze u.a. von Reis, Molnár, Jacobs, Altmann]

Primus, B. (1993): 41. Word Order and Information Structure: A Performance-Based Account of Topic Position and Focus Positions. – In: Jacobs, J. e.a. (Hgg.), Syntax. Ein internationales Handbuch zeitgenössischer Forschung, 1. Halbband (Berlin etc.: de Gruyter), S. 880-896.

Steube, A./Lang, E. (eds.) (2003): Information Structure. Theoretical and Empirical Aspects. – Berlin etc.: de Gruyter (= Language, Context & Cognition 1).

Uhmann, S. (1991): Fokusphonologie. Eine Analyse deutscher Intonationskonturen im Rahmen der nicht-linearen Phonologie. – Tübingen: Niemeyer (= Ling. Arb. 252).

3.6.1.6 Weitere Akzente

Die obige, sehr knappe Darstellung kann auch nicht annähernd die Vielzahl der möglichen Akzentkonstellationen auf allen Ebenen erfassen. Die vorausgehenden Literaturhinweise sollen Wege zu einem vertieften Verständnis eröffnen. Zur Schärfung des Problembewusstseins seien die anderen Akzente hier kurz erwähnt. Da ist einmal der **kontrastive** Satzakzent. Er tritt typischerweise in *nicht – sondern*-Kontexten auf:

(3-24) A: *Hans hat Sina einen Brief geschrieben.*
B: *Aber nein. (Hans hat Sina) [?keinen/nicht einen Brief] (geschrieben), sondern [nur eine Postkarte].*

Jeder normale Satzakzent lässt auch kontrastive Verwendung zu; darüber hinaus kann der Kontrastakzent jede Wortakzentsilbe treffen, sogar einige nicht akzentuierbare Silben, soweit ein inhaltlicher Kontrast möglich ist:

(3-25) *Er hat ihr nicht [geraten], sondern hat sie [verraten].*

Der **emphatische** Satzakzent ist ein normaler Fokusakzent, doch ist der Fokus entweder enger, als er aufgrund der Satzglied-Folge sein könnte, oder er steht dort, wo normalerweise Hintergrundausdrücke in Topik-Funktion (siehe dazu unten!) platziert sind (z.B. im Vorfeld oder am Mittelfeld-Anfang).

(3-26) A: *Was hat Hans Sina geschrieben?*
B: *Hans hat Sina [einen Brief] geschrieben.* (Normalakzent).
[Einen Brief] hat Hans Sina geschrieben. (emphatischer Akzent)

Im Gegensatz dazu charakterisieren **nicht-fokale** Akzente in hohem Maße bestimmte Konstruktionen, oft als einzige Markierungsebene neben den Modalpartikeln: So zeigen Wunsch- und Exklamativsätze Akzente mit ganz spezifischen intonatorischen Merkmalen auf nicht-fokussierten Konstituenten. Sie dienen nicht der Anpassung an einen bestimmten Kontext.

(3-27) *Ach, wäre ich doch nur zu Hause geblieben!*

(3-28) *Hast du es gut! Du hast es aber auch gut!*

Zu den nichtfokalen Akzenten zählen auch die **Topik-Akzente**. Im nicht-markierten Fall steht das Topik einfach am Satzanfang, also im Vorfeld oder am Mittelfeld-Anfang, und wird durch einen gegenüber dem Fokusakzent abgeschwächten Topik-Akzent markiert. Daneben gibt es aber auch spezifische Topik-Strukturen wie Links- und Rechtsversetzung und Freies Topik, die den Topik-Akzent noch deutlicher zeigen.

(3-29) *[Die Moni] kann ich schon gar nicht leiden.*

(3-30) *[Die Moni], die kann ich schon gar nicht leiden.* (Linksversetzung)

(3-31) *Nun ja, [die Moni]. Also ich kann diese Person schon gar nicht leiden.* (Freies Topik)

(3-32) *Ich kann sie schon gar nicht leiden, [die Moni].* (Rechtsversetzung)

Zur Vertiefung:

Altmann, H. (1981): Formen der »Herausstellung« im Deutschen. Rechtsversetzung, Linksversetzung, Freies Thema und verwandte Konstruktionen. – Tübingen: Niemeyer (= Ling. Arb. 106).

Dietrich, R. (1990): Zu Form und Bedeutung der Kontrastintonation im Deutschen. – In: Ling. Ber. 129, S. 415-430.

Fox, A. (1982): Remarks on Intonation and ›Ausrahmung‹ in German. – In: Journal of Linguistics 1/18, S. 89-106.

Jacobs, J. (1997): i-Topikalisierung. – In: Ling. Berichte 168, S. 91-133.
Lieb, H.-H. (1983): Akzent und Negation im Deutschen. – In: Ling. Berichte 84, S. 1-32, und 85, S. 1-48.
Molnar, V. (1993): Zur Pragmatik und Grammatik des TOPIK-Begriffes. – In: Reis, M. (Hg.), Wortstellung und Informationsstruktur (Tübingen: Niemeyer), S. 155-202 (= Ling. Arb. 306).

3.6.2 Die Pausenstruktur

Zur Realisierung von strukturellen Grenzen siehe Abschn. 2.4.2, S. 45f. – Strukturen aller Komplexitätsgrade zwischen Wort und Satz werden an ihren Grenzen entsprechend markiert. Phrasenpausen dienen der strukturellen Gliederung von Sätzen und helfen, zusammen mit den Akzentstärken und -positionen, bei der Disambiguierung mehrdeutiger Ausdrücke.

(3-33) *Max drohte / dem Jungen mit dem Stock.* (= Der Junge hatte einen Stock)

(3-34) *Max drohte / dem Jungen / mit dem Stock.* (= Max drohte mit dem Stock)

Gliedsätze weisen an ihren Rändern normale Phrasengrenzen auf, Gliedteilsätze nur untergeordnete Pausen. Satzpausen kennzeichnen die Grenzen selbstständiger Sätze.

Literaturhinweis:
Völtz, M. (1991): Das Rhythmusphänomen. – In: ZS f. Sprachwiss. 10:2, S. 284-296.

3.6.3 Tonmuster

Der Tonverlauf innerhalb von Sätzen weist eine ungeheure Vielfalt auf. Im Hinblick auf die Funktion von Sätzen zum Ausdruck bestimmter Intentionen (z.B. Aussage, Frage, Aufforderung) werden aber nur wenige charakteristische Merkmale dieses Tonverlaufs an wesentlichen Stellen berücksichtigt, z.B. die Richtung des Tonverlaufs in der Fokusakzentsilbe. Diese Merkmale werden unter dem Stichwort »Tonmuster« zusammengefasst. Wie viele Tonmuster man unterscheidet und welche Faktoren man zu ihrer Beschreibung heranzieht, ist bis heute noch umstritten. Nach dem Tonverlauf in der fokalen Hauptakzentsilbe unterscheidet man eine Steigkontur und eine Fallkontur und entsprechend ein fallendes und ein steigendes Tonmuster sowie Kombinationen wie die sog. »Hutkontur«, die steigendes und fallendes Tonmuster verbindet:

(3-35) *Rettiche habe ich schöne bekommen, aber Weißbier gab es keines.*

Ferner ein Nicht-Tonmuster, das sog. progrediente Tonmuster, das in nichtfinalen Teilsätzen realisiert wird (siehe den Satz vor dem Bsp. (3-35), besonders den Tonverlauf auf »Hutkontur«) – Mit dem Tonverlauf in der Nukleussilbe eng verbunden ist die Tonhöhe am Äußerungsende (»Grenzton«): Bei Steigkontur ist sie normalerweise hoch, bei Fallkontur tief. Ferner kann man, zumindest bei bestimmten Satztypen, die Tonhöhe am Äußerungsanfang berücksichtigen. Diese Tonmuster sind ein wichtiger Faktor bei der Kennzeichnung von Satztypen im Satzmodussystem. Hier nur kurz einige Beispiele auf der Basis von segmental identischen intonatorischen Minimalpaaren.

(3-36) *Stellt ihr euch (doch) an!* (Imperativ-Satz; fallendes Tonmuster)

(3-37) *Mein Gott! Stellt ihr euch (vielleicht) an!* (Verb-Erst-Exklamativsatz; Exklamativakzent und fallendes Tonmuster)

(3-38) *Stellt ihr euch (denn) an?* (Verb-Erst-Entscheidungsfragesatz; steigendes oder fallendes Tonmuster)

(3-39) *Wer von euch stellt sich (denn) an?* (*w*-Verb-Zweit-Ergänzungsfragesatz; überwiegend fallendes, aber auch steigendes Tonmuster)

(3-40) *Ihr stellt euch an?* (Assertive Frage; steigendes Tonmuster)

(3-41) *Ihr stellt euch jetzt an!* (Aussagesatz mit Aufforderungs-Charakter; fallendes Tonmuster)

Die Beispiele zeigen, dass aufgrund der reinen Lautfolge (und der Satzakzentposition) identische Sätze erst durch das Tonmuster einem bestimmten Satztyp zugeordnet werden können (oder dass sich gar die Lesart ändert (3-37/39)). Derartige Konstellationen treten relativ häufig auf, und die Intonation wirkt dann zuverlässig als Markierungssystem. In den anderen Fällen, in denen schon die reine Lautfolge für die Zuordnung zu einem Satztyp ausreicht, ist die Intonation nicht mehr im Markierungssystem belastet, kann also auch andere Funktionen übernehmen, z.B. zum Ausdruck des Sprecherinteresses an einer informativen Antwort auf eine Frage dienen. Doch dies ist noch nicht überzeugend nachweisbar.

Literaturhinweise:

Altmann, H./Batliner, A./Oppenrieder, W. (Hgg.) (1989): Zur Intonation von Modus und Fokus im Deutschen. – Tübingen: Niemeyer (= Ling. Arb. 234).

Altmann, H. (1993): 59. Satzmodus. – In: Jacobs, J. e.a. (Hgg.), Syntax. Ein internationales Handbuch zeitgenössischer Forschung (Berlin: de Gruyter), S. 1006-1029.

Lohnstein, H. (2002): Satzmodus – kompositionell. Zur Parametrisierung der Modusphrase im Deutschen. – Berlin: Akademie-Verlag (= studia grammatica 49). [Generativ orientiert]

Oppenrieder, W. (1988): Intonatorische Kennzeichnung von Satzmodi. – In: Altmann, H. (Hg.) Intonationsforschungen (Tübingen: Niemeyer), S. 169-205 (= Ling. Arb. 200).

Ramers, K. H. (1999): Historische Veränderungen prosodischer Strukturen. Analysen im Licht der nichtlinearen Phonologie. – Tübingen: Niemeyer (= Ling. Arb. 400).

3.6.4 Intonation und Konversationsanalyse

Bei der Analyse alltagssprachlicher Konversationen spielen lautsprachliche Merkmale zusammen mit intonatorischen Merkmalen eine zunehmend bedeutende Rolle, so etwa bei der Bestimmung der Sprechebene (formell-standardsprachlich, umgangssprachlich, Schichtsprache etc.), des jeweiligen Registers (Predigtregister, Small-Talk-Register usw.), aber auch bei der mikrostrukturellen Analyse. Der Tonverlauf/die Sprechmelodie spielen u.a. eine wichtige Rolle bei der Organisation des Sprecherwechsels (»turn-taking«). Das Ende eines Redebeitrags wird meist durch ein Absinken der Sprechmelodie auf die Basis der individuellen Tonhöhe (sowie durch weitere Merkmale wie Verlangsamung des Sprechtempos) signalisiert; umgekehrt signalisiert ein äußerungsfinales Ansteigen der Tonhöhe (sowie eine Erhöhung des Sprechtempos), dass der eigene Redebeitrag noch fortgesetzt werden soll.

In vielen Fällen gehen konversationsanalytische Ansätze auch von der Annahme aus, dass Intentionen (Sprechhandlungen) wie Fragen, Aufforderungen, Ausrufe unmittelbar durch die Sprechmelodie ausgedrückt werden. Wie aus dem Vorausgehenden bereits deutlich wurde, gehen wir von einem komplexen Zusammenspiel sprachlich-grammatischer Mittel beim Ausdruck von Handlungs-Intentionen aus, wobei intonatorische Merkmale eine Rolle bei der Markierung grammatischer Formen spielen (so dass sie also Intentionen nicht unmittelbar ausdrücken).

Damit wird klar, dass entsprechende Fragestellungen bei der Analyse aller Texte unter rhetorischen, stilistischen, textgrammatischen und konversationsanalytischen Gesichtspunkten eine wichtige Rolle spielen – übrigens auch bei der Analyse geschriebener Texte, denn beim Lesen rekonstruieren wir eine bestimmte Intonation, eine bestimmte Akzentverteilung (oft auch mit Fehlern), eine bestimmte Phrasierung; das ist allerdings kein Beweis dafür, dass intonatorische Merkmale »redundant« sind, Beiwerk sozusagen. Vielmehr gestalten wir geschriebene Texte (wenn wir entsprechend schreibgewandt sind) so, dass sich die Intonation ohne große Umwege aus den grammatischen Strukturen, der Reihenfolge der Elemente usw. sowie aus dem Inhalt ergibt. In der mündlichen Kommunikation kann die Intonation eine wesentlich wichtigere Rolle übernehmen, kann sogar teilweise die Rolle anderer grammatischer Mittel (wie etwa der Wort- und Satzgliedfolge) übernehmen. – Schon die genannten Stichwörter zeigen, dass diese Themenfelder im Rahmen dieser Darstellung nicht befriedigend vorgestellt werden können. Dem Interessierten sollten aber doch über Literaturhinweise einige Türen geöffnet werden.

Literatur:

Chun, D. (1990): Intonation und ›turn-taking‹ im Deutschen und Chinesischen. – In: Iwasaki, E. (Hg.), Begegnung mit dem »Fremden, Bd. 4 (München: iudicium), S. 495-509.

Jin, F. (1990): Intonation in Gesprächen. – Tübingen: Niemeyer (= Ling. Arb. 248).

Mayer, J. (1999): Prosodische Merkmale von Diskursrelationen. – In: Ling. Ber. 177, S. 65-86.

Rabanus, S. (2001): Intonatorische Verfahren im Deutschen und Italienischen. Gesprächsanalyse und autosegmentale Phonologie. – Tübingen: Niemeyer (= Ling. Arb. 439).

Selting, M. (1995): Prosodie im Gespräch. Aspekte einer interaktionalen Phonologie der Konversation. – Tübingen: Niemeyer (= Ling. Arb. 329).

Selting, M./Sandig, B. (Hgg.) (1997): Sprech- und Gesprächsstile. – Berlin etc.: de Gruyter.
Selting, M./Auer, P./Barden, B./Bergmann, J./Couper-Kuhlen, E./Günthner, S./Meier, Chr./Quasthoff, U./Schlobinski, P./Uhmann, S. (1998): Gesprächsanalytisches Transkriptionssystem (GAT). – In: Ling. Ber. 173, S. 91-122.
Uhmann, S. (1997): Grammatische Regeln und konversationelle Strategien. Fallstudien aus Syntax und Phonologie. – Tübingen: Niemeyer (= Ling. Arb. 375).

Allgemeine Literatur zur Intonation:

Ehlich, K. (1981): Intonation des gesprochenen Deutsch. – In: Kopenhagener Beiträge zur germanistischen Linguistik, S. 46-93.
Essen, O. v. (1956): Grundzüge der hochdeutschen Satzintonation. 2. Aufl. – Ratingen/Düsseldorf: Henn 1967. [für diese Zeit ein Grundwerk]
Féry, C. (1993): German Intonational Patterns. – Tübingen: Niemeyer (= Ling. Arb. 185).
Halford, B. K./Pilch, H. (Hgg.) (1994): Intonation. – Tübingen: Narr (= ScriptOralia 50).
Heidolph, K. E./Flämig, W./Motsch, W. (1981): Grundzüge einer deutschen Grammatik. – Berlin: Akademie-Verlag. [Zur Intonation: S. 839-857]
Peters, J. (2005): Intonation. – In: Dudenredaktion (Hg.), Duden. Die Grammatik. 7., völlig neu erarb. und erw. Aufl. (Mannheim etc.: Bibliogr. Institut), S. 102-128 (= Duden Bd. 4). [Eine sehr anspruchsvolle Darstellung im Paradigma des generativen Ton-Sequenz-Ansatzes]
Peters, J. (2006): Intonation deutscher Regionalsprachen. – Berlin etc.: de Gruyter. CD-ROM. (= Linguistik – Impulse & Tendenzen)
Pierrehumbert, J. B. (1980): The phonology and phonetics of English Intonation. – M.I.T. Doct. Diss. Published 1988 bei Indiana University Press. [Generativ orientiert, der Basistitel des sog. »Tonsequenz«-Ansatzes; darauf basieren nahezu alle späteren generativen Intonationsbeschreibungen]
Ramers, K. H. (1999): Historische Veränderungen prosodischer Strukturen. Analysen im Licht der nichtlinearen Phonologie. – Tübingen: Niemeyer (= Ling. Arb. 400).
Selkirk, E. O. (1995): Sentence Prosody: Intonation, Stress and Phrasing. – Goldsmith, J. (Hg.), Handbook of Phonological Theory (Oxford: Blackwell), S. 550-569.
Stock, E. (1980): Untersuchungen zu Form, Bedeutung und Funktion der Intonation im Deutschen. Berlin: Akademie-Verlag (= Schriften zur Phonetik, Sprachwissenschaft und Kommunikationsforschung 19).
Stock, E. (1996): Deutsche Intonation. – Berlin/München: Langenscheidt.

Zur Transkription prosodischer Merkmale:

Brindöpke, C./Schaffranietz, B. (1999): Ein Transkriptionssystem für die Sprachmelodie des Deutschen. – In: Ling. Ber. 179, S. 286-306.
Grice, M./Baumann, S. (2002): Deutsche Intonation und GToBI. – In: Ling. Ber. 191, S. 267-298.
Pierrehumbert, J. B. (1980): The phonology and phonetics of English Intonation. – M.I.T. Doct. Diss. Published 1988 bei Indiana University Press. [Auf dieser Darstellung beruhen die meisten derzeit gängigen Intonations-Transkriptionssysteme, die mit Folgen von Tönen arbeiten]
Reyelt, M./Grice, M./Benzmüller, R./Mayer, J./Batliner, A. (1996): Prosodische Etikettierung des Deutschen mit ToBI. – In: Gibbon, D. (ed.), Natural Language Processing and Speech Technology. Results of the 3rd KONVENS Conference (Berlin: Mouton de Gruyter), S. 144-155. [ToBI = »Tones and Breaks Indices« und seine Varianten sind die derzeit gängigen Prosodie-Transkriptionssysteme im Umkreis technischer Sprachsynthese]

3.7 Allgemeine Literaturhinweise zur Phonologie

3.7.1 Einführungen in die Phonologie

Eisenberg, P. (³2006): Grundriss der deutschen Grammatik. Bd. 1: Das Wort. – Stuttgart: Metzler. [Zur Phonologie relativ elementar, aber mit einer etwas idiosynkratischen Position]
Heidolph, K. E./Flämig, W./Motsch, W. (1981): Grundzüge einer deutschen Grammatik. – Berlin: Akademie-Verlag. – Zur Phonologie: Kapitel 7, S. 898-993.
Lühr, R. (1993): Phonetik, Phonemik, Graphemik. – In: Dies., Neuhochdeutsch, 4., unveränd. Aufl. (München), S. 201-232 (= UTB 1349).
Maas, U. (2006): Phonologie. Einführung in die funktionale Phonetik des Deutschen. 2., überarb. Aufl. –Göttingen: Vandenhoeck & Ruprecht (= Studienbücher zur Linguistik 2). [relativ anspruchsvoll; viel zur phonetischen »Substanz«]
Meinhold, G./Stock, E. (²1982): Phonologie der deutschen Gegenwartssprache. 2. Aufl. – Leipzig. [ziemlich elementar; gute Vergleiche mit den wichtigsten Schulfremdsprachen; in Teilen überholt]
Philipp, M. (1974): Phonologie des Deutschen. – Stuttgart: Kohlhammer (= Urban-Taschenbücher 192).
Ramers, K. H./Vater, H. (⁴1995): Einführung in die Phonologie. Fourth Revised Edition. – Hürth: Gabel Verlag (= Kölner linguistische Arbeiten Germanistik.16). [umfangreicher Aufgabenteil, teilweise mit Lösungen]
Ramers, K.-H. (1998): Einführung in die Phonologie. – München: W. Fink (= UTB 2008).
Vater, H. (1994): Einführung in die Sprachwissenschaft. – München: W. Fink (= UTB 1799). [darin eine sehr elementare Einführung in die Phonologie]
Vennemann, Th. (1986): Neuere Entwicklungen in der Phonologie. – Berlin: Mouton de Gruyter.
Werner, O. (1972): Phonemik des Deutschen. – Stuttgart: Metzler (= Sammlung Metzler Bd. 108).
Wiese, R. (1996): The Phonology of German. – Oxford: Clarendon Press. [Warnung! Sehr stark an der generativen Grammatik orientiert; sehr theoretisch, teilweise weit von der phonetischen »Substanz« entfernt. – Siehe dazu: Geilfuß-Wolfgang, J. (1999): Rez. R. Wiese, The Phonology of German. – In: Ling. Ber. 178, S. 237-245].

Sonstige Literatur

Duden. Das Aussprachewörterbuch. 6., überarb. und aktualisierte Aufl., bearb. von M. Mangold. – Mannheim etc.: Dudenverlag 2005 (= Duden Bd. 6).

3.7.2 Sammelbände

Kehrein, W./Wiese, R. (eds.) (1998): Phonology and Morphology of the Germanic Languages. – Tübingen: Niemeyer (= Ling. Arb. 386).
Kleinhenz, U. (ed.) (1996): Interfaces in Phonology. – Berlin: Akademie-Verlag (= Studia Grammatica 41).
Ramers, K. H./Vater, H./Wode, H. (Hgg.) (1994): Universale phonologische Strukturen und Prozesse. – Tübingen: Niemeyer (= Ling. Arb. 310).

3.7.3 Phonologische Literatur zum Erstspracherwerb

Elsen, H. (1991): Erstspracherwerb. Der Erwerb des deutschen Lautsystems. – Wiesbaden: DUV.

Elsen, H. (1999): Ansätze zu einer funktionalistisch-kognitiven Grammatik. Konsequenzen aus Regularitäten des Erstspracherwerbs. – Tübingen: Niemeyer (= Ling. Arb. 403). [darin Kap. 4: Die Entwicklung des Lautsystems, S. 45-54. – Reiches Literaturverzeichnis]

Stephany, U. (1994): Phonologische Gesetzmäßigkeiten der Kindersprache aus synchroner und diachroner Sicht. – In: Ramers, K.-H./Vater, H./Wode, H. (Hgg.), Universale phonologische Strukturen und Prozesse (Tübingen: Niemeyer), S. 205-222 (= Ling. Arb. 310).

3.7.4 »Klassiker« der phonologischen Literatur

Chomsky, N./Halle, M. (1968): The Sound Pattern of English. – New York: Harper & Row.

Kloeke, W. van Lessen (1982): Deutsche Phonologie und Morphologie: Merkmale und Markiertheit. – Tübingen: Niemeyer (= Ling. Arb. 117).

Moulton, W. S. (1962): The Sounds of English and German. – Chicago: University of Chicago Press.

Trubetzkoy, N. S. (1939): Grundzüge der Phonologie. – Prag. [7. unveränd. Aufl. Göttingen: Vandenhoeck & Ruprecht 1989]

4. Graphemik

4.1 Gegenstand der Graphemik, Vorgehen

Der strukturalistischen Tradition entsprechend unterscheidet man auch im Bereich der Schrift parallel zu den Ebenen der Phonologie und Phonetik eine graphemische und eine graphetische Ebene; letztere spielt allerdings im universitären Bereich eine sehr geringe Rolle. Üblicherweise wird das Graphem umschrieben als distinktive Grundeinheit des Schriftsystems (Alphabet) einer Sprache, wobei man meist so vorgeht, dass das Graphem die geschriebene Entsprechung des Phonems, also dessen graphischer Vertreter ist. Auf dieser Basis lassen sich die orthographischen Regeln, die die phonologische und graphemische Ebene verbinden, relativ bequem formulieren. Doch hat dieser Ansatz auch eine Reihe von Problemen. Nach obiger Festlegung gehören z.B. <s>, <c> und <h> zu drei verschiedenen Graphemen. Da aber <sch> ebenfalls ein Phonem abbildet, nämlich /ʃ/ (was man schon daran sieht, dass <sch> in dieser Bedeutung am Zeilenende nicht getrennt werden kann), muss man auch diese Zeichenfolge als Graphem einstufen, und damit bestünde es aus drei Graphemen. Die drei Teile des Graphems <sch> können aber auch nicht als (Allo-) Graphen bezeichnet werden, da dieser Begriff zur Bezeichnung der jeweils vorliegenden physischen Ausprägung des Graphems benötigt wird. Man muss also von der 1:1-Zuordnung abgehen und akzeptieren, dass nur im Idealfall jeweils ein Graphem einem Phonem entspricht. Im vorliegenden Fall heißt das, dass das Trigramm <sch>, das ein Einzelphonem abbildet, aus drei Graphemen besteht.

Auf der graphetischen Ebene muss man einerseits funktionale Varianten wie den syntaktisch bedingten Wechsel von Groß- und Kleinschreibung von sog. freien Varianten (z.B. *Telephon - Telefon*) unterscheiden. Beide Arten sind orthographisch relevant. Die reinen Schreibvarianten lassen sich i.d.R. auf sog. Grundformen beziehen, wie sie etwa für die vereinfachte Grundschrift in Schreibvorlagen prototypisch dargestellt werden. Obwohl wir uns mit dieser Ebene im weiteren Verlauf nicht mehr beschäftigen werden, sei doch knapp darauf verwiesen, dass in einigen Fällen der Schreiber nicht frei ist in der Wahl einer bestimmten Darstellung: So wird in aller Regel in der Schreibschrift die Form <ɑ> realisiert, auf der Schreibmaschine und dem PC aber die Form <a>, bei den e-mail-Adressen steht uns nur die Form @ zur Verfügung. Die Wahl solcher Formen ist generell nicht orthographisch (im amtlichen Regelwerk) geregelt, sondern meist durch alte typographische Traditionen.

Als Namen für Graphen wie Grapheme dient meist eine Liste der Allographen, eingefasst durch Spitzklammern < >. Hier wird also durch die Art der Klammern nicht zwischen der graphetischen und graphemischen Ebene unterschieden. Für die (funktionalen) Allographen müssen Distributionsregeln angegeben werden, z.B. für

/ʃ/: – <s> anlautend vor <p>, <t>
– <sch> sonst.

/s/: – <ß>, <s>, <ss>
– nicht anlautend (prävokalisch, präkonsonantisch); (aber sehr wohl in nichtnativen Wörtern: *Skat, Sphinx ...*).
– <ß> inlautend und auslautend nach Langvokal oder Diphthong: *weiß,* - *weißer, Muße.*
– <s> auslautend nach Langvokal oder Diphthong: *las, Graus* (eigentlich Auslautverhärtung von /z/).
– <ss> inlautend (*hassen*) und auslautend nach Kurzvokal: *dass, Hass, Kuss* (im letzteren Fall nach alter Rechtschreibung <ß>).

Übersicht über die Grapheme des Deutschen:
Grapheme in direkter Zuordnung zu den Phonemen (vgl. dazu auch P. Eisenberg in der Duden-Grammatik 2005, S. 67f.):

Graphem	Phonem(e)	Graphem	Phoneme	Graphem	Phoneme
<a>	/ɑ/,/ɑ:/,/a/,/a:/	<p>	/p/	<sch>	/ʃ/
<e>	/ɛ/, /e:/	<t>	/t/	<ch>	/x/, (/k/, /ʃ/)
<i>	/ɪ/, /i:/	<k>	/k/	<j>	/j/
<ie>	/i:/	<b>	/b/	<h>	/h/
<o>	/ɔ/, /o:/	<d>	/d/	<w>	/v/
<u>	/ʊ/, /u:/	<g>	/g/	<v>	/v/, /f/
<ä>	/ɛ/, /ɛ:/	<m>	/m/	<l>	/l/
<ö>	/œ/, /ø:/	<n>	/n/	<r>	/r/
<ü>	/ʏ/, /y:/	<f>	/f/	<x>	/k͡s/
		<s>	/s/, /z/	<z>	/t͡s/
		<ß>	/s/	<qu>	/k͡v/

Dabei geht Eisenberg mit der Minimalpaarmethode genauso vor wie bei der phonologischen Analyse; das führt bei ihm dazu, dass Folgen von Graphen, die für ein Phonem stehen, als Grapheme gewertet werden, z.B. <sch> für /ʃ/. Allerdings gehört auch <ng> für /ŋ/ nach unserem Ansatz dazu. Andererseits gibt es Folgen von Lautzeichen, die schon in diesem Inventar vorhanden sind, die man aber je nach Ansatz einfachen Phonemen oder Phonemfolgen zuordnen kann, z.B. sämtliche Diphthonge (die Eisenberg nicht in seine Liste aufnimmt) und Affrikaten (die Eisenberg teils aufnimmt, siehe <x> für /k͡s/ und <z> für /t͡s/, teils nicht aufnimmt, siehe <pf> für /p͡f/). Ein Sonderfall ist dann noch <qu> für /k͡v/. – Aus unserer Sicht müsste man also obige Liste noch folgendermaßen ergänzen:

Graphem	Phonem(e)	Graphem	Phonem(e)	Graphem	Phonem(e)
<ai>, <ei>	/a͡ɪ̯/	<ng>	/ŋ/	<pf>	/p͡f/
<au>	/a͡ʊ̯/				
<äu>,<eu>	/ɔ͡ʏ̯/				

Alle Diphthongzeichen und alle Affrikatenzeichen werden hier als Grapheme aufgeführt. Bei den Diphthongzeichen halten wir die Aufnahme in die Liste der Grapheme für zwingend, da sie eine feste Verbindung mit einem spezifischen Lautwert darstellen. Würde man das nicht tun, dann müsste man davon ausgehen, dass die Diphthonge wie Folgen von Monophthongen behandelt werden können. Das haben wir in der Phonologie (→ 3.2.2.2, S. 88f.) bereits abgelehnt. Bei /a͡ɪ̯/ und /a͡ʊ̯/ könnte man das bei entsprechend gewählten phonologischen Transkriptionen mit den normalen Zuordnungsregeln zu Monophthongzeichen bewältigen. Dies dürfte aber bei /ɔ͡ʏ̯/ in beiden Schreibweisen ausgeschlossen sein (zumal diese Zeichenfolge am Zeilenende auch nicht getrennt werden darf). – Bei <pf> kann man entsprechende Argumente nicht anführen.

Übersicht über einige Grapheme in nichtnativen Wörtern:

Graphem	Phoneme	Graphem	Phoneme	Graphem	Phoneme
<c>	/t͡s/, /k/	<y>	/ʏ/, /y:/	<rh>	/r/
<ph>	/f/			<th>	/t/

Literatur:

Kohrt, M. (1985): Problemgeschichte des Graphembegriffs und des frühen Phonembegriffs. – Tübingen: Niemeyer (= Reihe Germanist. Linguistik 61).

Neef, M. (2005): Die Graphematik des Deutschen. – Tübingen: Niemeyer (= Ling. Arb. 500).

Dürscheid, Ch. ([3]2006): Einführung in die Schriftlinguistik. 3., überarb. u. ergänzte Aufl. – Göttingen: Vandenhoeck & Ruprecht (= Studienbücher zur Linguistik Bd. 8).

4.2 Schreibprinzipien des Deutschen

Bei der Wiedergabe von Lauten in der Buchstaben-Schrift kann man sich an unterschiedlichen Prinzipien orientieren. Im Normalfall richtet sich die Orthographie einer Sprache nicht nach einem einzigen, sondern nach mehreren Prinzipien, die sich durchaus widersprechen können. Dadurch kommt es auch zu inkonsequenten Lösungen, die wiederum Orthographie-Reformen nötig machen.

4.2.1 Phonetisches und phonologisches Prinzip

Das ursprüngliche Prinzip der deutschen Rechtschreibung war phonetisch: Schreibe, wie du sprichst! Dabei wird den Buchstaben einer vorhandenen Schrift (z.B. in ahd. und mhd. Zeit die lateinische Schrift für die Verschriftung deutscher Dialekte) ein fester Lautwert zugeordnet. Bei diesem Ansatz können entweder allophonische Varianten geschrieben werden (phonetisches Prinzip), wie etwa die Auslautverhärtung im Mittelhochdeutschen (*tac* [t^{h}ɑk^{h}], aber *tages* [ˈt^{h}ɑ.gəs]), oder auch nicht (phonologisches Prinzip), wie überwiegend im Neuhochdeutschen (*Tag* [t^{h}ɑːk^{h}] – *Tages* [ˈt^{h}ɑː.gəs]). Zumindest das phonetische Prinzip lässt sich wegen der sprachlichen Varianz (dialektal und in der zeitlichen Entwicklung) kaum durchhalten, denn diese führt wegen der fehlenden Konventionalisierung zu stark wechselnden Schreibweisen je nach Sprecher/Schreiber und Zeit/Ort. Bei einer weitgehend einheitlichen Standardsprache allerdings führt eine Schreibung nach dem phonologischen Prinzip tendenziell zu einer wesentlichen Erleichterung des Lernvorgangs beim Lesen und Schreiben, siehe etwa das Finnische. Das Lernen mit einer Anlauttabelle ist in diesem Fall sinnvoll.

Bei konsequenter Befolgung des phonologischen bzw. phonographischen Prinzips entspricht jedem Graphem genau ein Phonem und umgekehrt jedem Phonem genau ein Graphem. Gegen diese Regel verstößt im Deutschen u.a. die Schreibung von /ŋ/, /ə/, /ʃ/,/k͡s/. Im Allgemeinen wird aber das Prinzip schwächer gefasst: Es genügt danach, wenn sich Phoneme regelhaft Graphemen zuordnen lassen. – Unsere Buchstaben beziehen sich heute nicht auf konkrete Laute (= Phone), sondern eher auf Phoneme; aber es besteht keine Eins-zu-eins-Beziehung:

z.B.	Schriftebene	Lautebene/Phone	Phonemebene
	<r,R>	[r, ʀ, ʁ, ɐ]	/r/
	<ch,Ch>; <g> bei *-ig*	[ç, x],[k],[ʃ]	/x/, /k/, /ʃ/, /g/
	<s,S>	[z, s] und [ʃ] vor [t]/[p]	/z/,/s/,/ʃ/

Eine beträchtliche Einschränkung dieses Schreibprinzips ergibt sich dadurch, dass die **Quantität der Vokale** (bzw. die geschlossen-offen-Opposition) nicht durch eigene (Vokal-)Buchstaben repräsentiert wird.

- **Vokalkürze** liegt bei Mehrsilblern i.d.R. vor, wenn eine (Akzent-)Silbe konsonantisch geschlossen ist. Dies kann markiert werden
  - durch Verdopplung des nachfolgenden Konsonantenzeichens als Hinweis darauf, dass es sich um ein Silbengelenk handelt (dazu gibt es Ausnah-

men!), in Analogie dazu auch bei einsilbigen Formen: *Kamm, Kämme; Bett, Betten.* Beachte, dass einige Konsonantenzeichen, vor allem die Di- und Trigraphen, nicht verdoppelt werden können, obwohl die entsprechenden Konsonanten teilweise als Silbengelenke fungieren können: <sch>, <ch>, <ng>, <qu>, <x>, <ß>, <h>, <v>, <w>, <j>. Das Verdoppelungszeichen von <z> ist <tz>, das von <k> ist <ck>, in der Trennung am Zeilenende nach alter Rechtschreibung <k-k>, nach neuer Rechtschreibung <-ck>, nach dem Vorbild von <ch>. Das Verdoppelungszeichen von <t> kann auch <dt> wie in *Stadt* sein. Es ist umstritten, ob die Doppelschreibung eines Konsonanten eine direkte oder indirekte Markierung der Kürze des vorausgehenden Vokals ist (vgl. dazu die gut lesbare Kontroverse Becker (1996)/Ramers (1999)/Eisenberg (1999)). – Siehe dazu → 4.3, S. 132f., ferner → 4.4.3.1, S. 146f. und → 4.4.3.2, S. 150.
  - durch zwei oder mehr verschiedene Konsonantenzeichen.
- **Vokallänge** liegt i.d.R. vor, wenn eine Akzent-Silbe auf Vokal endet (die Einschränkung gilt nicht für Einsilbler!). Die Vokallänge kann markiert werden
  - durch Verdoppelung des Vokals: *Meer;*
  - durch Beifügung eines Dehnungs-<e> oder -<h>: *viel, mehr;*
  - sie kann aber auch unmarkiert bleiben: *so, Bar.*

4.2.2 Morphologisches (etymologisches) Prinzip (Schema-Konstanz)

Nach diesem Prinzip sollen Wörter, die Begriffe und Vorstellungen (ideographisch, also durch die Gesamtheit des Schriftbilds) wiedergeben, trotz lautlicher Varianz in unterschiedlichen Umgebungen optisch möglichst konstant (»Schemakonstanz«) gehalten werden. Dadurch steht dieses Prinzip oft im Widerspruch zum phonetischen/phonologischen Prinzip und begünstigt, anders als dieses, tendenziell den geübten Leser/Schreiber, erschwert aber teilweise ganz erheblich den Lernvorgang beim Lesen/Schreiben. Das Lernen mit der Anlauttabelle ist in diesem Fall nicht sinnvoll, kann sogar den Lernerfolg ernsthaft gefährden. – Das morphologische Prinzip wird im Nhd. durchgeführt
- bei Auslautverhärtung (*Tag, Tages*);
- teilweise beim Umlaut (*Wall – Wälle,* aber *Welle* trotz lautlicher Gleichheit; vgl. auch *behende/behände, Eltern/die Älteren*);
- bei der Tilgung eines Lautes oder Buchstabens (*Bayern – bayerisch,* eigentlich *bayrisch;* ebenso *München – Münchener,* eigentlich *Münchner*);

- beim Zusammentreffen von drei gleichen Buchstaben in Zusammensetzungen: *Schwimmmeister, Schifffahrt* (in der alten Orthographie aber verletzt: *Schwimmeister, Schiffahrt*).

4.2.3 Syllabisches (silbisches) Prinzip

Im Deutschen spielt die Silbe (als Sprecheinheit) nur in zwei Fällen bei der Schreibung eine Rolle: der Buchstabe *h* kennzeichnet im Inlaut (auch) die Silbengrenze zwischen zwei Vokalen (z.B. *sehen* [ˈzeː.ən]; tatsächlich meist einsilbig gesprochen); und die Worttrennung am Zeilenende geschieht (meistens) nach Sprechsilben, abgesehen von dem Verbot der Trennung von <st> nach der alten orthographischen Regelung (→ 4.5.1, S. 155).

Verstöße gegen die Regel der Trennung nach Sprechsilben liegen vor:

- Bei Komposita: Hier wird morphologisch getrennt: *Blumen-topf-erde* gegenüber *Blumento-pferde; dar-an* (neue Orthographie: auch *da-ran*), *Urins-tinkt* gegenüber *U-rin-stinkt;*
- Bei Präfixen allgemein und bei Suffixen mit anlautendem Obstruenten (*-keit, -sal, -sam, -schaft, -sel, -tum, -z(en)*) wird morphologisch getrennt: *ver-äu-ßern,* nicht *ve-räu-ßern;*
- Bei nichtnativen Wörtern wird meist nach der Morphemstruktur getrennt: also *Mono-phthong* (nicht **Monoph-thong*), *De-szendenz (*Des-zendenz), Inter-esse (*Inte-resse).* Aber nach neuer Orthographie: *Epi-sode (*Episode), Tran-sit (*Trans-it), ab-strakt (*abs-trakt);*
- Einzelne Vokale werden aus eugraphischen Gründen nicht abgetrennt, auch wenn sie eine Silbe darstellen: **A-der, *E-ber* (in der reformierten Orthographie zeitweise zugelassen, aber heftig umstritten).
- Konsonanten, die zwar ambisyllabisch sein können, deren Zeichen aber nicht verdoppelt werden dürfen, werden bei der Trennung auf die neue Zeile geschoben: *Ra-che* statt **Rach-che*, *Ha-cke* (nach reformierter Orthographie, nach alter *Hak-ke*), *Fla-sche.*
- Im Allgemeinen werden Buchstabenfolgen, die für einfache Laute stehen, nicht getrennt: **Fe-en, *kni-en, *Se-en; *Rac-he, *Flasc-he.* Vgl. aber <ng> für [ŋ] in *sin-gen.*

Zur Vertiefung:

Eisenberg, P. (1989): Die Schreibsilbe im Deutschen. – In: Eisenberg, P./Günther, H. (Hgg.), Schriftsysteme und Orthographie (Tübingen: Niemeyer), S. 57-84 (= Reihe Germanistische Linguistik 97). [auch zur Silbenphonologie]

Eroms, H.-W. (1998): Die Gewichtung des ›historischen Prinzips‹ in der deutschen Orthographie. – In: Glaser, E./Schlaefer, M. (Hgg.), Grammatica Ianua Artium, FS R. Bergmann (Heidelberg: C. Winter), S. 221-235.

Kohrt, M. (1988): Phonotaktik, Graphotaktik und die orthographische Worttrennung. – In: Nerius, D./Augst, G. (Hgg.), Probleme der geschriebenen Sprache (Berlin), S. 125-165 (= Ling. Studien Reihe A, Arbeitsberichte 173).

Kohrt, M. (1989): Die wundersamen Mären vom ›silbentrennenden h‹. – In: Eisenberg, P./ Günther, H. (Hgg.), Schriftsystem und Orthographie (Tübingen: Niemeyer), S. 179-227.

4.2.4 Rhythmisch-intonatorisches Prinzip

Auf seiner Basis wurde vor allem die Zeichensetzung anfangs entwickelt. In späterer Zeit überwiegt dann die Zeichensetzung nach syntaktischen Strukturen. Den Unterschied zwischen den beiden Prinzipien sieht man am besten bei der Markierung der Teilsatzgrenzen durch Kommata nach dem syntaktischen Prinzip, während diese Grenzen beim rhythmisch-intonatorischen Prinzip unbezeichnet bleiben (wie z.B. im Englischen), da sie im Redefluss nicht markiert werden (gegen die Lesetradition in den Schulen, wo meist eine Pause verlangt wird – ein untrügliches Zeichen für das Vorleseregister).

4.2.5 Eugraphisches (ästhetisches) Prinzip

Auf diesem Prinzip basiert z.B.

- das Verbot der Doppelschreibung von <i> (wegen – früherer – Verwechslungsgefahr mit <ü>) und <u> (Verwechslung mit <w>) sowie <y>; <v> stand im Ahd./Mhd. für <u>, <vv> für <w>.
- das Verbot der Doppelschreibung von <w>, <ch>, <sch>, <ß>, <ng> (da es sich um Buchstabenverbindungen handelt; bei <w> um eine Verbindung von <v>+<v>);
- ferner das Verbot der Verdoppelung von Vokalgraphen mit Umlautmarkierung: *<ää>, *<üü>, *<öö>;
- die Einfügung eines Bindestrichs bei komplexen Komposita;
- der Ausfall eines Buchstabens *(Roheit);*
- das Verbot der Trennung eines Einzelvokals: **A-horn, *Reu-e.*

4.2.6 Homonymie-Prinzip (semantisches/lexikalisches Prinzip)

Es dient umgekehrt zur »Schema-Differenzierung« von Wörtern, die durch Lautwandel zufällig gleich lauten, z.B. *malen – mahlen; Lid – Lied; Mohr – Moor; Saite – Seite; Laib – Leib, Ferse – Verse, dass/daß – das.* Dieses Prinzip ist aber nicht konsequent durchgeführt. Bei Polysemierung wird fast nie orthographisch differenziert, z.B. *Bank* ›Sitzmöbel‹ und ›Geldinstitut‹, *Schloss* ›prächtiges Gebäude‹ und ›Sperrvorrichtung‹.

4.2.7 Grammatisch-syntaktisches Prinzip

Das Deutsche besitzt in der gegenwärtigen Norm die Wortart-Großschreibung für Substantive und Substantivierungen von Adjektiven, Verben, Adverbien und Partikeln sowie für das Höflichkeitspronomen *Sie* (in der reformierten Orthographie bei der Anrede mit *Du/Ihr* nur noch in Briefen); außerdem bei festen Fügungen für sog. substantivische Begriffe (*Schwarzes Brett*). In vielen festen Verbindungen wurden (ehemalige) Substantive klein geschrieben (*in bezug auf, seit alters her*) (beachte aber neue Orthographie: *in Bezug auf,* aber: *seit alters her*). Der Satzanfang wird durch die Großschreibung, das Satzende durch die Interpunktion markiert. Zur Markierung der syntaktischen Binnenstruktur eines Satzes wird die Zeichensetzung, insbesondere das Komma, verwendet.

4.2.8 Pragmatisches Prinzip

Anredepronomina (*Sie*) und Titel *(Dr.)* werden heute durch Großschreibung markiert. In mhd. Zeit wurden fast nur nomina sacra (= Namen heiliger Gegenstände) durch Teil- oder Totalgroßschreibung markiert (*GOtt* oder *GOTT*). Auch die Großschreibung der Eigennamen ist aus dem pragmatischen Prinzip der Ehrerbietung entstanden. Binnengroßschreibung wie bei *BahnCard, StudentIn* ist im Standarddeutschen grundsätzlich verboten.

Übungsaufgabe Nr. 13 zu den **Schreibprinzipien:**
Finden Sie Beispiele für möglichst alle Schreibprinzipien im folgenden Text.

LONDON – [1] *Diesmal muß es einfach klappen:* [2] *Nach den Ehetragödien und Scheidungen seiner drei Geschwister ist nur zu hoffen, daß Prinz Edward und Sophie Rhys-Jones diesem Unheil über dem Königshaus entgehen, wenn sie heute auf Schloß Windsor heiraten.* [3] *Als Mittdreißiger – sie ist 34, er 35 Jahre alt – weisen beide Partner ein »reifes« Alter auf und haben in den Jahren, seitdem sie zusammenleben, genügend Zeit gehabt, sich diesen Schritt gründlich zu überlegen.* [4] *Kennengelernt hatten sie sich 1993, als die blauäugige Blondine namens einer PR-Agentur ein Tennismatch für wohltätige Zwecke organisierte.* [5] *Auch Edward nahm an diesem Turnier teil.* [6] *Danach lud der Prinz die attraktive Frau zum Abendessen in den Buckingham Palast ein, wobei zunächst durchaus berufliches Interesse mitgespielt haben mag.* [7] *Edward, der gerade seine eigene Fernseh-Produktionsfirma gegründet hat-*

te, ließ sich von der gewieften PR-Frau Tips für eine bessere Öffentlichkeitsarbeit geben. [8] *Und dabei blieb es dann bekanntlich nicht.* [...]
[H. Bebber, Vier »Traumhochzeiten« endeten als Scheidungstragödien. – In: Nürnberger Nachrichten Nr. 139 vom 19./20.6.99, S. 3]

4.3 Zur Entwicklung der deutschen Schreibkonventionen

Die Verschriftungsgeschichte des Deutschen beginnt, abgesehen von Verschriftungsversuchen germanischer Sprachen in antiken Schriftsprachen wie dem Lateinischen und Griechischen sowie von einzelnen Runeninschriften, in ahd. Zeit. Zur Verschriftung stand das lateinische Alphabet mit seinen bekannten Lautwerten zur Verfügung, da die Schreiber ausnahmslos lateinkundig waren. Wesentliche Probleme gab es v.a. dort, wo für ahd. Laute kein lateinisches Schriftzeichen zur Verfügung stand, z.B. für das [ð], das [ç,x], den palatalen Frikativ [ʃ], die Affrikaten [p͡f, t͡s, k͡x], das [v]. Man behalf sich meist mit einer Buchstabenkombination, wobei der erste Buchstabe oft die Artikulationsstelle angab, der zweite den Artikulationsmodus, so etwa beim [ð] mit dem <t> die apikoalveolare Artikulationsstelle und mit <h> den frikativen Artikulationsmodus; oder beim [x] mit dem <c>, das den Lautwert [k] vertrat, die velare Artikulationsstelle und mit dem <h> den frikativen Artikulationsmodus. Besondere Probleme bot die Verschriftung der reichlich vorhandenen Diphthonge, für die zwar Monophthong-Zeichen zur Verfügung standen, deren Zuordnung beim Gleitlaut allerdings zu einer enormen Variationsbreite von Schreibmöglichkeiten führte. – Schließlich gab es aber auch Fälle, in denen für einen Laut mehrere Schriftzeichen im lateinischen Alphabet zur Verfügung standen, so das <c> und das <k> für den Lautwert [k], das <v> und das <f> für den Lautwert [f], <u> und <v> für den Lautwert [u]. In diesen Fällen gab es zunächst einen nahezu regellosen Wechsel, der in einigen Fällen bis in die Gegenwart nicht systematisiert wurde. – Der Lautwert [v] wurde durch <v> und durch <vv> wiedergegeben, woraus <w> wurde. Der weitaus größte Teil der Buchstaben und Buchstabenverbindungen aber konnte problemlos verwendet werden: <b, d, g; p, t, k; f, s, h; m, n, ng; r, l; j; qu; x; z>.

Bei der Verschriftung eines schriftlosen Dialekts besteht immer die Tendenz, die Lautform möglichst genau wiederzugeben, z.B. auch allophonische Variation wie die Auslautverhärtung in der Schrift festzuhalten, wie es im Mittelhochdeutschen meist geschah. Dies führt aber nicht zu einer einheitlichen Schreibform, und zwar wegen der dialektalen und individuellen Variation der Sprachform, wegen der unzureichenden Mittel der Verschriftung und wegen der Variation innerhalb eines sprachlichen Systems (Allophonie und Allomorphie). Gegen diese unendliche Vielfalt der möglichen Schreibformen wirkten in ahd. und mhd. Zeit folgende Faktoren: Die Volkssprache übernimmt immer mehr Funktionen als geschriebene Sprache, die bisher das Lateinische innehatte, z.B. bei Beurkundungen, sie wird also immer öfter geschrieben. Außerdem gab es nur wenige Schreibzentren, v.a. Klöster und Kanzleien, in denen sich lokale Schreibschulen und darauf aufbauend Schreibtraditionen entwickelten, die für bestimmte Verschriftungsprobleme einheitliche Lösungen erarbeiteten. Der rege Austausch zwischen den Schreibzentren führte zu einer allmählichen Vereinheitlichung der Schreibgewohnheiten. Dennoch sind in mhd. Zeit die Schreibvarianten in den Handschriften immer noch enorm, doch wird dieser Sachverhalt in den kritischen Ausgaben meistens durch eine Schreibnormierung (»normalisiertes Mittelhochdeutsch«) verdeckt, die wie K. Lachmann der Editionspraxis der klassischen Philologie folgt. Das Problem, dass das verwendete lateinische Schriftsystem für bestimmte deutsche Laute keine geeigneten Zeichen zur Verfügung stellte, ergab sich übrigens im Lauf der Sprachentwicklung immer wieder. So wies es z.B. für den **Umlaut** mit seiner Überfüllung der e-Position (altes offenes <ë>, Primärumlaut geschlossenes <ẹ>, Sekundärumlaut <æ>, <ä>) sowie mit den dabei entstehenden gerundeten Vorderzungenvokalen [ø, œ, y, ʏ] keine geeigneten Schriftzeichen auf. Die Lösung wurde dadurch gefunden, dass man den Sekundärumlaut des /ɑ/ durch ein über das <a> gestelltes <e> (dem der Umlaut ja ähnelte) markierte, und diese Lösung dann auf das <u> und <o> übertrug. In der Fraktur besteht dieses darübergestellte <e> primär aus zwei parallelen senkrechten Strichen, wenn man die drei feinen schrägen Verbindungsstriche ignoriert. Das Darüberschreiben kannte man schon von der Diphthongschreibung her, bei der man den Gleitlaut auch gern über den stationären Vokal setzte, z. B. <ů>.

Im Gegensatz zum Hochdeutschen entwickelte sich im **niederdeutschen** Raum eine eigene volkssprachliche Schreibtradition, angetrieben in erster Linie durch die verkehrssprachlichen Bedürfnisse der Hanse. Diese große Tradition lief erst mit dem Niedergang der Hanse aus. Im hochdeutschen Raum gab es im Spätmittelalter eine Phase, in der die Ansätze zu einer Konventionalisierung und Vereinheitlichung der Schriftpraxis auf überregionaler Ebene stark zurückgingen. Erneute Impulse dazu gingen erst von der Entwicklung des Buchdrucks, der Übernahme nahezu aller schriftsprachlichen Funktionen durch das Deutsche, sowie von der Reformation mit ihrem reichen Schrifttum auf ostmitteldeutscher Basis aus. Ihrer überregionalen Bedeutung sowie dem Niedergang der Hanse ist es wohl zu verdanken, dass sich diese hochdeutschen Vereinheitlichungstendenzen im gesamten Sprachgebiet, auch im niederdeutschen, durchsetzten. In diesem Fall kam allerdings die Vereinheitlichung in der Schreibung vor der Vereinheitlichung in der Lautung: Die Schreibung lässt sich unabhängig von der Lautung vereinheitlichen, wenn man das Prinzip der Nähe zur Lautung aufgibt, wenn also jede Region denselben Text auf ihre eigene Weise liest.

Die folgenden drei Jahrhunderte sind von zahlreichen Bemühungen um eine einheitliche Sprachform erfüllt. Eine orthographische Gebrauchsnorm gibt es aber erst seit Adelungs Wörterbuch (1769 ff.), das, basierend auf Adelungs grammatischen Schriften, die bestehenden Schreibtraditionen und Normierungsansätze erfasste und systematisierte und dann allgemein als Standard akzeptiert wurde. Die sprachgeschichtliche Entwicklung wurde jedoch erst durch die nun entstehende Germanistik wissenschaftlich erfasst, erst jetzt konnte diese Dimension bei der Diskussion um eine einheitliche Schriftform im 19. Jh. einbezogen werden. Das Problem war dabei, dass man zwar im Sinne einer Nationalsprache eine einheitliche Hochsprache, basierend auf der klassischen Literatur, unterstellte, dass es diesen einheitlichen Sprachgebrauch aber im Alltagsleben nicht gab, weder in der Lautung noch im Wortschatz noch in der Grammatik. Die Vereinheitlichung der Schrift durch Normierung und das Prinzip »Sprich, wie du schreibst« mussten also erst die gemeinsame Basis schaffen. – Die in dieser Diskussion erarbeiteten Vorschläge, die z.T. einen Bruch mit der Schreibtradition und ihren vielen unsystematischen Einzelfallregelungen (Idiosynkrasien) zugunsten einer systematischen Regelung bedeutet hätten (das gilt auch für die frühen Entwürfe Konrad Dudens), konnten sich aber nicht durchsetzen. Erfolgreich war erst ein Vorschlag Konrad Dudens, der die Traditionen weitgehend achtete. Auf ihm basieren die ersten staatlichen Normierungen 1879 in Bayern, 1880 im Deutschen Reich, die nur 1900/01 geändert und angepasst wurden.

Auf zwei Faktoren, die die heutige Schreibung wesentlich mitbestimmen und ohne die man sie nicht verstehen kann, muss noch eingegangen werden: die Schreibtradition und die verschiedenen Schriftarten.

Die **Schreibtradition** tendiert dazu, eine einmal gefundene Schriftform zu verfestigen, sie beizubehalten, obwohl sich die Lautform längst weiterentwickelt hat. Dies kann man zeigen an der Entwicklung der Markierung von Länge und Kürze der Vokale. So wurde die Schreibung des mhd. Diphthongs /i͡e̯/ beibehalten, obwohl daraus durch die nhd. Monophthongierung der Langmonophthong /iː/ geworden war, so z.B. bei mhd. *liebe* [ˈli͡e.bə] > nhd. *Liebe* [ˈliː.bə]. Da das <e> dadurch funktionslos geworden war, konnte es als Längenzeichen für den vorausgehenden Vokal uminterpretiert werden (sog. **»organisches« Dehnungs-<e>**) und in der Folge auf nicht durch Monophthongierung entstandene lange <i> übertragen werden (sog. **»unorganisches« Dehnungs-<e>**). Ähnlich verhält es sich mit dem **Dehnungs-<h>**. In intervokalischer Position nach kurzem Vokal hatte dieses <h> in mhd. Zeit den Lautwert eines velaren Frikativs, z. B. in mhd. *sehen* [ˈsɛ.hən]. Doch verstummte dieser Frikativ in der weiteren Entwicklung, während der vorausgehende Vokal gedehnt wurde. So konnte das nun funktionslose <h>, das weiterhin geschrieben wurde, als Dehnungszeichen für den vorausgehenden Vokal uminterpretiert und auf Fälle übertragen werden, wo es zunächst gar nicht vorhanden war. – Ähnliches gilt für die Markierung vokalischer Kürze durch Doppelschreibung des folgenden ambisyllabischen Konsonanten: Diese Schreibung wurde in ahd. Zeit in Anlehnung an die lateinische Praxis für **Geminaten** verwendet, die im Inlaut in der Position nach Kurzvokal entstanden waren. Die Schreibung wurde beibehalten, obwohl die lautlichen Geminaten verschwanden, und konnte dann ausgedehnt werden, als offene Kurzvokalsilben durch Verlegung der Silbengrenze in den folgenden Konsonanten beseitigt wurden. – Ein weiteres Beispiel sind Synkope und Apokope, die in der gesprochenen Sprache inzwischen weitgehend konsequent durchgeführt sind, in der Schrift aber meist nicht berücksichtigt werden – man denke etwa an die Schreibung <bay**e**risch> und <Münch**e**ner>. – Da die Schreibung des Deutschen erst relativ spät endgültig kodifiziert wurde, ist sie im Wesentlichen näher an der heutigen Lautform als etwa das Französische und Englische, wo die Schreibung sehr viel früher kodifiziert wurde, aber wesentlich weiter davon entfernt als etwa das Finnische.

Die **Schriftform** spielt eine größere Rolle als man denkt. So sind einige Regelungen in der deutschen Orthographie nur verständlich, wenn man berücksichtigt, dass bis ins 19. Jh. die **Fraktur** die normale Druckschrift war, in der Handschrift wurde bis in die fünfziger Jahre des 20. Jh. die der Fraktur entsprechende deutsche Schreibschrift gelehrt. So gibt es für das Verbot der Trennung von <s> und <t> am Zeilenende (alte orthographische Regelung) zwei auf der Fraktur basierende Erklärungen: Die erste geht davon aus, dass die Fraktur zwei Formen des <s> kannte: ein so genanntes »langes« <s> für den wortinitialen und -internen Gebrauch (ein senkrechter Strich über alle drei Schreibräume mit einem kurzen Anstrich) und ein sog. »Ringel«-/»Dreierles«-<s> (etwa mit der Form der Ziffer 6) für den wortfinalen Gebrauch. Würde man <st> am Zeilenende trennen, so müsste man das wortinterne »lange« <s> durch ein wortfinales »Ringel«-<s> ersetzen, dadurch würde die Schreibform des Wortes verändert. Der Grammatik-Duden von 1935 lehnt allerdings diese Erklärung ab und verweist darauf, dass auch bei Trennung am Zeilenende das lange <s> erhalten bleibt. Die zweite Erklärung besagt, dass <st> im Fraktursatz grundsätzlich nur als Ligatur (= feste Buchstabenverbindung), also als physische Verbindung zu einer einzigen Letter, vorhanden war. Das mag ja sein, aber <s> und <t> waren, wie man sich bei jedem Fraktursatz überzeugen kann, auch als Einzelbuchstaben vorhanden, wenn auch ihre Kombination einen optisch störenden, zu großen Abstand erzeugt hätte. – Das <ß> wird häufig als <sz> erklärt, ist aber wohl aus einer Ligatur eines »langen« mit einem »Ringel«-<s> in der Fraktur entstanden (→ 4.4.3.1, S. 146f.). Neuerdings werden allerdings auch wesentlich ältere Quellen, unter anderem in der Schreibschrift der lateinischen Antike, diskutiert. – Die Entstehung der Umlaut-Striche durch ein darübergesetztes Fraktur-<e> wurde oben bereits angesprochen.

Literaturhinweise:

Brekle, H. E. (1996): Warum schreiben wir rechtsläufig? – In: Ling. Berichte 166, S. 483-491. [Dort weitere Literaturhinweise]

Brekle, H. E. (2001): Zur handschriftlichen und typographischen Geschichte der Buchstabenligatur ß aus gotisch-deutschen und humanistisch-italischen Kontexten. – In: Gutenberg-Jahrbuch 2001, S. 67-76.

Dürscheid, Ch. (^{3}2006): Einführung in die Schriftlinguistik. 3., überarb. u. ergänzte Aufl. – Göttingen: Vandenhoeck & Ruprecht (= Studienbücher zur Linguistik Bd. 8).

Dürscheid, Ch. (1992): Grundzüge der deutschen Orthographie. – Tübingen: Niemeyer (= Reihe germanistische Linguistik 120, Kollegbuch).

Sauer, W. W. (1988): Der <Duden>. Geschichte und Aktualität eines <Volkswörterbuchs>. – Stuttgart.

Scheuringer, H. (1996): Geschichte der deutschen Rechtschreibung. – Wien: Präsens (= Schriften zur diachronen Sprachwiss. 4).

4.4 Zuordnung von Schriftzeichen und Lauten und umgekehrt

4.4.1 Zuordnung von Buchstaben zu Lauten

Die folgende Übersicht ist alphabetisch nach Buchstaben (in der ersten Spalte) geordnet und sollte alle denkbaren Konstellationen von Buchstaben-Laut-Zuordnungen erfassen. Sie kann daher auch keine Aussagen über den Graphemstatus von Einzelzeichen und Zeichenverbindungen machen (→ Tabelle in 4.1, S. 123). Für die Beispiele haben wir alle erreichbaren Wörterbücher ausgewertet. Trotzdem können wir nicht ausschließen, dass wir bestimmte Konstellationen übersehen haben. Um die Tabelle überschaubar zu halten, haben wir nur die nativen Buchstaben, Phoneme und Beispiele des Kernwortschatzes ohne Eigennamen (mit wenigen Ausnahmen) berücksichtigt. Die Tabelle ist natürlich nicht zum Lernen, sondern zum Nachschlagen gedacht (weitere Erläuterungen nach der Tabelle).

Graph (mit Allographen)	Buchstabenverbindungen	Phonem (mit Allophonen)	Anlaut	Inlaut	Inlaut mit Buchstabenverdoppelung	Auslaut	Ausl.mit Buchstabenverdoppelg.
<a,A>		/ɑ/	*Anna*	*Sand*		*Hanna*	
<a,A>		/ɑː/ [ɑ]	*Adern*	*baden*		*Anna*	
	<aa,Aa,ah, Ah>	/ɑː/	*Aal, ahnen*	*Wahl*	*Staat, Saal*	*sah*	
	<ai,Ai>	/ɑ͡ɪ̯/	*Aigner*	*Laib*		*Hai*	
	<au,Au, auh>	/ɑ͡ʊ̯/	*au, auf, Auge*	*Raub,*		*schau, rauh/rau*	
	<ay,Ay>	/ɑ͡ɪ̯/	*Aying*	*Bayern*		*Ray*	
<ä,Ä>		/ɛ/	*Ärger*	*hält*			
	<ä,Ä,äh>	/ɛː/	*Älchen*	*Bären*		*zäh*	
	<äu,Äu>	/ɔ͡ʏ̯/	*Äußeres*	*Räuber*		*Gebräu*	

Graph (mit Allographen)	Buchstabenverbindungen	Phonem (mit Allophonen)	Anlaut	Inlaut	Inlaut mit Buchstabenverdoppelung	Auslaut	Ausl.mit Buchstabenverdoppel.
<b,B>	<bb>	/b/ [p^h]	*Bein*	*haben*	*(Ebbe)*	*Grab*[p^h]!	*(Blubb)*
<c,C>		/t͡s/	*Cäcilie*	*Cäcilie*			
	<ch,Ch>	/x/ [ç]	*(Chemie)*	*weichen*		*dich, wach*	
	<ch,Ch>	/k/	*Chiemsee, Chemie*				
	<chs>	/k͡s/		*Achse, Ochse*		*Wuchs, Wachs*	
	<cks>	/k͡s/		*knicksen*		*Knicks*	
	<sch,Sch>	/ʃ/	*Schaum*	*Nische*		*Tisch*	
<d,D>		/d/ [t^h]	*der, Dora*	*Hader*	*knuddeln*	*Rad* [t^h]!	*(Mudd)*
	<dt>	/t/ [t^h]		*Städte*		*Stadt*	
<e,E>		/ɛ/ [ə]	*es*	*wenn*		*Halle*	
<e,E,>		/eː/ [e]	*Esel*	*Leben, lebendig*			
	<ee,eh, Eh>	/eː/	*Ehre*	*Lehm*	*Beet, Seele*	*steh!*	*See*
	<ei,Ei>	/ɑ͡ɪ̯/	*Ei, Eis, Eile*	*Weile*		*zwei, drei*	
	<eih>	/ɑ͡ɪ̯/		*Weihe*		*Geweih*	
	<eu,Eu>	/ɔ͡ʏ̯/	*euch, Eule*	*Leuchte*		*scheu*	
	<ey>	/ɑ͡ɪ̯/		*Speyer*		*Loreley*	
	<e>	Dehnungs zeichen		*Liebe*		*sie*	
<f,F>	<ff>	/f/	*fiel, Falter*	*Hafen*	*raffen*	*Schweif*	*Muff*
	<pf,Pf>	/p͡f/	*pfui, Pferd*	*Köpfe*		*Kopf*	
<g,G>	<gg>	/g/[k^h,ç]	*gern, Geld*	*hegen*	*(Egge)*	*lag* [k^h]! *König* [ç]!	*(Rigg)* [k^h]!
	<ng>	/ŋ/		*singen*		*Klang*	
	<gs>	/k͡s/				*flugs*	
<h,H>		/h/	*hol, Haus*	*Uhu*			
		/Dehnungs zeichen/		*Ruhe, gehen*		*nah, Weh, roh, Schuh*	
	<sch,Sch>	/ʃ/	*Schlange*	*Nische*		*Tisch*	
<i,I>		/ɪ/	*in, Inn, ich*	*bin, finden*		*Mutti*	
<i,I>		/iː/ [i]	*Igel,*	*Lid*		*Halali*	
	<ie,ih,Ih, ieh>	/iː/	*ihr, Ihnen, Ihle, Riehl*	*Biene, ziehen*		*wie, zieh! Vieh*	
<j,J>		/j/	*ja, Jäger*	*Boje*			
<k,K>		/k/ [k^h]	*kalt, Karl*	*Haken*		*stak*	

Graph (mit Allo-graphen)	Buchsta-benverbin-dungen	Phonem (mit Allo-phonen)	Anlaut	Inlaut	Inlaut mit Buchsta-benver-doppelung	Auslaut	Ausl.mit Buchsta-benver-doppel.
	<ck>	/k/ [k^h]		*Hacken*		*Fleck*	
	<ks, cks>	/k͡s/		*gicksen*		*Keks*	*Klecks*
<l,L>	<ll>	/l/ [l̩]	*Lob*	*malen*	*bellen*	*Mehl, Nadel*	*hell*
<m,M>	<mm>	/m/ [m̩]	*mir, Milde*	*Blume*	*kommen*	*Ruhm, vollem*	*komm!*
<n,N>	<nn>	/n/ [n̩]	*nur, Nacht*	*Hähne*	*kennen*	*Kahn, kommen*	*kann*
<o,O>		/ɔ/	*ob, Ort*	*komm*		*Otto*	
<o,O>		/oː/	*oder, Oder*	*roden*		*wo, so*	
	<oh, Oh, oo,oe>	/oː/	*ohne, Ohm*	*Mohn (Soest)*	*Moos*	*roh, (Itzehoe)*	
	<oi,Oi>	/ɔ͡ʏ̯/	*(Oil)*	*(Boiler, Loipe)*		*(ahoi, toi-toi-toi)*	
<ö, Ö>		/œ/	*östlich*	*können*			
<ö,Ö>		/øː/	*öd, Öde, Öfen*	*blöde*		*Bö*	
	<öh>	/øː/	*Öhr(chen)*	*Höhle*		*Höh*	
<p,P>	<pp>	/p/ [p^h]	*Pein*	*Hupe*	*Happen*	*(Typ)*	*Trupp*
	<pf,Pf>	/p͡f/	*Pferd*	*Köpfe*		*Kopf*	
<q,Q>		-					
	<qu,Qu>	/k͡v/	*Quelle*	*bequem*			
<r,R>		/r/ [ɐ,ʀ,ʁ]	*Rat, raten*	*hören*	*zerren*	*Lehrer, Gehör*	*Narr*
<s,S>	<ss>	/s/		*hasten*	*essen*	*Hals*	*Riss*
<ß>		/s/		*reißen*		*Ruß, heiß*	
<s,S>		/z/ [s]	*so, Susi*	*reisen*		*Reis* [s]!	
<s,S>		/ʃ/	*steil, Spur*	*(Wurst)*			
	<sch>	/ʃ/	*schön*	*Nische, fischen*		*Rausch, Tisch*	
	<ts,Ts>	/t͡s/	*(Tsunami)*			*stets*	
<t,T>	<tt>	/t/[t^h]	*Teer*	*Vater*	*hatten*	*Rat*	*matt*
	<tz>	/t͡s/		*hetzen*		*Schwatz*	
<u,U>		/ʊ/	*unklar Ulk*	*Wurzel*	*(Kontinuum)* [uʊ]		
<u,U>		/uː/ [u]	*Ufer*	*Bude*		*Uhu*	
	<uh, Uh>	/uː/	*Uhr*	*Ruhe*		*Schuh*	
	<au, Au, auh>	/a͡ʊ̯/	*au, auf, Auge*	*Raub*		*schau, rauh/rau*	
	<eu, Eu>	/ɔ͡ʏ̯/	*Eule*	*Leuchte*		*scheu*	

Graph (mit Allographen)	Buchstabenverbindungen	Phonem (mit Allophonen)	Anlaut	Inlaut	Inlaut mit Buchstabenverdoppelung	Auslaut	Ausl.mit Buchstabenverdoppel.
	<ui>	/ʊ͡ɪ̯/	*ui*			*hui, pfui*	
<ü,Ü>		/ʏ/	*üppig*	*küß/ küss!*			
<ü,Ü>		/yː/	*Übel*	*müde*		*hü!*	
	<üh>	/yː/	*Ührchen*	*kühn*		*brüh, Müh*	
<v,V>		/f/	*viel*	*Nerven, Frevel*		*Nerv*	
		/v/ [f]	*(Vase)*	*(oval)*		*(aktiv)*	
<w,W>		/v/ [f]	*Wald, wen*	*Möwe*		*Löw* [f] !	
<x,X>		/k͡s/	*(Xaver, Xylophon)*	*Hexe*		*fix, Max*	
<y,Y>		/j/	*(Yacht)*				
<y,Y>		/ʏ/	*(Ypsilon) Yggdrasil*	*Sylt*			
<y,Y>		/yː/, /y/		*(Xylophon)*			
	<ay>	/a͡ɪ̯/	*(Aying)*	*Bayern*		*(Ray)*	
	<ey>	/a͡ɪ̯/		*Speyer*			
<z,Z>		/t͡s/	*Zettel*	*heizen*		*Geiz*	
	<tz>	/t͡s/		*hetzen*		*Netz*	

1. Spalte: Hier werden nur einfache Buchstabenzeichen (sowie Großschreibungen davon, soweit sie auftreten), verzeichnet. Sie werden auf der nächsten Zeile wiederholt, wenn sie verschiedenen Phonemen zugeordnet sind.
2. Spalte: Hier werden (in gleicher Zeile) Doppelschreibungen eines Konsonantenzeichens sowie (auf eigenen Zeilen) alle Kombinationen mit einem Buchstabenzeichen (auch Doppelschreibungen von Vokalzeichen) erfasst.
3. Spalte: Hier wird das entsprechende Phonem angegeben sowie die wichtigsten Allophone (abgesehen von demjenigen Allophon, das als Name des Phonems dient).
4. Spalte: Beispiele für Verwendung des betreffenden Buchstabens (bzw. der Buchstabenverbindungen) am Simplexanfang. Da Verdoppelungen von Konsonantenzeichen am Wortanfang in nativen Wörtern überhaupt nicht vorkommen und Verdoppelungen von Vokalzeichen nur sehr selten (z.B. *Aal*), werden die wenigen Beispiele hier und nicht in einer eigenen Spalte verzeichnet.
5. Spalte: Beispiele für die Verwendung des betreffenden Buchstabens (bzw. der Buchstabenverbindungen) im Simplexinneren.
6. Spalte: Beispiele für die Verwendung der Verdoppelung des betreffenden Buchstabens im Simplexinneren. Beachte, dass das bei den Konsonantenzeichen <p, t, k, f, s, m, n, l, r> Ambisyllabizität des Konsonanten (und Kürze

bzw. Ungespanntheit des vorausgehenden Vokals außer bei /ɑ/) bedeutet, bei <b,d,g> nur bei einigen niederdeutschen Lehnwörtern. Die Verdoppelung ist aus eugraphischen Gründen verboten bei Buchstabenverbindungen wie <ch, chs, sch, pf, ng, ck, cks, ks, qu, ß, ts, tz>, obwohl die lautlichen Entsprechungen von <ch, sch, ng, pf, ts> ambisyllabisch auftreten können. Die Buchstabenverbindungen <ck> und <dt> gelten als Verdoppelungen von <k> und <t>; für <ß> galt das früher im absoluten Auslaut auch, doch nach der Rechtschreibreform ist es beschränkt auf die Position nach Langvokal und Diphthong wie bei *Maß, reißen, Fuß/Füße,* wo es nur Stimmlosigkeit des [s], aber nicht Kürze des vorausgehenden Vokals und Ambisyllabizität des [s] bedeutet. Ferner ist die Verdoppelung aus eugraphischen Gründen verboten bei <i, j, y, u, v, w, h, x>, bei allen Umlautzeichen <ä, ö, ü> und allen Diphthongzeichen <ai, eu, äu, eu, au, ui>. (→ 4.3, S. 133, ferner → 4.4.3.1, S. 146f. und → 4.4.3.2, S. 150f.). – Bei Vokalzeichen bedeutet Verdoppelung dagegen Länge (bzw. geschlossen/dezentral/gespannt, außer bei /ɑː/ und /ɛː/).
7. Spalte: Beispiele für die Verwendung des betreffenden Buchstabens (bzw. der Buchstabenverbindungen) am Simplex-/Wortende.
8. Spalte: Beispiele für die Verwendung der Verdoppelung des betreffenden Buchstabens am Simplex-/Wortende. Beachte, dass das bei Konsonantenzeichen auf die Verwendung zur Markierung der Ambisyllabizität im Wortinneren zurückgeht (im Sinne der Schemakonstanz), bei Vokalzeichen aber Länge (bzw. Gespanntheit außer bei /ɑː/ und /ɛː/) bedeutet.

Wir haben uns bemüht, möglichst für alle Konstellationen Beispiele in nativen Simplizia beizubringen. Daraus folgt, dass leere Zellen bedeuten, dass es keine nativen Beispiele für die betreffende Konstellation gibt. Die entsprechenden Themen wurden bereits im vorausgehenden Text behandelt. – Eigennamen haben wir i.d.R. nicht berücksichtigt, da sie zahlreiche Idiosynkrasien in der Schreibung (und in der Lautung) aufweisen. Die wenigen nichtnativen und die Eigennamen-Beispiele haben wir in runden Klammern hinzugefügt, wenn uns das in einem Übergangsbereich zwischen nativen und nichtnativen Regeln notwendig erschien. – Alle **Buchstabenverbindungen,** abgesehen von den Konsonantenverdoppelungen, werden auf einer eigenen Zeile unter all denjenigen einfachen Buchstaben, die in ihnen enthalten sind, aufgeführt (sie treten also in identischer Form mehrfach auf). Dies soll verhindern, dass Benutzer der Tabelle eine relevante Konstellation übersehen (bei Fragestellungen, die auf die/alle Funktionen eines Buchstabenzeichens zielen). – Vokalzeichenverdoppelungen und andere Vokallängenmarkierungen werden in einer einzigen Zeile zusammengefasst, obwohl sie von der Systematik der Tabelle her auf eigenen Zeilen auftreten müssten. Beachte dazu auch die Übersicht über die Langvokale in Abschnitt 4.4.2.5, S. 142!

4.4.2 Phonem-Graphem-Zuordnung: Vokalphoneme – Vokalzeichen

Im Folgenden wird versucht, so weit wie möglich für alle Vokalphoneme und Vokalgrapheme, die in nativen Wörtern auftauchen, und für alle wesentlichen Distributionstypen Beispiele beizubringen (möglichst Grundformen). Wenn die Schreibung in alter Orthographie abweicht, dann fügen wir diese Version bei den Beispielen nach einem Schrägstrich hinzu.

4.4.2.1 Kurzvokale in Akzentsilben

Kurze/ungespannte Vokale		**Beispiele**				
Phonem	Graphem	im Einsilbler, unmarkiert	im Einsilbler mit Konson.-zeichen-verdoppel.	im Einsilbler vor Konsonanten-Cluster	im Mehrsilbler vor Silbengelenk	im Mehrsilbler vor Konsonanten-Cluster
/ɪ/	<i, I>	*bin*	*Kinn*	*gilt*	*rinnen*	*knistern*
/ɛ/	<e,E/ä,Ä>	*es*	*wenn*	*hält*	*Senner, Männer*	*hätscheln*
/ʏ/	<ü, Ü>		*küss!/küß dünn*	*fünf*	*bücken, füllen, hüllen*	*rülpsen*
/œ/	<ö, Ö>		*Löss/Löß*	*Wörth*	*können*	*köstlich*
/ɑ/	<a, A>	*an*	*Kamm*	*Sand*	*Kanne*	*handeln*
/ɔ/	<o, O>	*ob*	*komm*	*Most*	*Sonne*	*sonstige*
/ʊ/	<u, U>	*um*	*stumm*	*Mund*	*Brunnen*	*Hunde*

Hinweise:

1. Spalte: die Kurzvokal-Phoneme, geordnet nach der Phonemtabelle.

2. Spalte: die den jeweiligen Phonemen zugeordneten Graphen, wobei diese Zuordnung hier bis auf den a-Umlaut <ä,Ä> sehr einfach ist.

3. Spalte: Einsilbler, die auf einfachen Konsonanten enden. Das ist für Einsilbler mit Kurzvokal die unmarkierte Konstellation. Auf Kurzvokal endende Einsilbler gibt es bei nativen Wörtern nicht: Auf dem Weg vom Mittelhochdeutschen zum Neuhochdeutschen wurde diese Konstellation entweder durch Dehnung des Vokals oder durch Anfügung eines Konsonanten beseitigt. – Von dieser Regel weichen nur einige Interjektionen wie *So!* [zɔ] *Na!* [nɑ] ab, doch zeigen Interjektionen generell lautliche Besonderheiten, vgl. *hui!*

4. Spalte: Kurzvokaleinsilbler, die nach dem Vokalzeichen Verdoppelung des Konsonantenzeichens aufweisen. Sie resultiert aus analogischer Übertragung aus mehrsilbigen Versionen (im Sinne der Schemakonstanz), wo die Doppelschreibung des Konsonanten tatsächlich Ambisyllabizität anzeigt. Es sei verwiesen auf Abschn. 4.4.1, S. 137f. (zur 6. Spalte), wo diejenigen Konsonantenzeichen aufgelistet werden, die nicht verdoppelt werden dürfen.

5. Spalte: Kurzvokal im Einsilbler, der auf Konsonanten-Cluster (zwei und mehr Konsonanten) endet: Auch diese Konstellation kann bei Einsilblern mit Kurzvokal als normal gelten.
6. Spalte: »Im Mehrsilbler vor Silbengelenk« meint, dass auf den Kurzvokal ein verdoppelter Konsonantengraph folgt, der anzeigt, dass dieser Konsonant ambisyllabisch ist (und dass der vorausgehende Vokal kurz ist, weil die Silbe konsonantisch geschlossen ist).
7. Spalte: »Im Mehrsilbler vor Konsonanten-Cluster« meint, dass auf den Kurzvokal zwei oder mehr Konsonanten folgen. Dies bedeutet, dass die Kurzvokalsilbe konsonantisch geschlossen ist, also eine ganz normale Konstellation.

Zur <ä>-Schreibung: Wenn es ein verwandtes Wort mit <a> bzw. <au> gibt, dann erscheint i.d.R. <ä> bzw. <äu> statt <e> bzw. <eu>, z.B. *behände* (alte Orthographie: *behende*), *Gämse,* da *Gams* (alte Orthographie: *Gemse*). Ausnahme: *Eltern.*

4.4.2.2 Kurzvokale in akzentlosen Silben

Natürlich kommen alle oben aufgeführten Kurzvokale bei nativen Wörtern auch in akzentlosen Silben in gleicher Schreibung als ungespannte Vokale vor:
1. In geschlossener Silbe: ***Hornisse, empor, allein.***
2. In offener Silbe: ***Forelle*** [fɔ.ˈrɛlə], ***Wacholder*** [vɑ.ˈxɔl.dɐ]. Doch sei vermerkt, dass hier einige Kurzvokale im Aussprache–Duden (2005) als gespannte Kurzvokale (abgesehen vom /ɑ/) transkribiert werden, ohne dass diese unter dem Akzent als gespannte Langvokale erscheinen könnten: ***Mutti*** [ˈmʊti], ***Uhu*** [ˈuː.hu], ***Otto*** [ˈɔto]. Wir haben schon in Abschn. 3.2.2, S. 85, die Ansicht geäußert, dass gespannte Kurzvokale in normaler Rede im Deutschen nicht vorkommen. Allerdings muss man zugestehen, dass bei ***Mutti, Uhu*** und ***Otto*** diese Endvokale als lange/gespannte Vokale auftreten können.

In nichtnativen Wörtern kommen die genannten Kurzvokale in gleicher Schreibung unterm Akzent wie auch in nichtakzentuierten Silben vor. Soweit sie unter dem Akzent kurz sind, sind sie ungespannt (entsprechend der Regelung in nativen Wörtern); verlieren die Silben mit diesen Vokalen den Akzent, dann bleiben diese Vokale kurz und ungespannt. – Sind dagegen Vokale unter dem Akzent lang, so sind sie gespannt; verlieren die entsprechenden Silben den Wortakzent, so werden die Vokale kurz, bleiben aber nach Aussprache–Duden (2005) gespannt. Diese Regelung entspricht nach unseren Beobachtungen nicht der Realität: Hier werden auch diese Vokale ganz überwiegend ungespannt ausgesprochen.

Literaturhinweise:
Becker, Th. (1996): Zur Repräsentation der Vokallänge in der deutschen Standardsprache. – In: ZS f. Sprachwiss. 15:1, S. 3-21.

Eisenberg, P. (1999): Vokallängenbezeichnung als Problem. – In: Ling. Ber. 179, S. 343-349. [Reaktion auf Ramers 1999a].
Ramers, K.-H. (1999a): Vokalquantität als orthographisches Problem: Zur Funktion der Doppelkonsonanzschreibung im Deutschen. – In: Ling. Ber. 177, S. 52-64.
Ramers, K.-H. (1999b): Zur Doppelkonsonanzschreibung im Deutschen: Eine Rereplik. – In: Ling. Ber. 179, S. 350-360. [Reaktion auf Eisenberg 1999]
Rieke, U. (1998): Studien zur Herausbildung der neuhochdeutschen Orthographie. Die Markierung der Vokalquantitäten in deutschsprachigen Bibeldrucken des 16.-18. Jhdts. – Heidelberg: Winter (= Studien zur Geschichte der deutschen Sprache, Bd. 1).
Primus, B. (2000): Suprasegmentale Graphemik und Phonologie: Die Dehnungszeichen im Deutschen. – In: Ling. Ber. 181, S. 9-34.
Schrodt, R. (1996): Die vokallänge – eine phonetische gretchenfrage. – In: tribüne 96/2, S. 19-22.

4.4.2.3 Zentralisierte Vokale

Phonem	Graphem	Beispiele
/ə/	<e>	*rauben*
/ɐ/	<(e)r>	*Lehrer*

/ə/ und /ɐ/ sind hier als Phoneme markiert. Zwar könnte man [ə] auch als Allophon von /ɛ/ einstufen, doch sind die Fälle, in denen eine Akzentsilbe mit /ɛ/ den Akzent verliert, äußerst selten, so dass man nicht entscheiden kann, ob /ɛ/ ohne Akzent regelmäßig zu [ə] wird.

[ɐ] tritt in den meisten Fällen als positionell bedingtes Allophon von /r/ auf, und zwar silbenauslautend nach Vokal. Problematisch ist jedoch das [ɐ], das als Realisierung der Graphenfolge <er> am Wortende auftritt. Wenn es [ər] ersetzt, dann kann es nicht als Allophon von /r/ gelten, sondern muss in einer eigenen Regel behandelt werden. Die einzige Alternative wäre hier, dass man Vokalisierung des /r/ nach Vokal mit nachfolgender Synkope des [ə] annehmen müsste. Dies würde aber eine Erweiterung der Synkopierungsregel voraussetzen.

4.4.2.4 Schreibung von Langvokalen in Akzentsilben

	unmarkierte Vokallänge		**markierte Vokallänge**			
Phonem	Einsilbler	Mehrsilbler	Verdoppelung Vokalzeichen	Dehnungs-*h*	Dehnungs-*e*	Dehnungs-*e* +Dehn.-*h*
/iː/	<i> *Lid*	<i> *Igel*		<ih> *ihn*	<ie> *Biene*	<ieh> *Vieh*
/eː/	<e> *wen*	<e> *reden*	<ee> *See, Beet*	<eh> *Lehne*		
/ɛː/	<ä> *Bär*	<ä> *Bären*		<äh> *zäh*		
/yː/	<ü > *müd*	<ü> *Übel*		<üh> *kühn*		
/øː/	<ö> *öd, Bö*	<ö> *Öfen*		<öh> *Höhle*		
/ɑː/	<a> *Schaf*	<a> *baden*	<aa> *Staat*	<ah> *Kahn*		
/oː/	<o> *so, Mond*	<o> *roden*	<oo> *Boot*	<oh> *Wohl*	<oe> *(Soest)*	
/uː/	<u> *tut, du*	<u> *Bude*		<uh> *Buhne*	<ue> *(Cues)*	

Kommentare:

1. Die Verdoppelung des Vokalzeichens ist bei nativen Wörtern wegen des eugraphischen Prinzips (→ 4.2.5, S. 128) verboten
   - bei <i> wegen der Verwechslungsgefahr mit <ü>;
   - bei <u> wegen der (früheren) Verwechslungsgefahr mit <w>;
   - bei <ü>, <ö> und <ä>. Beachte also: *Boot – Bötchen, Haar – Härchen* (Verletzung des Prinzips der Schemakonstanz); (→ 4.2.2, S. 126f.);
   - bei <y>.
2. Das Dehnungs-<h> ist bei allen Vokalen möglich.
3. Das Dehnungs-<e> entwickelt sich aus der Schreibung des mhd. Diphthongs <ie>, der der nhd. Monophthongierung zum Langvokal /iː/ unterliegt (z.B. /ˈli͡ə.bə/ > /ˈliː.bə/). Dadurch wird das <e> funktionslos und wird zum Längenzeichen uminterpretiert (sog. »organisches« Dehnungs-<e>). Später wird es auf andere /iː/ übertragen (sog. »unorganisches« Dehnungs-<e>, z.B. mhd. *ligen* / ˈlɪ.gən/ > nhd. *liegen*), regional sogar auf andere Vokale (z.B. *Soest, Itzehoe).*
4. Die Kombination von Dehnungs-<e> und -<h> bei /iː/ ist auf wenige Fälle beschränkt, z.B. *fliehen*. Beachte, dass das <h> hier stumm ist!
5. Regional tritt auch das Dehnungszeichen <w> in sorbischen Eigennamen wie *Pankow, Bülow* (im Aussprache-Duden 2005 allerdings als gespannte Kurzvokale transkribiert) auf, ferner <oi> für /oː/ in Eigennamen wie *Broich.*

Wenn für einen Langvokal <ä> erscheint, dann wird dieser Vokal immer [ɛː] ausgesprochen (regional, v.a. im norddeutschen Bereich, durchaus auch als [eː], z.B. in *Bären*).

Literaturhinweis:
Siehe die Hinweise unter »4.4.2.2, Kurzvokale in akzentlosen Silben« S. 140.

4.4.2.5 Schreibung von Langvokalen in akzentlosen Silben

Akzentuierte Langvokale in **nativen** Wörtern verlieren wohl kaum einmal den Akzent; nach herrschender Lehre werden sie dann kurz, behalten aber das Merkmal der Gespanntheit, was unseren Beobachtungen widerspricht: *Leben* [ˈleː.bən] – *lebendig* [le.ˈbɛn.dɪç] bzw. [lɛ.ˈbɛn.dɪç]. – Fälle, in denen die Vokallänge in diesen Fällen markiert wäre, haben wir nicht gefunden.

In **nichtnativen** Wörtern werden, wie schon oben in Abschn. 4.4.2.2 S. 140 festgestellt, Langvokale, wenn sie den Akzent verlieren, zu Kurzvokalen, die wir für ungespannt halten, denen aber der Aussprache-Duden (2005) in Übereinstimmung mit dem größten Teil der einschlägigen Literatur Gespanntheit zuordnet (*Doktor – Doktoren – doktorabel*). Auch in diesen Fällen ist die (ursprüngliche) Vokallänge nicht markiert.

Zu ergänzen ist noch, dass der Aussprache-Duden in Einzelfällen für Vokale in (immer!) akzentlosen, konsonantisch geschlossenen Silben nativer Wörter

Länge (+ Gespanntheit) ansetzt, z.B. bei ['ha͡ɪ̯.ma:t] *Heimat*, ['de:.mu:t] *Demut*, durchaus in Übereinstimmung mit unseren Beobachtungen. Es ist offenkundig, dass auch diese Konstellation (neben vielen anderen bereits erwähnten) in den derzeit gängigen Silbentheorien des Deutschen nicht unterzubringen ist. In allen diesen Fällen ist die Vokallänge graphisch unmarkiert.

4.4.2.6 Diphthonge

	Allographen		
Phonem	anlautend (+ isoliert)	inlautend	auslautend
/a͡ɪ̯/	<ei, Ei> *Ei, Eis, Eile*	<ei> *weil* <ai> *Laib*	<ei> *zwei* <eih> *Weihe*
/a͡ʊ̯/	<au, Au> *au, auf, Auge*	<au> *Raub* <ou> *(Couch, out)*	<au> *schau,* <auh> *rau/rauh*
/ɔ͡ʏ̯/	<eu,Eu> *euch, Eule* <äu> *äugen*	<eu> *Leuchte* <äu> *Räuber* <oi> *(Boiler, ahoi, Loipe)*	<eu> *scheu* <äu> *Gebräu*
/ʊ͡ɪ̯/	<ui> *ui*	<ui> *(Luig)*	<ui> *hui, pfui*

Häufigkeit von Diphthongschreibungen in Prozent nach Naumann (1989), S. 88f.

/a͡ɪ̯/	<ei, Ei> 99 %	<ai> 0 %	<eih> 1 %
/a͡ʊ̯/	<au, Au> 100 %	<ou> 0 %	<auh> 0 %
/ɔ͡ʏ̯/	<eu,Eu> 85 %	<äu> 15 %	<oi> 0 %
/ʊ͡ɪ̯/	<ui> 0 %		

Die Schreibung <äu> als Umlaut von <au> in Wörtern wie *Raub/Räuber* entspricht dem Prinzip der Schemakonstanz (etymologisches Prinzip).

Diphthonge kommen in akzentlosen Silben nativer Wörter nur sehr selten vor (z.B. *Ameise*), faktisch nur in Suffixen wie *-heit, -keit, -ei/-erei*. In nichtnativen Wörtern kommen alle genannten Diphthonge vor, abgesehen von den Schreibungen <äu>, <auh> und <eih>.

Literaturhinweis: Siehe die Hinweise unter »4.4.2.2, Kurzvokale in akzentlosen Silben«, S. 140.

Naumann, C. L. (1989): Gesprochenes Deutsch und Orthographie. Linguistische und didaktische Studien zur Rolle der gesprochenen Sprache in System und Erwerb der Rechtschreibung. – Frankfurt a. Main: Peter Lang (= Theorie und Vermittlung der Sprache 8).

Übungsaufgabe Nr. 14 zur **Schreibung der i-Laute:**
Diskutieren Sie an Beispielen aus dem Text Probleme bei der Schreibung der i-Laute im Deutschen!

[1] *Das geht zurück auf eine Erzählung eines Mannes, der in Bautzen war fünf Jahre, der erzählte mir eine Geschichte von einem ziemlich jungen Mann, der war 19 Jahre alt, hatte auch fünf oder sogar mehr Jahre Zuchthaus, das war*

der adoptierte Sohn eines hohen Parteifunktionärs, der keine Kinder mehr kriegen konnte, kaputt also durch Zuchthaus, KZ, was immer, und dieser Sohn war so eine Projektion für ihn, dieser Stiefsohn. [2] *Und der hat dann als Reaktion so gegen dieses behütete, privilegierte Elternhaus und sicher auch aus Erfahrungen, die er nun im Kontext mit anderen Jugendlichen gemacht hatte, immer wieder so Sachen gemacht, wie in Dresden an die Brücke geschrieben: »Russen raus, Freiheit«, und so, was hier zitiert ist, dann Flugblätter verteilt.* [3] *Und schließlich hat er auf Rügen ein Schiff der Grenztruppen gekapert, um damit nach Dänemark auszubrechen, und da wurde er gefaßt.* [4] *Der Alte hat ihn sonst immer rausgeholt aus allem, konnte ihn schützen, und da konnte er nichts mehr tun, der war dann in Bautzen im Zuchthaus.* [5] *Er war gefürchtet bei den Wachmannschaften, weil er hatte die Fähigkeit, Glühbirnen zu fressen, und damit war man natürlich King.*

[Interview mit dem Schriftsteller Heiner Müller. – In: Walter Kempowski, Bloomsday '97 (München 1997), S. 336]

Übungsaufgabe Nr. 15 zu den **graphemischen Funktionen des Zeichens <e>:**
Zeigen Sie an Beispielen aus dem Text, welche verschiedenen graphemischen Funktionen das Zeichen <e> im deutschen Schreibsystem erfüllt:

[1] *Wir unterscheiden:* [2] *er ist Schauspieler – er ist ein Schauspieler; er ist Bauer – er ist ein Bauer; ...* [3] *Es ist zweierlei, ob gesagt wird: »er ist ordentlicher Professor« oder »ein ordentlicher Professor; er ist alter Beamter« oder: »ein alter Beamter«.* [4] *Im ersten Falle wird die Zugehörigkeit zu der Lebensrolle genauer bestimmt, im zweiten Falle wird der Mensch charakterisiert.* [5] *Meist wird die Wertung durch ein Adjektiv ausdrücklich ausgesprochen.* [6] *Wenn über einen Menschen geurteilt wird: »er ist ein Schauspieler«, so wird damit nicht sein Beruf angegeben, sondern vielmehr gesagt, daß er sich wie ein Schauspieler zu verhalten versteht, ohne dem Beruf nach wirklich Schauspieler zu sein.* [7] *Der Mensch taucht nicht in einer Gruppe unter, das Verhalten in der Gruppe dient vielmehr dazu, sein persönliches Verhalten zu charakterisieren.* [8] *So steht selbstverständlich das qualifizierende »ein«, wenn das Substantiv urteilt: »er ist ein Schwindler, ein Verschwender«.* [9] *Es steht aber auch, wenn gesagt wird, was ein Mensch von Natur ist, dem Geschlecht oder dem Alter nach (»er ist noch ein Kind«).*

[Henning Brinkmann, Die Deutsche Sprache (Düsseldorf 1962), S. 59f.]

Übungsaufgabe Nr. 16 zur **Schreibung der Tonvokale:**
Geben Sie so weit wie möglich Prinzipien für die Schreibung der Tonvokale in der Normalorthographie bei folgenden Beispielen an: *Leuten, erläutern, wenn, Männer, ihrem, hier, mir.*

Übungsaufgabe Nr. 17 zur **Vokalquantität:**
Skizzieren Sie ausgehend von Beispielen des Textes, wie in deutscher Orthographie die Länge bzw. Kürze von Vokalen dargestellt wird:

[1] *Der zunehmende Umfang von Aufgaben in Lehre und Verwaltung, dem sich die Hochschullehrer gegenübersehen, hat zur Folge, daß in vielen Fällen die Zeit für eigene Forschungsvorhaben fehlt.* [2] *Um hier Abhilfe zu schaffen und dem Hochschullehrer wieder die Möglichkeit zu geben, für einen gewissen Zeitraum kontinuierlich eigene Forschungen zu betreiben, bewilligt die Deutsche Forschungsgemeinschaft (DFG) die Mittel für Forschungssemester.* [3] *Diese Mittel, die für höchstens zwei Semester vergeben werden, erlauben einerseits, daß sich ein Hochschullehrer für Forschungszwecke freistellen oder beurlauben lassen kann, sie ermöglichen andererseits den Hochschulen, aus Mitteln der DFG jüngere Wissenschaftler als Vertreter zu bezahlen.*
[DFG. Hinweise für Antragsteller, S. 80. Merkblatt Forschungssemester. Ausgabe August 1992]

4.4.3 Phonem-Graphem-Zuordnung bei Konsonanten

4.4.3.1 Einfache Konsonantenphoneme

Phonem (mit Allophonen)	Graphem			
	Anlaut	nach Langvokal oder Diphthong		nach Kurzvokal, in Verdoppelung oder Konsonanten-Cluster In- und Auslaut
		Inlaut	Auslaut	
/p/, [p^h]	<p,P> *Pein, paar*	<p> *Hupe*	<p> *(Horoskop)*	<pp> *Happen, Trupp*
/t/, [t^h]	<t,T> *Teer, treu*	<t> *Vater*	<t> *Rat*	<tt (dt)> *hatten, matt, Stadt/Städte*
/k/, [k^h]	<k,K> *kalt, Kur* <ch,Ch> *Chiemsee*	<k> *Haken*	<k> *stak*	<ck> *Hacke, Fleck*
/ʔ/	<-> *alt*	<-> *veralten*		
/b/, [p^h]	<b,B> *Bein, bei*	<b> *haben*	<b> *Grab* [p^h]!	<bb> *(Ebbe, sabbern)*
/d/, [t^h]	<d,D> *der, Dach*	<d> *baden*	<d> *Rad* [t^h]!	<dd> *(knuddeln)*
/g/, [k^h,ç]	<g,G> *gern, Garn*	<g> *hegen*	<g> *lag* [k^h] ! <g> (nach *i*) *König* [ç] !	<gg> *(Egge, Rigg)*
/f/	<f,F/v,V> *fiel, Fall, viel, Vogel*	<f> *Hafen,* <v> *Frevel*	<f> *Schweif* <v> *Nerv*	<ff> *paffen, Puff*
/s/	<s+k> *(Skat)*	<ß> *reißen*	<ß> *heiß*	<ss,(ß)> *hassen, Riss/Riß*
/ʃ/	<sch,Sch/s,S> *schön, Schiff, steil, Stock*	<sch> *Nische*	<sch> *Rausch*	<sch> *fischen, Tisch*

Phonem (mit Allophonen)	Graphem			
	Anlaut	nach Langvokal oder Diphthong		nach Kurzvokal, in Verdoppelung oder Konsonanten-Cluster In- und Auslaut
		Inlaut	Auslaut	
/x/ [ç]	<ch,Ch> *(chinesisch, Chemie)*	<ch> *weichen*	<ch> *weich*	<ch> *krachen, dich*
/h/	<h,H> *holen, Heim*	<h> *Ahorn, Uhu*		
/v/, [f]	<w,W/v,V> *wen, Vase*	<w> *Möwe*	<w> *Löw* [f] ! <v> *aktiv*	<w> *Calw* [f] !
/z/, [s]	<s,S> *sagen, Saat*	<s> *lesen*	<s> *las* [s] !	
/ʒ/	(<g,G/j,J>) *(genieren, Gelee, jonglieren, Journal)*	(<g>) *(Garage)*	<g> *(Courage)*	
/m/	<m,M> *mir, Mund*	<m> *Blume*	<m> *Ruhm*	<mm> *kommen, Kamm*
/n/	<n,N> *nur, Nase*	<n> *Hähne*	<n> *Kahn*	<nn> *kennen, kann*
/ŋ/				<ng> *singen, Gesang*
/l/	<l,L> *lieb, Lob*	<l> *malen*	<l> *Mehl*	<ll> *bellen, hell*
/r/ [ʀ,ʁ,ɐ]	<r,R> *rot, Rat*	<r> *hören*	<r> *Gehör* [gə.ˈhøːɐ]	<rr> *zerren, Narr, Lehrer*
/j/	<j,J> *ja, Jenseits*	<j> *Boje*		

Eindeutige Korrespondenzen gibt es

- zwischen den stimmhaften Plosiven /b/, /d/, /g/ und den Graphemen <b>, <d>, <g>;
- zwischen den Frikativen /j/, /v/, /z/, /h/ und den Graphemen <j>, <w>, <s> und <h>;
- zwischen den Sonoranten /l/, /m/, /n/, /r/ (aber nicht /ŋ/) und den Graphemen <l>, <m>, <n>, <r>, wobei die Beziehung auch umgekehrt zwischen <l> und dem Phonem /l/ sowie <m> und dem Phonem /m/ gilt.

Grapheme ohne Lautwert bzw. mit anderen Funktionen sind z.B.:

- <h>: Es dient intervokalisch als Längenmarkierung für vorausgehende Vokale (*Reh*) sowie als Markierung der Silbengrenze (*ehe, gehen*);
- <w> in sorbischen Ortsnamen wie *Güstrow*, das nicht gesprochen wird. Es dient als Längenmarkierung für den vorausgehenden Vokal [oː] (der allerdings im Aussprache-Duden (2005) als gespannter Kurzvokal [o] notiert wird).

Das <ß> kann historisch als positionsbeschränkte Version eines doppelten <s> verstanden werden: Es wird in der reformierten Orthographie an denjenigen Stellen für stl. /s/ verwendet, wo es in Opposition zum sth. /z/ steht, nämlich nach Langvokal oder Diphthong im Inlaut: *reisen – reißen*. Das sth. /z/ wird in diesen Positionen durch einfaches <s> ausgedrückt. In den übrigen Positionen, nämlich nach Kurzvokal im In- und Auslaut, wird stl. /s/ durch <ss> ausgedrückt: *lassen, lass*. Lediglich im Auslaut steht <s> manchmal für stl. /s/ (*was*), manchmal aber auch für stl. [s] als Ergebnis der Auslautverhärtung von /z/: *lies!*

Doppelschreibung eines Konsonantenzeichens zwischen Silben, also in Mehrsilblern, (→ 4.2.1, S. 126; → 4.2.5, S. 128; → 4.3, S. 132; → 4.4.1, S. 137f.; → 4.4.2.1, S. 139) zeigt Kürze des vorausgehenden betonten Vokals und Ambisyllabizität des Konsonanten an (Koda der vorausgehenden und Kopf der folgenden Silbe gleichzeitig). Bei Einsilblern wird die Doppelschreibung aus mehrsilbigen Formen im Sinne der Schemakonstanz übernommen, zeigt hier aber nur die Kürze des vorausgehenden Vokals an. – Die stimmhaften Plosive /b/, /d/, /g/ können im Standarddeutschen nicht ambisyllabisch sein. Beispiele wie *Egge, Ebbe, knuddeln* sind aus dem niederdeutschen Bereich übernommen worden.

Werden Abfolgen von Konsonanten durch Folgen von Buchstaben wiedergegeben, so gilt bei den Buchstabenverbindungen <pf>, <ts, tz>, <tsch>, <chs, cks, ks>, <st>, <sp> der erste Konsonant graphemisch [!] als silbenschließend, der zweite als silbeneröffnend; die einfachen Buchstaben <z> und <x> werden in der Trennung auf die neue Zeile gesetzt. <qu> darf grundsätzlich nicht getrennt werden. Würde man diese Regelung auf die lautliche Ebene übertragen, so wäre Ambisyllabizität bei den Affrikaten /p͡f/, /t͡s/, /t͡ʃ/, /k͡s/ ausgeschlossen, stattdessen würde es sich um Konsonantenfolgen handeln, und damit geriete man in Widerspruch zu der monophonematischen Einstufung.

Die Schreibung <ck> geht auf mhd. Schreibvarianten für ambisyllabisches /k/ zurück, basierend auf der Tatsache, dass im lateinischen Alphabet beide Buchstaben für den Lautwert [k] standen. Wegen des Charakters einer Ligatur konnte <ck> nicht getrennt werden (stattdessen systematisch richtig <k-k>). Die neue Trennregel, derzufolge <ck> insgesamt auf die neue Zeile gesetzt wird, verstößt gegen die allgemeine Trennregel für ambisyllabische Konsonanten, doch entspricht sie der Regelung etwa bei <sch, ch> usw., bei denen Ambisyllabizität auch nicht durch Verdoppelung des Konsonantenzeichens ausgedrückt wird.

Literaturhinweise:

Augst, G. (2005): Zwischen Silbengelenk- und Quantitätsmarkierung – der Doppelkonsonantenbuchstabe im Deutschen. – In: ZS f. germanist. Ling. 33:23, S. 289-305.

Ramers, K.-H. (1999): Zur Doppelkonsonanzschreibung im Deutschen: Eine Rereplik. – In: Ling. Ber. 179, S. 350-360.

Sternefeld, W. (2000): Schreibgeminaten im Deutschen: Ein Fall für die Optimalitätstheorie. – In: Ling. Ber. 181, S. 35-54.

Übungsaufgabe Nr. 18 zu den **lautlichen Entsprechungen von <s>**:
Erläutern Sie die lautlichen Entsprechungen von <s> in der Gegenwartssprache anhand von Beispielen aus dem folgenden Text!

[1] *Begegnung im Walde.* [2] *An einem Januartag begegneten sich Winfried Menzel und Ernst Pötsch auf dem wenig befahrenen Weg zwischen Liepros und Schwedenow zum ersten Mal.* [3] *Die bewaldeten Höhen, von deren Sandboden der seit den Weihnachtstagen andauernde Regen willig aufgesogen worden war, hatte Menzel ohne Schwierigkeiten passiert, in der in den Torfsee auslaufenden Niederung aber, wo die Abflußgräben über die Ufer getreten waren, die Wiesen überschwemmt und auch den Weg überflutet hatten, war die Autotour zu einem vorläufigen Ende gekommen.* [4] *Trotz der Warnungen seiner Frau, der Umkehr angebracht erschienen war, hatte Menzel, unter Ausnutzung des linken, erhöhten Wiesenrains, die ausgedehnte Pfütze zu durchfahren versucht, war aber links in dem schwarzen, von Forstfahrzeugen in Morast verwandelten Boden steckengeblieben.* [5] *Versuche, durch Rückwärtsfahrt wieder festen Boden zu gewinnen, hatten die Räder noch tiefer in den Schlamm getrieben, bis schließlich der Wagenboden auf dem Rain aufgelegen hatte und jede weitere Bemühung sinnlos geworden war.* [6] *Der Ironie, mit der Frau Menzel das fahrtechnische Können des Mannes gelobt hatte, hätte es nicht bedurft, um die Stimmung zwischen den Eheleuten gereizt zu machen.* [7] *Da aber beide auf Situationen dieser Art trainiert waren, hatte sich die Aggressivität in dem schräg-liegenden Auto nur indirekt entladen, bei der Behandlung der Frage nämlich, wer mit seinem städtisch-feinen Schuhwerk den Wagen verlassen und durch Wasser und Schlamm nach dem drei Kilometer entfernten Schwedenow zurückgehen und Hilfe holen sollte.* [8] *Scheinobjektive Gründe hatte es für beide Varianten gegeben, und da, wenn es um Menge und Güte von Argumenten ging, Menzel immer der Findigere war, wären wohl eher ihre als seine Füße naß geworden, wenn nicht in diesem Moment die Begegnung erfolgt wäre, auf die es hier ankommt:* [9] *Pötsch radelte heran.*

[Günter de Bruyn, Märkische Forschungen (1979), S. 8]

Übungsaufgabe Nr. 19 zu den **Lautwerten von <g>**:
Sammeln Sie alle Beispiele mit dem Buchstaben <g>, auch die Fälle, in denen er in einer Buchstabenverbindung auftritt. Ordnen Sie dem Buchstaben <g> bzw. der Buchstabenverbindung, in der er auftritt, jeweils einen Lautwert zu, bilden Sie Gruppen nach dem Lautwert, ordnen Sie die Lautvarianten Phonemen zu und begründen Sie Ihre Zuordnung!

[1] ... *und dann gingen sie los.* [2] *Piezke schlief im Gehen.* [3] *»Pflück mir doch mal eine Blume, ja!« sagte er, aber das war nur ein Vorwand, eine Ausrede, er wollte, als der alte Popov ihm eine Blume suchte, sich hinlegen, ein kleines Nickerchen machen.* [4] *Gingen sie ein Stückchen weiter, hatte er eine neue Ausrede:* [5] *»Bleib doch mal stehen, ja!* [6] *Ich muß husten.«* [7] *Legte sich hin und pennte.* [8] *»Ich muß mich mal kämmen.«* [9] *Blieb wieder stehen, kippte um und schnorchelte wie eine Baumsäge.* [10] *Sie kamen überhaupt*

nicht vorwärts. [11] *Er sah die schöne Landschaft nicht und was alles passierte im Wald.* [12] *Sah nicht, wie lustig sich die Tiere im Wald tummelten, er wollte immer nur schlafen und schlafen und schlafen.* [13] *Oder fliegen!* [14] *Freundschaft hin oder Freundschaft her, aber man darf die Faulheit nicht auch noch unterstützen.* [15] *Wenn einer fliegen will, soll er's selber lernen.* [16] *Vorne ging Popov und hinten der faule Piezke ...*
[Janosch, Popov & Piezke. Traumstunde für Siebenschläfer. 12. Aufl. – Weinheim und Basel: Beltz & Gelberg 1991, S. 7f.]

Übungsaufgabe Nr. 20 zu den **Schriftzeichen für /f/**:
Durch welche Buchstaben lässt sich im Deutschen das Phonem /f/ wiedergeben? Stellen Sie, ausgehend von Textbeispielen, die Hauptregeln für den Gebrauch der betreffenden Buchstaben dar!

[1] *Das Vermögen flüssigen Heliums, bei sehr tiefen Temperaturen nahezu reibungslos zu fließen, fordert unwillkürlich einen Vergleich mit dem verlustfreien Stromfluß in Supraleitern heraus.* [2] *Tatsächlich besteht zwischen den beiden Phänomenen eine tiefe Verwandtschaft.* [3] *Ein Experiment an dünnen Filmen flüssigen Heliums, das untersuchte, wie sich der Übergang von dem normalen in den suprafluiden Zustand vollzieht, entdeckte einen bisher unbekannten Zustand des Heliums.* [4] *Die jetzt vorgeschlagene Erklärung deutet auf einen geordneten Zustand hin und kann zu einem tieferen Verständnis der Supraleitung führen.*

[Aus FAZ vom 10.08.94]

Übungsaufgabe Nr. 21 zu den **Graphen <j> und <ng>**:
Ermitteln Sie die Wörter mit den Graphen <j> und <ng> im Text! Bilden Sie Gruppen nach dem jeweiligen Lautwert! Erörtern Sie die Annahme, dass es sich bei den Graphen <j> und <ng> um Zeichen für Allophone eines Phonems in komplementärer Distribution handelt, anhand von Beispielen aus dem folgenden Text:

[1] *Die schwerste Prüfung stand mir jedoch noch bevor, und zwar just zu der Zeit, als ich nach Ölkrise, steigenden Benzinpreisen, zunehmenden Staus auf den Autobahnen, nach der Einrichtung von Fußgängerzonen und ersten Berichten über das Waldsterben glaubte, als Mensch ohne Führerschein, wenn schon nicht geachtet, so doch wenigstens im engeren Kreise geduldet zu werden.* [2] *Gerade in diesem Moment, in ihrem neunundvierzigsten Lebens- und sechsundzwanzigsten Ehejahr, teilte mir meine Frau ihren unwiderruflichen Entschluß mit, den Führerschein zu erwerben, koste er, was er wolle.* [3] *Sie habe die Einkaufsschlepperei mit dem alten Fahrrad ebenso satt wie die Bus- und Bahnquälerei in den Urlaub.* [4] *Vom Gegucke und Gerede der Leute und der einzigen Chance zur Selbstverwirklichung, die eine nicht berufstätige Frau*

überhaupt hat, sagte sie nichts. [5] *Wenn ich es nicht tue, müsse sie es eben machen.* [6] *Um mir die Sache schmackhafter zu machen, stellte sie mir in Aussicht, mich künftig überall hinzufahren.* [7] *Ich sei dann auch nicht mehr auf anderer Leute Wohlwollen angewiesen.* [8] *Die Französische und die Große Oktoberrevolution zusammen waren gegen diesen Ausbruch nur ein leichtes Säuseln.* [9] *Meine gute, brave, bescheidene Frau, die mit mir fünfundzwanzig Jahre durch dick und dünn gegangen war, vier Kinder großgezogen, mit mir zusammen ein Haus gebaut hatte – sie stellte mich vor die Alternative:* [10] *du oder ich.* [11] *Wieviel Mut gehörte dazu in einem Alter, das den Fahrlehrern gewöhnlich zu jenen Einnahmen verhilft, die ihnen bei den Achtzehnjährigen in aller Regel verlorengehen...*

[R. Krüger, Der Beifahrer. – In: DIE ZEIT Nr. 31 vom 4.7.92, S. 55]

4.4.3.2 Konsonantenverbindungen mit großer Häufigkeit

Phonem (-folge)	**Graphem** + Beispiele			
	Anlaut	nach Langvokal oder Diphthong		nach Kurzvokal / Konsonant
/p͡f/	<pf> *Pferd*	-	-	<pf> *Köpfe, Kopf*
/t͡s/	<z, Z> *Zettel*	<z> *heizen*	<ts, z> *stets, Geiz*	<tz> *hetzen, Netz*
/t͡ʃ/	<tsch> *tschilpen*	<tsch> *tratschen*	<tsch> *Knatsch, knautschen*	<tsch> *Kutsche, Matsch*
/d͡ʒ/	<dsch, Dsch; g, G; j, J> *(Dschungel, Gin; Joker)*		<dsch> *(Hadsch)*	<dsch, g> *(Maharadscha, managen)*
/k͡s/	<x, X> *(Xaver, Xylophon)*		<chs, ks> *Wuchs, Keks*	<x, chs, cks, gs> *Hexe, Ochse, knicksen, fix, Wachs, Knicks, flugs*
/k͡v/	<qu> *Quark*		-	<qu> *(Äquator)*
/ʃt/	<st, St> *Stufe*	-	-	-
/ʃp/	<sp, Sp> *Spiel*	-	-	-

Die Liste umfasst neben den etablierten Affrikaten, die je nach Blickrichtung mono- oder biphonematisch gewertet werden können, auch andere Verbindungen aus Plosiv und Frikativ, die im Blick auf die Lautentwicklung der deutschen Sprache traditionell nicht als Affrikaten gewertet werden, obwohl nichts dagegen spricht. Das zeigt z.T. auch die Behandlung in der Schrift, z.B. die Schreibung <x> für /k͡s/, die dieses Lautgebilde eindeutig als Einheit behandelt. Andererseits lässt die Vielfalt der Schreibungen dieses Lautgebildes erkennen, dass die lautliche Identität der verschiedenen Varianten möglicherweise bis heute nicht erkannt worden ist.

Zu dem Verbot der Verdoppelung der hier behandelten Zeichenfolgen und zu den Möglichkeit der Ambisyllabizität der entsprechenden Lautverbindungen

(→ 4.2.1, S. 126; → 4.2.5, S. 128; → 4.3, S. 132; → 4.4.1, S. 137f.; → 4.4.2.1, S. 139).

Literatur:

Prinz, M./Wiese, R. (1991): Die Affrikaten des Deutschen und ihre Verschriftung. – In: Ling. Ber. 133, S. 165-189.

Übungsaufgabe Nr. 22 zu **Folgen von Konsonantenzeichen**:
Beschreiben und erläutern Sie an Beispielen aus dem folgenden Text das Verhältnis zwischen Buchstaben- und Lautebene an Folgen von Konsonantenzeichen, die jeweils ein Konsonantenphonem repräsentieren, v.a. Verdoppelungen und Zeichenfolgen für Affrikaten:

[1] *Schweijk, von Hašek 1923 geschrieben, hat uns durch Jahrzehnte begleitet, ohne zu altern und ohne dass wir seiner überdrüssig geworden wären.* [2] *Er passte auch in den Zweiten Weltkrieg, denn dort passierte das Gleiche wie zu Schwejks Zeit.* – [3] *Natürlich will ich die Rolle der Literatur und ihre Macht nicht überschätzen.* [4] *Das 20. Jahrhundert hat Rekorde an Menschenverachtung aufgestellt.* [5] *Doch die Literatur hat sich nach Kräften bemüht, Totalitarismus und Verbrechen zu entlarven.* [6] *Der brave Soldat Schwejk hat uns sehr geholfen, die Liebe zum Menschen zu bewahren, den rettenden Humor und die Fähigkeit, Schicksalsschläge zu ertragen.* [7] *Schwejks ungebrochene Lebendigkeit zeugt davon, dass bei militärischen Obrigkeiten noch immer Stumpfsinn und Zynismus blühen, dass die Macht noch immer verlogen und unfähig ist und dass die Menschheit nicht klüger wird.* – [8] *Aber halt, Rechnungsfeldwebel Wanek fragt Schwejk, wie lange der Krieg wohl dauern wird.* [9] *»Fünfzehn Jahre«, antwortet Schwejk.* [10] *»Das ist selbstverständlich, weils schon einmal einen dreißigjährigen Krieg gegeben hat und wir jetzt um die Hälfte gescheiter sind wie früher, also 30 : 2 = 15«* [...]. [11] *Schwejk ist also kein Pessimist, er glaubt immerhin an den Fortschritt.*

[Daniil Granin, Mein Jahrhundertbuch. – In: Die Zeit Nr. 35, 5. August 1999, S. 40]

Übungsaufgabe Nr. 23 zur **Zuordnung von Phonemen und Graphemen**:
Geben Sie eine phonetische Umschrift folgender Wörter: *sind*, *psychopathologisch*, *Entfremdungserlebnisse*, *Schließfach*! Erläutern Sie die Zuordnung von Phonemen und Graphemen anhand der Beispiele!

Übungsaufgabe Nr. 24 zu den **Graphien <c, k, g>:**
Diskutieren Sie das Verhältnis Buchstabe und Lautung an den Graphien <c>, <k> und <g> im Text! Berücksichtigen Sie dabei auch Kombinationen mit diesen Zeichen.

[1] *Schreiben und Lesen werden gegenwärtig in den entwickelten Industrienationen als Grundlage jeder weiteren allgemeinen und berufsspezifischen Qua-*

lifikation schon in den Eingangsklassen der Schulen vermittelt. [2] *Sie gelten als selbstverständliche »Kulturtechniken«, womit auch ausgedrückt werden soll, daß ihre Beherrschung als eine Voraussetzung angesehen wird, um am gesellschaftlichen Leben in diesen Ländern teilzunehmen.* [3] *Eben deshalb hat die Alphabetisierung Zwangscharakter, der Besuch der Elementarschulen wird staatlich überwacht.* – [4] *Es spricht eigentlich alles dafür, daß diese Prämierung von zwei sehr spezifischen Formen der Informationstransformation einen historisch vorübergehenden Charakter besitzt.* [5] *Dies hängt mit dem Wandel der Medien zusammen, die die Gesellschaften zu ihrer Identitätsbestimmung heranziehen.* [6] *Gegenwärtig definieren sich die Industrienationen als »Fernsehgesellschaften« und »Computerkulturen«.* [7] *Damit rücken das gedruckte Buch und seine Produktions- und Rezeptionsformen in das zweite Glied.* [8] *Je mehr die neuen Medien in den Alltag eindringen, um so mehr wird ihre Nutzung zu einer elementaren, prestigefördernden Kulturtätigkeit.* [9] *Selbst wenn diese Nutzung die Lektüre von Printmedien voraussetzt und in vielen Fällen auch deren Herstellung ankurbelt, selbst wenn weiterhin auf dem Bildschirm gelesen und Texte »ausgedruckt« werden, so ändert sich dennoch die gesellschaftliche Bedeutung des »Schreibens« und »Lesens«.* [10] *Es sind zwar noch die gleichen Worte, aber sie meinen nunmehr etwas anderes.*

[Aus: Michael Giesecke: Sinnenwandel, Sprachwandel, Kulturwandel (Frankfurt 1992), S. 122 (= Suhrkamp Taschenbuch Wissenschaft 997)]

Übungsaufgabe Nr. 25 zum **Lautwert der Zeichen <s, ss, ß>:**
Stellen Sie anhand geeigneter Beispiele des Textes den Lautwert der Zeichen <s>, <ss> und <ß> dar. Erläutern Sie die veraltete Schreibung *daß* und *muß*!

[1] *Von den Ansichten über die Bedeutungen von Wörtern oder Sätzen ist am weitesten verbreitet der naiv-wörtliche Inhaltsbegriff:* [2] *Bedeutung als real existierender Teil eines sprachlichen Zeichens;* [3] *man glaubt, daß der ›Inhalt‹ in den Wörtern und Sätzen einfach ›drinsteckt‹ und durch Sprechen oder Schreiben an die ›Empfänger‹ einfach ›übertragen‹ werden kann.* [4] *Man nennt diese uralte Semantikauffassung auch »Tennisball-« oder »Transport-Modell«.* [5] *Daß dies nicht stimmt, merkt man leider allzu selten:* [6] *beim Aneinander-Vorbei-Reden, beim Verständnis- oder Formulierungsstreit, wenn man verwundert feststellen muß, daß der Sinn des Gesprochenen oder Geschriebenen manchmal nicht genau aus dem besteht, was man selbst mit den Wörtern zu ›verbinden‹ gewohnt ist, und man versucht ist, das, was andere damit ›verbinden‹, als ›falschen‹ Gebrauch oder ›Mißbrauch‹ der Sprache abzutun.*

[P. von Polenz, Satzsemantik (1985), S. 23; in der originalen Orthographie]

4.4.4 Graphemische Eigenschaften nichtnativer Wörter

Nichtnative Wörter kann man an folgenden graphemischen Eigenschaften erkennen:
1. An der Verwendung einer anderen Schrift wie das Kyrillische, z.B. *Д* = *D*, *Ж* = *Sch* [ʒ] (sth.), *Л* = *L*, *Ш*= *Sch* [ʃ] (stl.), *Я* = *Ja* [jɑ].
2. An Buchstaben, die das Deutsche nicht oder nur sehr selten verwendet, z.B. *y* (außer in *Bayern, Speyer* usw., deren Schreibung vom Griechischen her beeinflusst wurde), ebenso an Diakritika, die das Deutsche nicht verwendet, z.B. *â, à, ç, ñ*.
3. An Buchstabenverbindungen, die im Deutschen gar nicht oder nur selten auftreten, z.B. *ph, th* für griechische Wörter, ferner *sh, sk, sz, cz*. Dementsprechend an Lautverbindungen, die zeigen, dass phonosyntaktische Gesetzmäßigkeiten des Deutschen nicht gelten, z.B. *Ptolemaios, Rszeszow* ['ʒɛ.ʃʊf].
4. An Zuordnungen zwischen Buchstaben und Lauten, die nicht den Regeln für diese Zuordnung in nativen Wörtern entsprechen, z.B. <i> für [ɑ͡ɪ̯] in engl. Wörtern wie *night*.

Hinweis: Nach unseren Unterlagen sind Aufgaben zu den lautlichen und graphemischen Eigenschaften von nichtnativen/Fremdwörtern ziemlich häufig. Es empfiehlt sich, die Merkmale auf mehreren/allen Beschreibungsebenen heranzuziehen.

Übungsaufgabe Nr. 26 zu **nichtnativen Wörtern:**
Welche lautlichen und graphischen Merkmale weisen *Cyberspace*, *Peanuts*, *Paragraphen* und *offiziellen* als »Entlehnungen aus anderen Sprachen« aus?

Übungsaufgabe Nr. 27 zu phonologischen und orthographischen **Besonderheiten von Fremdwörtern:**
Transkribieren Sie die Wörter *Kommission*, *liberaleres*, *Regime, Importeure*, *Chance*! Erläutern Sie daran die phonologischen und orthographischen Besonderheiten von Fremdwörtern!

Übungsaufgabe Nr. 28 zum **Verhältnis von Schreibung und Lautung:**
Erläutern Sie das Verhältnis von Schreibung und Lautung in den folgenden Beispielen: *Eiscreme, Zuchtvieh, Schnee.*

Übungsaufgabe Nr. 29 zu **Besonderheiten der Laut-Buchstaben-Entsprechung:**
Kommentieren Sie die Besonderheiten der Laut-Buchstaben-Entsprechung in folgenden (fremden) Wörtern: *Billard, Nationalgetränks, Hämorrhoiden, Pietist, Philosoph.*

4.5 Regeln und Einzelfestlegungen der Rechtschreibreform

Die von der Rechtschreibkommission erarbeitete amtliche Neuregelung der Orthographie nach dem Stand vom März 2006 findet sich im vollen Wortlaut (aber ohne das Wörterverzeichnis) im Rechtschreib-Duden (2006) auf den Seiten 1161-1216. Die Arbeit damit ist für den Sprachwissenschaftler weitgehend problemlos. Eine didaktisch aufbereitete Version findet sich in der Einleitung desselben Werks auf den Seiten 27-100. Vergleichbare Zusammenstellungen finden sich in nahezu allen seit Sommer 2006 erschienenen einschlägigen Werken, etwa im Wahrig, Deutsches Wörterbuch (8. Aufl. 2006, hg. von R. Wahrig-Burfeind), S. 29-38 sowie im anschließenden »Lexikon der Sprachlehre« S. 39-89. Das eigentliche Wörterbuch gibt die Schreibvarianten ohne Empfehlungen an. Dagegen sind die im Wörterverzeichnis des Rechtschreib-Dudens gelb markierten »Empfehlungen« der Dudenredaktion in Fällen, in denen die amtlichen Regelungen mehrere Schreibungen zulassen, in der öffentlichen Diskussion überwiegend kritisch bewertet worden. Diese Wahlmöglichkeiten, die wohl vom Urteil des Verfassungsgerichts inspiriert worden sind, ermöglichen erstmals eine entspannte Betrachtung der Rechtschreibprobleme: In den meisten Fällen ist sowohl die alte als auch die neue Schreibung möglich. Ohnehin ist für den aufmerksamen Betrachter der medientechnischen Entwicklung unübersehbar, dass sich dramatische Änderungen in diesem Bereich anbahnen, die weit über das bisher Diskutierte hinausgehen.

Die folgende Darstellung gibt einen ganz kurzen Überblick über die wesentlichen Änderungen durch die Rechtschreibreform; sie benennt nur die Änderungen und unterstellt die Kenntnis der bisherigen Zustände.

4.5.1 Laut- und Buchstabenbehandlung

Die wesentlichen Änderungen sind (die Paragraphen verweisen jeweils auf das amtliche Regelwerk):

– <ss/ß>-Schreibung (§ 25) (die einzige wirklich ins Auge springende Änderung): <ß> wird nur noch nach Langvokal und Diphthong geschrieben, <ss> nach Kurzvokal, auch im Auslaut (*dass, Hass*). Kein Wechsel mehr zwischen <ß> und <ss> innerhalb eines Wortparadigmas (bisher: *Fluß – Flüsse;* jetzt: *Fluss – Flüsse*), außer wenn auch die Vokallänge wechselt (*fließen – floss, weiß – wusste*). – **Beachte:** Nach dieser Regel müssten auch der definite Artikel und das Relativpronomen<das> *dass* geschrieben werden, da sie im Aussprache-Duden mit Kurzvokal verzeichnet sind; die

Schreibung *das* ist aber korrekt nach dem Prinzip der Homonymentrennung.

- Verdreifachung eines Konsonantenzeichens in der Kompositionsfuge bleibt als solche stehen: *Schifffahrt.* (§ 45.4)
- Die Verdoppelung von Konsonantenzeichen nach Kurzvokal gilt nun auch am Wortende (§ 2) (allerdings mit zahlreichen Ausnahmen): *Ass, Stopp, Tipp.*
- Die Umlautschreibung wird in Einzelfällen nach dem Stamm-Prinzip adaptiert (§ 13-15): *belämmert, Gämse, Stängel, schnäuzen, verbläuen,* aber auch umgekehrt *Wechte* statt bisher *Wächte.*
- Fremdwörter: Angleichungen an die Regeln für native Wörter in Einzelfällen je nach Integrationsgrad (§ 20f. für Vokale; § 32 für Konsonanten): *Soße, Varietee.*
  - <ph, rh, th> → <f, r, t> bei gebräuchlichen Wörtern der Alltagssprache *(Photo → Foto,* aber nicht *Diphthong →* ***Diftong/*****Difthong/*Diphtong).*
  - <é, ée> → <ee> *(Portmonnee).*
  - <ies> → <ys> *(Babies → Babys).*
  - <-tiell, -tial> → <-ziell, -zial> *(substanziell).*

4.5.2 Groß- und Kleinschreibung

- Satzanfänge werden groß geschrieben. Dies gilt nun auch nach Doppelpunkt, wenn ein Satz folgt (§ 54.1) (bisher nicht bei folgenden Sätzen).
- Höflichkeitsformen: *Sie* und zugehörige Formen werden immer groß, *du* und zugehörige Formen klein geschrieben: *Lieber Jochen, danke für deinen Brief ...* (können in Briefen aber auch groß geschrieben werden; § 66).
- Eigennamen:
  - Auch nicht-substantivische Teile von Eigennamen werden groß geschrieben (*der Schiefe Turm von Pisa*) (§ 60).
  - Bei festen Wendungen gilt demgegenüber grundsätzlich Kleinschreibung, wenn es keine Eigennamen sind (*schwarze Messe/*Schwarze Messe*) (§ 63). Großschreibung bleibt wie bisher bei: Titeln (*Königliche Hoheit*), Arten in der Biologie (*Roter Milan*), Kalendertagen (*Heiliger Abend*), historischen Ereignissen (*Westfälischer Friede*) (§ 64).
  - Namen auf *-sch* oder *-isch* werden klein geschrieben (*das ohmsche Gesetz, der viktorianische Stil*), außer wenn sie mit Apostroph geschrieben werden (*das Ohm'sche Gesetz*) (§ 62).

Bei der Substantivgroßschreibung gibt es eine klare Tendenz zur Großschreibung auch in Zweifelsfällen:

- Substantive werden grundsätzlich groß geschrieben (modifizierte Großschreibung) (§ 55).
- Substantive in festen Verbindungen werden bei Getrenntschreibung groß geschrieben (*Kopf stehen, Rad fahren*) (§ 55 (4)) [diese Regelung steht im Widerspruch zur Tendenz zur Univerbierung bei komplexen Verben = Objektinkorporationen].
- Substantivierte Adverbien:
  - Tageszeiten nach Adverbien werden groß geschrieben (*heute Morgen, gestern Abend*) (§ 55 (6)).
- Substantivierte Zahlen:
  - Substantivierte indefinite Zahladjektive werden klein geschrieben (*alles weitere/übrige, ganz anderes, das gleiche*) (§ 58 (5)), können aber groß geschrieben werden, wenn der Schreibende damit die Substantivierung verdeutlichen will.
  - Ordnungszahlen bei Nominalisierungen werden groß geschrieben (*als Erster/Letzter, die Dritte*) (§ 57.1).
- Substantivierte Adjektive:
  - Nominalisierte Adjektive werden groß geschrieben (*aufs Beste, das Beste*) (§ 57 (1)), bleiben aber klein nach *am* (*am lautesten*) (§ 58 (2)).
  - Nominalisierte Adjektive in Idiomen werden groß geschrieben (*das Weite suchen, auf dem Trocknen sitzen*).
  - Auch Adjektive in Kollokationen werden groß geschrieben (*im Verborgenen blühen, im Freien übernachten*) (§ 57 (1)), außer bei festen Einzelfällen (Präposition plus Adjektiv: *seit langem*) (§ 58 (3.1)).
  - Farb- und Sprachennamen mit Präpositionen werden groß geschrieben (*ein Auto in Grau, eine Rede auf Spanisch*) (§ 58 (3.2)).
  - Paarformen werden groß geschrieben (*Fest für Jung und Alt, Gleich und Gleich gesellt sich gern*) (§ 57 (1)).
  - Binnengroßschreibung bleibt verboten: **BahnCard.*

Einzelfälle: *rechtens sein, an Kindes statt* usw. (sieht man am besten in der Wortliste nach).

4.5.3 Getrennt- und Zusammenschreibung

Der Normalfall ist nun die Getrenntschreibung, außer es handelt sich um

- einen festen Wortbestandteil (*wehklagen: er wehklagt,* nicht **er klagt weh*) (§ 33 (1));
- einen ersten Teil, der nur als Stamm auftritt (*pressschweißen*);
- einen Bestandteil, der nicht selbstständig vorkommt (*schwindsüchtig*) (§ 36 (1.2));

- den ersten Teil einer verkürzten Wortgruppe (*felsenfest*_→ *wie Felsen fest, schlafwandeln* → *im Schlaf wandeln*) (§ 36 (1.1));
- einen ersten Teil, der nicht komparierbar/erweiterbar ist (*müßiggehen, bloßstellen*) (§ 33 (3)).
- Getrenntschreibung von Komposita (**Software Angebot*) bleibt verboten.

Verben:
- Untrennbare Verbindungen mit Substantiven, Adjektiven, Partikeln als Erstgliedern (Partikelpräfixverben, verbale Rückbildungen usw.) bleiben ungetrennt wie bisher: *frohlocken, danksagen* (aber auch *Dank sagen*), *übertreiben* (§ 33).
- Trennbare Zusammensetzungen mit Substantiven, Adjektiven, Partikeln sind wie bisher mal zusammen, mal getrennt zu schreiben, je nach Verbform (*innehaben, stattgeben*) (§ 34).
- Verbale »Komposita« mit *sein* bleiben immer getrennt (*da sein, fertig sein, vorbei sein*) (§ 35) [eine höchst unplausible Regelung, vgl. z.B. *das Dasein*].
- Bestimmte adverbielle Zusätze zu Verben (wie *einander, -xxwärts, abhanden, vorlieb, allein*) werden immer getrennt vom Verb geschrieben: *abwärts rollen, vorlieb nehmen* (§ 34 (1.2) mit zahlreichen Einzelbestimmungen) [hier könnte man die syntaktische Struktur durch Getrenntschreibung, die Wortbildungsstruktur durch Zusammenschreibung unterscheiden].
- Verb plus Verb (Doppel-Vollverb-Konstruktion) wird immer getrennt: *sitzen bleiben, spazieren gehen* (außer der erste Teil ist nur ein Verbstamm: *pressschweißen*) (§ 34 (4)).
- Adjektiv plus Verb wird nur dann zusammengeschrieben, wenn das Adjektiv nicht komparierbar ist: *bloßstellen* (§ 34 (2.2)).
- Verbindungen aus Adverb und Verb werden getrennt, außer bei einer festen Zahl von explizit aufgelisteten Adverbien: *ab, auf, heran, voraus* etc. (§ 34 (1.1) und (1.2)) [im Sinne der Regelsicherheit verständlich, aus linguistischer Sicht aber ganz unplausibel].
- Nomen plus Verb: zusammengeschrieben nur bei Elementen aus einer festen Liste: *haushalten, heimgehen, irreführen, statt-/teilhaben, standhalten*; aber: *Maß halten, Rad fahren* (§ 33 (1)) [die unterschiedliche Behandlung ist durch nichts zu rechtfertigen. Durch weitgehende Wahlfreiheit ist dieser Streitpunkt aber weitgehend entschärft].
- Präpositionalgruppen, die als ganze Präpositionen/Verbzusätze sind: *anstelle von, aufgrund von, infrage stellen.* Hier sind beide Schreibungen zulässig (§ 39 mit zahlreichen Einzelbestimmungen).

Adjektive/Partizipien: gemäß allgemeinen Regeln (s.o.) (§ 36).

Substantive:

- Gemäß allgemeinen Regeln (s.o.).
- beide Möglichkeiten in einzelnen Fällen (*aufseiten – auf Seiten, imstand – im Stand, in Frage – infrage*).

andere Wortarten:

- *irgendjemand / irgendetwas* wird zusammengeschrieben.
- *eine Zeit lang* ist ebenso möglich wie *Zeitlang.*
- *so viel, wie viel, zu viel* wird getrennt geschrieben.

4.5.4 Bindestrich

- muss stehen nach Einzelbuchstaben, Ziffern und Akronymen: *2-beinig, x-beliebig, 25er-Gruppe, ABC-Schütze* (§ 40, (1)-(3));
- Suffixe an Ziffern bleiben ohne Bindestrich (*5er*) (§ 41f.);
- muss stehen in bestimmten mehrteiligen Zusammenrückungen: *das An-den-Haaren-Herbeiziehen* (§ 43f.);
- kann stehen zwischen Kompositum-Teilen, um die Gliederung zu verdeutlichen, insbesondere bei nichtnativen Bestandteilen (*Daten-Autobahn, Software-Angebot*) (§ 45);
- Bindestrich muss stehen bei mehrteiligen Eigennamen, die Kopulativkomposita sind: *Müller-Thurgau.* Generell werden Bestandteile von (nichtusuellen) Kopulativkomposita meist durch Bindestriche verbunden (§ 46).
- Einzelfälle: Beide Möglichkeiten sind zulässig bei *Ich-Stärke, Soll-Stärke, Kaffee-Ersatz.*

4.5.5 Zeichensetzung

Kommaregeln: Kommata trennen Sätze. Speziell: Kommata vor/nach Relativsätzen bleiben! (§ 74)

- Kommata vor *und* und *oder* werden optional, d.h. fehlendes Komma bei Satzkoordination ist erlaubt: *Ich komme und er geht.* [bisher: Komma nur vor nichtelliptischen Konjunkten] (§72). Hingegen steht es vor adversativen Konjunktionen wie *aber, doch: Die Flüssigkeit ist klar, aber giftig.*
- Komma bei Infinitiv und Partizip: Kommata werden optional (§ 78): *Er hatte geplant ins Kino zu gehen.* [Beachte ambige Beispiele wie: *ich rate ihm zu helfen.*] Bisher galt die Regel: Komma vor erweiterten Infinitiven, wobei unklar blieb, was man unter »erweitert« zu verstehen hat. Unplausibel sind bei der derzeitigen Regelung folgende erlaubte Konstellationen: Komma bei sog. adverbialen Infinitiven, die mit *um zu/anstatt zu/ohne zu*

eingeleitet werden; bei attributiven Infinitivkonstruktionen und wenn ein Korrelat auftritt; kein Komma bei satzwertigen Infinitivkonstruktionen (§ 75).
- Kommata bleiben bei Anführungszeichen in direkter Rede: *»Er spinnt«, sagte sie.*

4.5.6 Trennung

- Fremdwörter darf man jetzt nach Sprechsilben trennen wie deutsche Wörter: *Pä-da-go-gik* statt bisher *Päd-agogik* nach der Morphemstruktur. Aber besser nicht **Diph-thong* statt *Di-phthong* (§ 113).
- *st* darf man jetzt trennen, soweit es zu verschiedenen Silben gehört: *Kis-ten.*
- *ck* wird nicht mehr als *kk* getrennt, sondern insgesamt auf die Folgezeile verschoben, also: *Zu-cker, fli-cken* (→ 4.4.3.1 S. 147.) (§ 112).
- *lt, gn, kn:* Trennungen waren und sind möglich: *Ma-gnet – Mag-net, fil-trieren – filt-rieren, pyk-nisch – py-knisch.*
- Bei nicht mehr als solchen empfundenen Zusammensetzungen wird die Trennung nach Sprechsilben erlaubt (neben der alten Trennung): *ei-nan-der* vs. *ein-an-der, da-ran* vs. *dar-an, He-li-kop-ter* vs. *He-li-ko-pter* (§ 113).

Literatur zur Rechtschreibreform:

Augst, G. (Hg.) (1992): Rechtschreibliteratur. Bibliographie zur wissenschaftlichen Literatur über die Rechtschreibung und die Rechtschreibreform der neuhochdeutschen Standardsprache, erschienen von 1900 bis 1990. – Frankfurt/M.etc.: P. Lang (= Theorie und Vermittlung der Sprache 15).

Augst, G./Blüml, K./Nerius, D./Sitta, H. (Hgg.) (1997): Zur Neuregelung der deutschen Orthographie. Begründung und Kritik. – Tübingen: Niemeyer (= Reihe Germanist. Ling. 179).

Beuschel-Menze, H./Menze, F. (1996): Die neue Rechtschreibung. Wörter und Regeln leicht gelernt. – Reinbeck: Rohwolt.

Dudenredaktion (Hg.) (1994): Duden-Informationen zur deutschen Rechtschreibung. – Mannheim: Dudenverlag. [Grundsätzliches, Begründungen]

Duden. Die Neuregelung der deutschen Rechtschreibung. Regeln, Kommentar und Verzeichnis wichtiger Neuschreibungen von P. Gallmann und H. Sitta. – Mannheim u.a.: Dudenverlag 1996 (= Duden-Taschenbücher 26).

Duden. Die deutsche Rechtschreibung. 22., völlig neu bearb. und erw. Aufl., hg. von der Dudenredaktion. – Mannheim: Dudenverlag 2000.

Dürscheid, Chr. (2000): Verschriftungstendenzen jenseits der Rechtschreibreform. – In: ZS f. Germanist. Ling. 28, S.237-247.

Eisenberg, P./Fuhrhop, N. (2007): Schulorthographie und Graphematik. – In: ZS f. Sprachwissenschaft 26, Sonderheft, S. 15-42.

Eroms, H.-W./Munske, H. H. (Hgg.) (1997): Die Rechtschreibreform. Pro und Kontra. – Berlin: Erich-Schmidt-Verlag.

Fuhrhop, N. (2005): Orthographie. – Heidelberg: Winter (= Kurze Einführung in die germanistische Linguistik).

Gallmann, P. (2004): Varianz in der Rechtschreibung. – In: Sprachspiegel 2004, S. 38-47.

Geilfuß-Wolfgang, J. (2007): Stammkonstanz ohne Stützformen. – In: ZS f. Sprwsch. 26, Sonderheft, S. 133-154.

Günther, H. (1997): Zur grammatischen Basis der Getrennt-/Zusammenschreibung im Deutschen. In: Dürscheid, Chr. e.a. (Hgg.), Sprache im Fokus. FS. H. Vater (Tübingen: Niemeyer), S. 3-16.

Günther, H. (2007): Der Vistembor brehlte dem Luhr Knotten auf den bänken Leuster – Wie sich die Fähigkeit zur satzinternen Großschreibung entwickelt. – In: ZS f. Sprwsch. 26, Sonderheft, S. 155-179.

Herberg, D. (1997): Aussageabsicht als Schreibungskriterium – ein alternatives Reformkonzept für die Regelung der Getrennt- und Zusammenschreibung (GZS).– In: Augst, G./Blüml, K./Nerius, D./Sitta, H. (Hgg.), Zur Neuregelung der deutschen Orthographie. Begründung und Kritik. (Tübingen: Niemeyer), S.365-378 (= Reihe Germanistische Linguistik 179).

Ickler, Th. (1997): Die so genannte Rechtschreibreform. Ein Schildbürgerstreich. – St. Goar: Leibniz Verlag.

Jacobs, J. (2005): Spatien. Zum System der Getrennt- und Zusammenschreibung im heutigen Deutsch. – Berlin etc.: Walter de Gruyter (= Linguistik – Impulse und Tendenzen 8).

Jacobs, J. (2007): Vom (Un-)Sinn der Schreibvarianten. – In: ZS f. Sprwsch. 26, Sonderheft, S. 43-80.

Kürschner, W. (2001): Neue Rechtschreibung kompakt. Systematische Übersicht über die Neuerungen der Orthografiereform. Wortindex mit Variantenführer bei Doppelschreibungen. – Vechta: Plaggenborg Verlag.

Maas, U. (1992): Grundzüge der deutschen Orthographie. – Tübingen: Niemeyer. (= Reihe germanistische Linguistik 120 Kollegbuch). – Günther, H. (1996): Rez. U. Maas, Grundzüge der deutschen Orthographie. – In: Ling. Berichte 166, S. 535-542.

Mentrup, W. (1993): Reform der orthographie – der experten-vorschlag. – In: Spektrum der Wissenschaft, Juni 1993, S. 84-91.

Munske, H. H. (1993): Läßt sich die deutsche Orthographie überhaupt reformieren? – In: Heringer, H. J./Stötzel, G. (Hgg.), Sprachgeschichte und Sprachkritik. FS für P. von Polenz zum 65. Geb. (Berlin etc.: de Gruyter), S. 129-156.

Munske, H. H. (1997): Orthographie als Sprachkultur. – Frankfurt/M.etc.: P. Lang.

Naumann, C. L. (1989): Gesprochenes Deutsch und Orthographie. – Frankfurt: P. Lang. (= Theorie und Vermittlung der Sprache 8).

Nerius, D. (Hg.) (1991): Die Regeln der deutschen Rechtschreibung. Erläuterungen und Beispiele. Neuausg. – Mannheim: Dudenverlag (= Duden-Taschenbücher 3).

Nerius, D./Rahnenführer, I. (1993): Orthographie. – Heidelberg: Groos (= Studienbibliographien Sprachwissenschaft 6).

Nerius, D. (1994): Orthographieentwicklung und Orthographiereform. – In: Steger, H./Wiegand, H. E. (Hgg.), Schrift und Schriftlichkeit (Berlin: de Gruyter), S. 720-739.

Nerius, D. (Hg.) (2007): Deutsche Orthographie. 4., neu bearb. Aufl. –Hildesheim: Olms.

Nerius, D. (2000): Beiträge zur deutschen Orthographie. Hgg. von P. Ewald und B. Skibitzki, anlässlich des 65. Geb. von D. Nerius. – Frankfurt/M. etc.: P. Lang (= Sprache – System und Tätigkeit. Bd. 34).

Ossner, J. (1996): Silbifizierung und Orthographie des Deutschen. – In: Ling. Ber. 165, S. 369-400.

Primus, B. (1993): Sprachnorm und Sprachregularität: Das Komma im Deutschen. – In: Deutsche Sprache 21, S. 244-263.

Primus, B. (1997): 5.8. Satzbegriffe und Interpunktion. – In: Augst, G./Blüml, K./Nerius, D./Sitta, H. (Hgg.), Zur Neuregelung der deutschen Orthographie. Begründung und Kritik (Tübingen: Niemeyer), S. 463-488 (= Reihe germanistische Linguistik 179).

Primus, B./Bredel, U. (2007): Komma & Co: Zwiegespräch zwischen Grammatik und Performanz. In: ZS f. Sprwsch. 26, Sonderheft, S. 81-131.

Scheuringer, H. (1996): Geschichte der deutschen Rechtschreibung. – Wien: Präsens (= Schriften zur diachronen Sprachwissenschaft 4).

Schmidt, C. M. (1994): Die grammatische Basis der deutschen Orthographie: Kommasetzung bei Infinitiven mit *zu*. – In: Ling. Berichte 149, S. 27-55.

Schrodt, R. (1997): Die neue Rechtschreibung – Reform oder Maniküre? – In: ÖdaF-Mitteilungen 1997/2, S. 11-19.

Schrodt, R. (1997): Die Diskussion um die neue Rechtschreibung. – In: Verbal-Newsletter 3, 1997/2, S. 18-24.

Zabel, H. (1996): Die neue deutsche Rechtschreibung. – Niedernhausen: Falken. [gibt Systematik, nicht nur die Änderungen]

4.6 Allgemeine Literaturhinweise zur Graphemik

4.6.1 Einführungen in die Graphemik/Handbücher

Althaus, H. P. (1979): Kapitel »8. Graphetik«, S. 105-110./ »10. Graphemik«, S. 118-132. – In: Althaus/Henne/Wiegand (Hgg.), Lexikon der Germanistischen Linguistik (Tübingen: Niemeyer). [Achtung! Nur die 1. Aufl. (1979) ist in unserem Sinn verwendbar; die Artikel sind ansonsten sehr terminologisch und unnötig aufwendig]

Augst, G. (Hg.) (1985): Graphematik und Orthographie. – Frankfurt/M. etc.: P. Lang.

Augst, G. (Hg.) (1986): New Trends in Graphemics and Orthography. – Berlin: de Gruyter.

Baurmann, J./Günther, H./Knoop, U. (Hgg.)(1993): Homo scribens. Perspektiven der Schriftlichkeitsforschung. – Tübingen: Niemeyer.

Besch, W. (1983): Dialekt, Schreibdialekt, Schriftsprache, Standardsprache. – In: Ders. (Hg.), Dialektologie Bd. 1.2. (Berlin: de Gruyter), S. 961-990.

Coulmas, F. (1989): The Writing Systems of the World. – Oxford: Blackwell.

Dürscheid, Ch. (2006): Einführung in die Schriftlinguistik. 3., überarb. u. ergänzte Aufl. – Göttingen: Vandenhoeck & Ruprecht (= Studienbücher zur Linguistik Bd. 8).

Eisenberg, P. (2005): Phonem und Graphem. – In: Duden. Die Grammatik. 7. Aufl. (Mannheim etc.: Dudenverlag), S. 19-94.

Greisbach, M./Greisbach, R. (1994): Die Phonem-Graphem-Beziehung als Rechtschreibproblem. – In: Beckmann, S./Frilling, S. (Hgg.), Satz – Text – Diskurs. Akten des 27. Ling. Koll. Münster 1992, Bd. 1 (Tübingen: Niemeyer), S. 303-310, S. 311-316 (= Ling. Arb. 312).

Günther, H./Ludwig, O. e.a. (Hgg.) (1994/1996): Schrift und Schriftlichkeit. Ein interdisziplinäres Handbuch zur internationalen Forschung. 2 Bde. – Berlin, New York Bd. 1: 1994. Bd. 2: 1996. (Handbücher zur Sprach- und Kommunikationswiss. 10.1, 10.2). [monumental, unbezahlbar, einfach niederschmetternd]

Rezec, O. (2009): Zur Struktur des deutschen Schriftsystems. Phil. Diss. München.

Wiese, R. (1987): Laut und Schrift im Deutschen. – In: Sprache und Literatur in Wissenschaft und Unterricht 59, S. 85-97.

4.6.2 Über unser Schriftsystem

Brekle, H. E. (1995): Neues über Groß- und Kleinbuchstaben. Theoretische Begründung der Entwicklung der römischen Majuskelformen zur Minuskelschrift. – In: Ling.Ber. 155, S. 3-21.

Brekle, H. E. (1995): Die Zähmung pompejianischer Ausschweifungen. Historische und theoretische Begründung unserer heutigen Buchstabenformen. – In: Ling. Berichte 160, S. 427-446.

Brekle, H. E. (1996): Warum schreiben wir rechtsläufig? – In: Ling. Berichte 166, S. 483-491.

Meisenburg, T. (1998): Zur Typologie von Alphabetschriftsystemen anhand des Parameters der Tiefe. – In: Ling. Berichte 173, S. 43-64.

Primus, B. (2006): Buchstabenkomponenten und ihre Grammatik. – In: Bredel, U./Günther, H. (Hgg.), Orthographietheorie und Rechtschreibunterricht (Tübingen: Niemeyer), S. 5-44.

5. Lösungsvorschläge zu den Übungsaufgaben

Übungsaufgabe Nr. 1, S. 41, zur artikulatorischen Klassifikation von Konsonanten:

[ʒ]: mediodorsopalataler stimmhafter Frikativ; nur in nichtnativen Wörtern wie [ga.ˈraː.ʒə] *Garage,* anlautend prävokalisch und inlautend intervokalisch.
[pʰ]: bilabialer aspirierter stimmloser Verschlusslaut (Plosiv); in nativen Wörtern wie [pʰarkʰ] *Park,* anlautend und auslautend.
[ŋ]: postdorsovelarer nasaler Verschlusslaut; in nativen Wörtern wie [ˈzɪŋən] *singen,* nur morphemauslautend postvokalisch, nie anlautend.
[l̩]: apikoalveolarer stimmhafter Engelaut mit bilateraler Öffnung; silbenbildend in nativen Wörtern wie [ˈnaː.dl̩] *Nadel* nach Synkope des [ə].
[z]: apikoalveolarer stimmhafter Frikativ; in nativen Wörtern wie [ˈzuː.zɪ] *Susi.* Nur anlautend prävokalisch und inlautend intervokalisch.
[g]: postdorsovelarer stimmhafter Plosiv; in nativen Wörtern wie [ˈgeː.bən] *geben,* nicht auslautend.

Übungsaufgabe Nr. 2, S. 47, zur artikulatorischen Klassifikation von Vokalen:

[ɔ]: hinterer, mittelhoher, leicht gerundeter, kurzer (ungespannter) Vokal; in nativen Wörtern wie *Loch, hocken.*
[iː]: vorderer, hoher, ungerundeter, langer (gespannter) Vokal; in nativen Wörtern wie *Liebe, sieben.*
[uː]: hinterer, hoher, gerundeter, langer (gespannter) Vokal; in nativen Wörtern wie *Susi, Fuß.*
[ə]: mittelhoher, ungerundeter, kurzer (ungespannter) Zentralvokal; in nativen Wörtern wie *Säg*<u>*e*</u>*, heb*<u>*e*</u>*n.*
[ɛː]: vorderer, mittelhoher, ungerundeter, langer (ungespannter) Vokal; in nativen Wörtern wie *Bären.*
[ʏ]: vorderer, hoher, gerundeter, kurzer (ungespannter) Vokal; in nativen Wörtern wie *Füller.*

Übungsaufgabe Nr. 3, S. 59, zu den Sprachschichten:

Die Standardsprache sollte eine Gebrauchsnorm darstellen: Diese Sprachform sollte der Sprechwirklichkeit einer großen Zahl von Sprechern nahekommen, sollte einheitlich, schriftnah, deutlich, überregional sein (zu Kodifizierungen vgl. Aussprache-Duden, Siebs).

Übungsaufgabe Nr. 4, S. 67, zur phonetischen Transkription:

Als nativ werden diejenigen Lexeme bezeichnet, deren Lautstruktur (und morphematische Struktur) den Regeln für die Lautstruktur (und morphematische Struktur) des Deutschen entsprechen. Für die nichtnativen Wörter gilt das, ganz abgesehen von ihrer Herkunft, nicht. Nach diesen Kriterien sind alle genannten Wörter nichtnativ, und zwar aus folgenden Gründen:

Radar [ˈraː.daɐ̯, ra.ˈdaːɐ̯]*;* zwei Silben mit Volltonvokalismus; zweimal vorderes, überoffenes [aː], zumindest im oberdt. Bereich; beachte auch die Akzentvarianten!
sexuell [zɛ.ˈk͡su̯el]*;* die Vokalzeichenfolge <*ue*>, wobei es sich nicht um einen Diphthong handelt. Der erste Bestandteil ist kurz, gespannt und nichtsilbisch, da der zweite den Akzent trägt; Akzent auf der Ultima (Derivationssuffix).

Epitheton [ʔe.ˈpiː.te.tɔn]: Akzent auf der Antepänultima; *th*-Schreibung; mehrere Silben mit Volltonvokalismus.

Ferien [ˈfeː.ri̯ən]: die Vokalzeichenfolge *ie*, wobei der Erstbestandteil ein gespannter, unsilbischer Kurzvokal ist: eine sehr realitätsferne Normvariante. Eher: [ˈfeːr.jən].

Nation [na.ˈt͡si̯oːn]: Das Suffix *-ion* mit einer Vokalfolge, wobei der Erstbestandteil ein gespannter, unsilbischer Kurzvokal ist; eine sehr realitätsferne Normvariante. [na.ˈt͡sjoːn].

Linguist [lɪŋˈgu̯ɪst]: Das Suffix *-ist*, dazu die Vokalzeichenfolge <*-ui*>, wobei der Erstbestandteil ein gespannter, unsilbischer Kurzvokal ist: eine sehr realitätsferne Normvariante.

Chiffren [ˈʃɪf.rən] bzw. [ˈʃɪfɐn]: der Herkunft nach zweifelsfrei ein nichtnatives Wort; die Lautstruktur allerdings entspricht einem nativen Wort. Die Schreibung mit anlautendem <Ch> und die Tatsache, dass dieses [ʃ] ausgesprochen wird, spricht allerdings für »nichtnativ«.

Übungsaufgabe Nr. 5, S. 69, zur phonetischen Transkription:

Transkription und Kommentare:

rösten [ˈrøːs.tən, ˈrøːs.tn̩], auch [ˈrœs.tn̩]: Synkope des Schwa nach Plosiv/vor silbischem Konsonanten. – Die Version mit dem Langvokal [øː] erscheint uns wegen der konsonantisch geschlossenen Silbe bei Mehrsilbigkeit wenig wahrscheinlich (Analogie zu *trösten?*).

einig [ˈʔa͡ɪ̯.nɪç]: Spirantisierung des *g* im Suffix *-ig*.

hochherzig [ˈhoːx.hɛr.t͡sɪç]: Anlautendes <h> wird als Frikativ realisiert; Ach-Laut nach [oː]; <r> nach Kurzvokal könnte zu [ɐ̯] vokalisiert werden; Frikativierung des g im Suffix *-ig*.

abgängig [ˈʔap.gɛŋɪç]: Auslautverhärtung vor Morphemgrenze; Frikativierung des *g* im Suffix *-ig*. [ŋ] ist ambisyllabisch.

wiehernde [ˈviː.ərn.də]; intervokalisches <h> wird nicht als Frikativ gesprochen; <r> nach Kurzvokal könnte zu [ɐ] vokalisiert werden.

verderblich [fɛɐ.ˈdɛrp.lɪç]: Beachte Aussprache des Präfixes! Auslautverhärtung vor Morphemgrenze; Ich-Laut nach [ɪ]; <r> nach [ɛ] könnte zu [ɐ̯] vokalisiert werden.

Enterich [ˈʔɛn.tə.rɪç]: keine Besonderheiten; Ich-Laut nach [ɪ].

leibhaftig [la͡ɪ̯p.ˈhaf.tɪç]: Auslautverhärtung vor Morphemgrenze; <h> am Morphemanfang wird als Frikativ realisiert; Frikativierung des *g* im Suffix *-ig*. Beachte ungewöhnliche Lage des Wortbildungsakzents auf dem Wortbildungssuffix!

Ernsthaftigkeit [ˈʔɛrnst.haf.tɪç.ka͡ɪ̯tʰ]: <r> nach Kurzvokal könnte zu [ɐ̯] vokalisiert werden; <h> am Morphemanfang wird als Frikativ realisiert; Frikativierung des *g* im Suffix *-ig*.

regnicht [ˈreːk.nɪçtʰ]: Auslautverhärtung vor Morphemgrenze; Ich-Laut nach [ɪ].

Röhricht [ˈrøː.rɪçtʰ]: <h> ist Dehnungszeichen; Ich-Laut nach [ɪ].

Gefühllosigkeit [gəˈ.fyː.loː.zɪç.ka͡ɪ̯tʰ]: <s> zwischen Vokalen wird sth. realisiert; Frikativierung des g im Suffix *-ig*. Doppeltes <ll> an der Morphemgrenze wird vereinfacht.

Verhältnisse [fɛɐ̯.ˈhɛlt.nɪsə]: Beachte Aussprache des Präfixes! <h> am Morphemanfang wird als Frikativ realisiert. [s] ist ambisyllabisch.

Mühsal [ˈmyː.zaːl]: <h> ist Dehnungszeichen; <s> ist im Morphemanlaut prävokalisch stimmhaft zu realisieren; das [aː] ist nach Aussprache-Duden (2005) lang!

fauchen [ˈfa͡ʊ̯.xn̩]: Ach-Laut nach [a͡ʊ̯]; [ə] unterliegt der Synkope, der folgende Nasal wird silbisch.

Jenseits [ˈjeːn.za͡ɪ̯t͡s], auch [ˈjɛn.za͡ɪt͡s]: Vokallänge unklar, da konsonantisch geschlossene Silbe bei Einsilblern nicht unbedingt Kürze des Vokals bedeutet. <s> ist im Morphemanlaut stimmhaft zu realisieren.

übel [ˈʔyː.bl̩]: [ə] unterliegt der Synkope, der folgende Liquid wird silbisch.

großem [ˈgroː.səm, ˈgroː.sm̩]: [ə] unterliegt der Synkope, der folgende Nasal wird silbisch. <ß> nach Langvokal/intervokalisch zeigt an, dass es sich um ein stimmloses *s* handelt.

bindenden [ˈbɪn.dn̩.dn̩]: [ə] in der vorletzten und letzten Silbe unterliegt der Synkope, der folgende Nasal wird silbisch.

pingelig [ˈpʰɪŋə.lɪç]: <ng> wird als [ŋ] realisiert; Frikativierung des *g* im Suffix *-ig*. [ŋ] ist ambisyllabisch.

Wasser [ˈvasɐ]: *-er* am Wortende wird als [ɐ] realisiert. [s] ist ambisyllabisch.

beachten [bəˈʔax.tn̩]: Glottisschlag vor vokalisch anlautendem Morphem; Ach-Laut nach [ɑ]; [ə] unterliegt der Synkope, der folgende Nasal wird silbisch.
anekeln [ˈʔan.ʔeː.kl̩n]: Glottisschlag vor vokalisch anlautendem Morphem; [ə] unterliegt der Synkope, der folgende Nasal wird silbisch.
dürr [dʏr]: <r> nach Kurzvokal könnte zu [ɐ̯] vokalisiert werden: [dʏɐ̯].
Habach [ˈhɑː.bɑx]: <h> am Morphemanfang wird als Frikativ realisiert. Da es sich um einen Dorfnamen handelt, ist die Morphemstruktur unklar: *Ha-bach* oder *Hab-ach.* Die vorliegende Transkription geht von der ersten Segmentation aus. Diese Lautung könnte auch für *Haarbach* stehen (wenn man Totalassimilation des vokalisierten <r> unterstellt; s.u.). – Unterstellt man die zweite Segmentation, dann lautet die Transkription: [ˈhɑpʰ.ʔɑx]; morphemauslautendes [b] unterliegt danach der Auslautverhärtung. Ach-Laut nach [ɑ].
Haarbach [ˈhɑːɐ̯.bɑx]: <r> nach Langvokal wird zu [ɐ̯] vokalisiert oder totalassimiliert (s.o.!). <h> am Morphemanfang wird als Frikativ realisiert; Ach-Laut nach [ɑ]. Beachte Ähnlichkeit mit *Habach*!
Geld [gɛltʰ]: Auslautverhärtung vor Wort-/Morphemgrenze.
machen [ˈmɑxn̩]: Ach-Laut nach [ɑ]; [ə] unterliegt der Synkope, der folgende Liquid wird silbisch. [x] ist ambisyllabisch.
Zumutungen [ˈt͡suː.muː.tuŋən]: keine Synkopierung des [ə] wegen vorausgehendem velarem Nasal [ŋ]. [ŋ] ist ambisyllabisch.
Neuzeit [ˈnɔ͡ʏ̯.t͡sa͡ɪ̯tʰ]: keine Besonderheiten.

Übungsaufgabe Nr. 6, S. 79, zu den Affrikaten:

Phonetische Transkription von *Amtsgeheimnisses* [ˈʔɑmts.gə.ha͡ɪ̯m.nɪsəs]. Nach Aussprache-Duden (2005), S. 52, entsteht die Affrikate [t͡s] bei Hinzutritt von [s] an ein vorausgehendes [t]. Andererseits treffen Heidolph/Flämig/Motsch (1981), S. 941, die Unterscheidung von primären (echten) Affrikaten, wie in *Katze* und *zahlen*, und der sekundär enstandenen Lautfolge [t͡s], wie in *nichts* und *Rätsel.* Daraus ergibt sich die Problematik der phonematischen Einstufung von Affrikaten. Gründe für die jeweilige Position finden sich in den genannten Publikationen nicht. Das vorletzte [s] ist ambisyllabisch.

Übungsaufgabe Nr. 7, S. 81, zu den stimmlosen Frikativen:

[ç] und [x] sind stellungsbedingte Varianten, also Allophone des Phonems /x/. Sie kommen in verschiedener, sich ausschließender Umgebung vor. Mit ihnen lassen sich keine Minimalpaare mit Simplizia bilden, sie sind nicht bedeutungsdifferenzierend. Bei Morphemkonstruktionen sind plausible Beispiele kaum zu finden: *bauchen – Bau-chen* ›kleiner Bau‹.
Verteilungsregeln für [ç]:

- nach vorderen/hellen Vokalen, Bsp.: *angesichts, möchte, leicht, Psychologie, Recht, nüchtern.*
- spezieller Fall im Auslaut: <-ig> in der Standardaussprache [ɪç], Bsp.: *König, lustig*; Frikativierung = Allophon von /g/, da in komplementärer Distribution zu diesem. Regional hier auch [kʰ] (Auslautverhärtung) und [ʃ] (erweiterte Frikativierungsregel).
- nach Konsonant, Bsp.: *München.*
- im Anlaut bei nichtnativen Wörtern vor vorderen/hellen Vokalen, Bsp.: *Chemie, Chirurg.* Regional wird dieses <ch> auch als [ʃ] und [kʰ] realisiert.
- nicht vertreten durch Beispiele: inlautend im Morphemanlaut, z.B. *Ärmchen.*

Verteilungsregel für [x]:

- nach hinteren/dunklen Vokalen, Bsp.: *Versuche, auch, jedoch, machen.*
- im Anlaut nichtnativer Wörter vor hinteren/dunklen Vokalen, Bsp.: *Chassidismus.*

Übungsaufgabe Nr. 8, S. 90, zur phonologischen Transkription:

Eine phonetische Transkription, orientiert an der Standardaussprache, könnte etwa folgendermaßen aussehen: [ˈlɔ͡ʏ̯.tən, ʔɛɐ̯.ˈlɔ͡ʏ̯.tɐn, vɛn, ˈmɛnɐ, ˈʔiː.rəm, hiːɐ̯, miːɐ̯]. Zu den einzelnen Problempunkten siehe Kap. 2.3., S. 38-42, Übungsaufgaben Nr. 2! – Eine phonemische Transkription könnte folgendermaßen aussehen: /ˈlɔ͡ʏ.tən, ʔɛrˈ.lɔ͡ʏ̯.tərn, vɛn, ˈmɛnər, ˈʔiː.rəm, hiːr, miːr/

/ˈlɔ͡ʏ̯.tən/: Der Diphthong wird monophonematisch gewertet; Synkope des Schwa [ə] und daraus folgende silbische Qualität des [n̩] betrachten wir als allophonische Variante von [ən], wobei wir das Schwa nicht als allophonische Variante von [ɛ] ansetzen, sondern als selbstständiges Phonem.

/ɛr.ˈlɔ͡ʏ̯.tərn/: Für das Stammmorphem gilt dasselbe, der Diphthong wird lediglich anders graphemisch realisiert, um die Umlautbeziehung zu verdeutlichen. Das Präfix kann ein vokalisches Allophon des [r] enthalten. Das <ern> des Suffixes kann als allophonische Variante [ɐn] realisiert werden.

/vɛn/: keine besonderen Probleme durch geläufige allophonische Varianten.

/ˈmɛnər/: Das <ä> indiziert hier lediglich die Umlautbeziehung zu *Mann*; die lautliche Entsprechung ist das normale kurze /ɛ/. Das Suffix <er> könnte auch in der allophonischen Variante [ɐ] vorliegen. [n] ist ambisyllabisch.

/ˈʔiː.rəm/: Beim Vokal ist hier sowohl der Quantitäts- wie der Qualitätsunterschied markiert. Insofern handelt es sich um eine redundante Markierung. Im Zweifelsfall würden wir uns für die Quantitätsopposition entscheiden. – Das Schwa in Nebensilben hat, wie bereits erwähnt, Phonemstatus. – Statt [rəm] könnte in manchen Regionalvarianten auch [ɐ̯m] realisiert werden. Das setzt voraus, dass das [m] nicht silbisch ist, da sonst das [r] silbenanlautend wäre, damit auch nicht vokalisierbar.

/hiːr/: Zur Vokalquantität/-qualität siehe oben; das [r] nach einem Langvokal kann auch standardsprachlich ein vokalisches Allophon [ɐ] haben.

/miːr/: Hier gilt das Gleiche wie bei /hiːr/.

Übungsaufgabe Nr. 9, S. 98, zur Silbenstruktur:

trockenen /ˈtrɔkə.nən/

Erste Silbe: /ˈtrɔk/ gedeckte, geschlossene und akzentuierte Kurzvokalsilbe; Kopf mit zwei Konsonanten mit abnehmender Konsonantenstärke, Kurzvokal als Nukleus, ambisyllabischer Konsonant als Koda.

Zweite Silbe: /kə/ gedeckte und offene Kurzvokalsilbe ohne Akzent; Kopf mit einem ambisyllabischen Konsonanten, Nukleus als Schwa.

Dritte Silbe: /nən/ gedeckte und geschlossene Kurzvokalsilbe ohne Akzent, Kopf und Koda mit einem Nasalkonsonanten, Nukleus als Schwa.

abspringen /ˈʔab.ʃprɪŋən/:

Erste Silbe: /ˈʔab/ nackte (oder, wenn man den Glottisschlag berücksichtigt: gedeckte) und geschlossene Kurzvokalsilbe mit Wortbildungsakzent; Kopf = Glottisschlag oder leer; Nukleus = Kurzvokal; Koda = ein Konsonant.

Zweite Silbe: /ʃprɪŋ/ gedeckte und geschlossene Kurzvokalsilbe, deakzentuiert; Kopf = drei Konsonanten, nicht mit monoton abnehmender Konsonantenstärke; Nukleus = Kurzvokal; Koda = ambisyllabischer velarer Nasal.

Dritte Silbe: /ŋən/ nackte und geschlossene Kurzvokalsilbe; Kopf = ambisyllabischer velarer Nasal; Problem: Üblicherweise gilt, dass [ŋ] nicht (silben)anlautend auftreten kann. Da [ŋ] nur auf Kurzvokale folgt, tritt diese Konstellation immer auf, wenn noch eine Silbe folgt.

Labergrund /ˈlaː.bər.grʊnd/:

Erste Silbe: /ˈlaː/ gedecke, offene Langvokalsilbe mit Wortbildungsakzent; Kopf = 1 Konsonant, Nukleus = Langvokal.

Zweite Silbe: /bər/ gedeckte und geschlossene Kurzvokalsilbe ohne Akzent; Kopf = 1 Konsonant, Nukleus = Kurzvokal Schwa, Koda = 1 Konsonant.

Dritte Silbe: /grʊnd/: gedeckte und geschlossene Kurzvokalsilbe, deakzentuiert oder mit Nebenakzent; Kopf = 2 Konsonanten mit monoton abnehmender Konsonantizität; Nukleus = Kurzvokal; Koda = 2 Konsonanten mit monoton zunehmender Konsonantiziät.

Übungsaufgabe Nr. 10, S. 98, zur Silbenstruktur:

[ʃtiːl] – [fyːl]: Die beiden Langvokale unterscheiden sich durch das Merkmal der Lippenrundung.

[zuːxt] – [flʊxt]: Die beiden Vokale unterscheiden sich durch das Merkmal der Quantität bzw. Offenheit/Zentralität/Gespanntheit.

[ˈfʊn.dən] – [ˈʔʊn.tən]: [d] = sth. Plosiv; [t] = stl. Plosiv.

[ma͡ɪ̯nt] – [frɔ͡ʏ̯nt]: Die beiden Diphthonge sind zwar ähnlich, aber nicht identisch; sie unterscheiden sich u.a. durch das Merkmal der Lippenrundung. – Man kann auch bezweifeln, dass bei [frɔ͡ʏ̯nt] tatsächlich Auslautverhärtung stattfindet, da ein lenisierender/sth. Nasal vorausgeht.

Übungsaufgabe Nr. 11, S. 111, zum Wortbildungsakzent:

zu a)

CDU: Akzent auf der letzten Silbe der Wortkürzung (Silbenwort); bei Kontrastakzent auf der ersten Silbe: *CDU-CSU.*

spindeldürr: Akzent auf der zweiten Konstituente oder schwebender Akzent (Steigerungsbildung).

zu Gunsten: auch *zugunsten* (wie in der alten Orthographie). Zusammenschreibung ist kein verlässlicher Indikator für den Status als Wortbildungsprodukt, ebensowenig wie Getrenntschreibung für den Status als Syntagma. Verschiedene Merkmale sprechen eher für ein Wortbildungsprodukt, z.B. die antiquierte Kasusform. Der Akzent auf der Zweitkonstituente weist allerdings in Richtung auf ein Syntagma (PP) oder aber auf eine PP-Zusammenrückung.

ticktack: variabel; die Platzierung des Akzents ist wahrscheinlich abhängig vom Denotat. *ticktack:* kindersprachliche Bezeichnung für *Uhr; ticktack:* Geräuschnachahmung (Ablautreduplikation).

cremig-fruchtig/cremig-fruchtig: Doppelakzentuierung oder Akzent auf der Letztkonstituente (Kopulativkompositum).

Immergrün: Akzent auf der Erstkonstituente in der Art eines Determinativkompositums, obwohl eine Zusammenrückung vorliegt.

durchwandern: ohne Kontext nicht entscheidbar, entweder *durchwandern* (Partikelpräfixbildung) oder *durchwandern* (Partikelverbbildung): *er durchwandert – er wandert durch.*

faschistoid: Akzent auf dem nichtnativen Suffix.

zu b)

Der Wortbildungsakzent bei Steigerungsbildungen liegt auf der letzten Konstituente, wie bei *spindeldürr*. Liegt beispielsweise eine attributive Verwendung vor, kommt es zur rhythmischen Akzentverlagerung auf das Erstelement: *der spindeldürre Student.*

Übungsaufgabe Nr. 12, S. 112, zum Akzent und zur Silbenstruktur:

Phonetische Transkription (Standardlautung):

[ʔɛɐ.ˈmøːk.lɪçt, re.lɑ.ˈtiːf, ʔɔ͡ʏ̯.ro.ˈpɛː.ɪ.ʃn̩, ʔeː.ˈʔuː, ˈmɪt.gliːt.ʃɑft, ʔe.nɛr.ˈgiː]

Phonologische Transkription:

/ʔɛr.ˈmøːg.lɪçt, re.lɑ.ˈtiːf, ʔɔ͡ʏ̯.ro.ˈpɛː.ɪ.ʃən, ʔeː.ˈʔuː, ˈmɪt.gliːd.ʃɑft, ʔe.nɛr.ˈgiː/

Hinweise: Die Aussprachevarianten des [r] werden in einer phonetischen Transkription geschrieben, in einer phonologischen nicht. Auslautverhärtung (= Allophone der sth. Plosive und Frikative) wird in der phonetischen Transkription geschrieben, in der phonologischen nicht. Apokope und Synkope werden in einer phonetischen Transkription angegeben, in einer phonologischen rückgängig gemacht. – Als phonologisches Zeichen für den Ich/Ach-Laut haben wir /x/ gewählt.

Die Silbenstruktur ist in folgenden Fällen problematisch: bei allen nichtnativen Wörtern Silben mit akzentlosen Kurzvokalen in offenen Silben, also /re.lɑ/ in *relativ*, /ro/ in *europäischen* /e/ in *Energie*. Normalerweise dürften in einem solchen Silbentyp nur ungespannte Kurzvokale vorkommen. - Ein weiteres Problem stellt die Silbengrenze in /ʔɔ͡ʏ̯.ro.ˈpɛː.ɪ.ʃən/ zwischen /ɛː/ und /ɪ/ dar. Nur die wenigsten Sprecher realisieren hier eine Silbengrenze, da dadurch das folgende kurze ungespannte /ɪ/ den Wert einer vollen Silbe erreichen würde.

Übungaufgabe Nr. 13, S. 129, zu den Schreibprinzipien:

1. Phonetisches und phonologisches Prinzip: Beispiele für das phonetische Prinzip in der Schreibung finden sich in obigem Text nicht, da das Nhd. primär phonologisch schreibt. Beispiele für die phonologische Schreibung: das Ignorieren der Auslautverhärtung in Beispielen wie *Edward* (S. 2), *genügend* (S. 3), *lud* (S. 6); das Ignorieren allophonischer Varianten bei [r] wie in *seiner, drei, nur* usw. (S. 2); das Ignorieren der [ç, x]-Varianten in Fällen wie *sich* (S. 2), *auch* (S. 5), *zunächst* (S. 6), *berufliches* (S. 6). Das phonologische Prinzip wird verletzt bei der Markierung des Umlauts im Fall von *blauäugige* (S. 4), *wohltätige* (S. 4).
2. Syllabisches (silbisches) Prinzip: Es wird in der Silbentrennung verletzt durch das Verbot der Trennung von *E-hetragödien* (S. 2), wird aber berücksichtigt in der Trennung ambisyllabischer Konsonanten wie in *klappen* (S. 2) und in der Erlaubnis, in der neuen Orthographie *s-t* zu trennen wie in *Geschwis-ter* (S. 2).
3. Rhythmisch-intonatorisches Prinzip: Hierfür könnte man in (S. 3) die Abtrennung der Parenthese durch Gedankenstriche anführen.
4. Ästhetisches (eugraphisches) Prinzip: Es wurde wegen der Fraktur berücksichtigt in dem Verbot der Trennung *Geschwis-ter* (S. 2); auch in dem Verbot der Verdoppelung von Umlauten zur Markierung der Länge in Fällen wie *genügend* (S. 3).
5. Morphologisches (etymologisches) Prinzip (Morphem-Konstanz): z.B. die Umlautmarkierung in Paaren wie *Grund – gründlich* (S. 3), *muss – müssen* (S. 1); die Markierung von Kurzvokalen durch Verdoppelung des Folgekonsonanten in Einsilblern analog zu Mehrsilblern wie in *Schritt* und in dem Paar *muss - müssen* (S. 1) in der neuen Orthographie (in der alten dagegen nicht: *muß – müssen* S. 1).
6. Homonymie-Prinzip (auch semantisches/lexikalisches Prinzip): z.B. *heute* (S. 2) – *Häute*.
7. Grammatisch-syntaktisches Prinzip: z.B. die Interpunktion in S. (2) vor dem Akk.Obj.-Satz und dem Konditional-Adverbial-Satz.
8. Pragmatisches Prinzip: keine überzeugenden Beispiele im Text.

Hinweis: Die Getrenntschreibung von *Buckingham Palast* verstößt sowohl nach der alten als auch nach der reformierten Orthographie gegen das Verbot, Determinativkomposita getrennt zu schreiben; zumindest müsste ein Bindstrich verwendet werden.

Übungsaufgabe Nr. 14, S. 143, zur Schreibung der i-Laute im Deutschen:

i-Laute in **Akzentsilben**:

<i> = [iː]:

<ie>: vor Dehnungs-e: *ziemlich* (S. 1), *adoptierte* (S. 1), *kriegen* (S. 1), *dieser* (S. 1), *privilegierte* (S. 2).

<ih>: vor Dehnungs-h in Personalpronomina: *ihn* (S. 4).

<i> = [ɪ]: *Schiff* (S. 3), *immer* (S. 4), *Kinder* (S. 1), *Geschichte* (S. 1). Es handelt sich immer um konsonantisch geschlossene Silben, auf die noch eine Silbe folgt.

i-Laute in **akzentlosen Silben**:

<i> = [i]: in nichtnativen Wörtern in unbetonter Silbe, wenn das *i* unter dem Akzent lang und gespannt wäre: *privilegierte* (S. 2). Auch diese normative Regelung der Aussprachewörterbücher dürfte nicht der Realität entsprechen. Hier wird meist [ɪ] realisiert.

<i> = [i̯]: vor zur selben Silbe gehörendem Vokal in nichtnativen Wörtern: *Projektion* (S. 1), *Reaktion* (S. 2). Diese normative Regelung der Aussprachewörterbücher entspricht wohl nicht der Realität. Tatsächlich wird fast immer [j] realisiert.

<i> = [ɪ]: *ziemlich* (S. 1), *Jugendlichen* (S.2.), *schließlich* (S. 3), *Fähigkeit* (S. 5), *natürlich* (S.5). Ausnahmslos in Wortbildungssuffixen, die nicht akzentuiert werden können.

Übungsaufgabe Nr. 15, S. 144, zu den graphemischen Funktionen des Zeichens <e>:

<e> erfüllt fünf graphemische Funktionen:
a) <e> als Zeichen für den Langvokal [eː]:
- als graphemisch unmarkierter Langvokal: *angegeben* [ˈʔɑn.gə.geː.bən] (S. 6); *dem* [deːm] (S. 6).
- als graphemisch markierter Langvokal: *vielmehr* [ˈfiːl.meːɐ̯] (S. 6).

b) <e> in nichtakzentuierten Silben als Zeichen für den Nebensilbenvokal [ə], der unter bestimmten Bedingungen der Synkopierung unterliegt: *Falle* [ˈfɑlə] (S. 4), *genauer* [gə.ˈnɑ͡ʊ̯ɐ] (S. 4), *angegeben* [ˈʔɑn.gə.geː.bən/ˈʔɑn.gə.geː.bn̩] (S. 6), *Gruppe* [ˈgrʊpə] (S. 7).

c) <e> als graphemisch indirekt markierter Kurzvokal:
- als Kurzvokal, graphemisch markiert durch darauffolgendes Doppelkonsonantenzeichen, z.B. *Professor* [pro.ˈfɛsoːɐ̯] (S. 3), *wenn* [vɛn] (S. 6, 8). <ss> zeigt nicht direkt Vokalkürze an, sondern einen ambisyllabischen Konsonanten, damit eine konsonantisch geschlossene Kurzvokalsilbe; die Lösung bei dem einsilbigen *wenn* lehnt sich an die Markierung bei Mehrsilblern an im Sinne der Schemakonstanz, ohne Ambisyllabizität anzuzeigen.
- als Kurzvokal graphemisch markiert durch zwei verschiedene Konsonanten nach betontem Vokal <e>, z.B. *Mensch* [mɛnʃ], (S. 7).

d) <e> als Teil eines Zeichens für einen Diphthong: <ei> = [ɑ͡ɪ̯], <eu> = [ɔ͡ʏ̯], z.B. *unterscheiden* [ʔʊn.tɐ.ˈʃɑ͡ɪ̯.dən], (S. 1), *ein* [ʔɑ͡ɪ̯n], (S.2).

e) <e> als Dehnungszeichen nach <i>:
- organisches Dehnungs-e: wenn aus dem mhd. Falldiphthong <ie> für [i͡ə] der nhd. Langmonophthong [iː] wird, z.B. nhd. *dient* [diːnt] (S. 7) aus mhd. *dienen* [ˈdi͡ə.nən].
- unorganisches Dehnungs-e: Übertragung des <e> aus der nhd. Monophthongierung (s.o.) auf Wörter, die ursprünglich keinen Diphthong aufwiesen → <e> als Markierungszeichen für den Langvokal [iː], z.B. *Schauspieler* [ˈʃɑ͡ʊ̯.ʃpiː.lɐ] aus mhd. *spiln* [spiln].

f) <e> in silbenauslautendem <er>: *Schwindler* [ˈʃvɪnd.lɐ] (S. 8), *Schauspieler,* [ˈʃɑ͡ʊ̯.ʃpiː.lɐ] (S. 2), *genauer* [gə.ˈnɑ͡ʊ̯.ɐ] (S. 5). Die Rolle des <e> ist hier nur sehr schwer zu beschreiben: Wird es zusammen mit dem [r] vokalisiert, oder unterliegt es der Synkope?

Übungsaufgabe Nr. 16, S. 144, zur Schreibung der Tonvokale:

Hinweis: mit »Tonvokal« meinen v.a. sprachgeschichtlich orientierte Linguisten Vokale in einer Akzentsilbe.

Leuten: Prinzip der Homonymentrennung, Abgrenzung von *läuten.*
erläutern: Nach dem etymologischen Prinzip dem Stamm *laut* zugeordnet (Umlautmarkierung).
wenn: Verdoppelung des Konsonantenzeichens <nn> zur Markierung der Kürze des vorausgehenden Vokals; hier wegen Einsilbigkeit nicht ambisyllabisch.
Männer: Nach dem etymologischen Prinzip dem Stamm *Mann* zugeordnet (Umlautmarkierung).
ihrem: <h> zur Markierung der Länge des vorausgehenden Vokals [iː], nur bei einigen Pronomina.
hier: <e> zur Markierung der Länge des vorausgehenden Vokals; zu mhd. *hier*, ahd. *hiar.* Der Diphthong unterliegt der nhd. Monophthongierung, das <e> wird umgedeutet zur Längenmarkierung für das <i> (sog. organisches Dehnungs-e).
mir: Die Länge des *i* ist hier nicht durch die Schreibung markiert.

Übungsaufgabe Nr. 17, S. 145, zur Vokalquantiät:

Vokallänge unmarkiert: *vergeben* (S. 3).
Vokallänge durch Dehnungs-*h* markiert*:* *zunehmende* (S. 1), kein eigener Lautwert.
Vokallänge durch Dehnungszeichen <e> markiert*:* *<ie>* [iː] *vielen* (S. 1).
Vokallänge durch Vokaldoppelschreibung markiert: keine Beispiele im Text; *Saal, Meer;* nicht bei <u>, <i>, <ä>, <ü>, <ö>.

Vokalkürze:

- Verdoppelung des folgenden Konsonantenzeichens zeigt nicht direkt Vokalkürze, sondern einen ambisyllabischen Konsonanten, damit eine geschlossene Silbe (und somit indirekt Vokalkürze) an: *schaffen* (S. 2), *gewissen* (S. 2).
- Vokalkürze angezeigt durch zwei verschiedene Konsonantenzeichen nach betontem Vokal: *Folge* (S. 1), *Forschung* (S. 1); aber auch Langvokal: *höchstens* (S. 3).
- Vokalkürze unmarkiert: *hat, mit.*

Übung Nr. 18, S. 147, zu den lautlichen Entsprechungen von <s>:

Bei der Lösung wird davon ausgegangen, dass /s/, /z/ und /ʃ/ Phoneme sind.

<ss> = [s] inlautend intervokalisch nach kurzem Vokal: *passiert* (S. 3), *Aggressivität* (S. 7), *Wasser* (S. 7), *verlassen* (S. 7); in der reformierten Orthographie müsste statt auslautendem <ß> nach Kurzvokal <ss> für [s] geschrieben werden: *Abflussgräben/Abflußgräben* (S. 3), *nass/naß* (S. 8).

<s> anlautend vor <p,t> für [ʃ]: *steckengeblieben* (S. 4), *Stimmung* (S. 6).

<s> = [z]:

- prävokalisch im (Morphem-)Anlaut: *sich* (S. 2), *Sandboden* (S. 3), *seit* (S. 3), *Torfsee* (S. 3), *seiner* (S. 4), *sinnlos* (S. 5), *Situation* (S. 7).
- intervokalisch nach langem Vokal/Diphthong: *Wiesen* (S. 3), *diesem* (S. 8).
- inlautend postkonsonantisch: *Hirse* [ˈhɪr.zə].

- <s> hat den Lautwert [s]:
  - im Inlaut vor und nach Konsonant: *ersten* (S. 2), *Forstfahrzeugen* (S. 4), *Morast* (S. 4), *festen* (S. 5).
  - im Auslaut nach Konsonant: *Weihnachtstagen* (S. 4), *Wiesenrains* (S. 4), *links* (S. 4),
  - im Auslaut nach Vokal durch Auslautverhärtung von /z/, wenn es Wortformen gibt, bei denen dieses <s> inlautend zwischen Vokalen für [z] steht: *sinnlos* (S. 5), vgl. *sinnloses.*
  - in einigen Fällen lässt sich bei morphemauslautendem <s> nach Vokal wegen des Fehlens von Wortformen, in denen dieses <s> im Inlaut steht, nicht entscheiden, ob ein durch Auslautverhärtung entstandenes [s] oder ein originäres [s] vorliegt: *Liepros* (S. 2), *Ausnutzung* (S. 4), *bis* (S. 5), *Mannes* (S. 6), *es* (S. 6). Bei *des* (S. 4) kann man wegen der Flexionsform *dessen* auf ein originäres [s] schließen.
- <s> in der Verbindung <sch> mit dem Lautwert /ʃ/: *Schwedenow* (S. 2), *Schwierigkeiten* (S. 3), *überschwemmt* (S. 3), *Schlamm* (S. 5).

[Ergänzende Anmerkung: <ß> steht immer für [s]:

- nach alter und neuer Orthographie im In- und Auslaut nach Langvokal und Diphthong: *schließlich* (S. 5), *Füße* (Z. 8);
- nach alter Orthographie im Inlaut nach Kurzvokal vor Konsonant dann, wenn es eine Form des gleichen Worts mit <ss> an dieser Stelle gibt. In dieser Konstellation steht in reformierter Orthographie <ss>: kein Beispiel im Text; vgl. *läßt/lassen*, neue Orthographie: *lässt;*
- nach alter Orthographie im Auslaut nach Kurzvokal, wenn es eine Form des gleichen Worts mit <ss> an dieser Stelle im Inlaut gibt: *naß* (S. 8); in dieser Konstellation steht in reformierter Orthographie <ss>: *nasser, nass.*]

Übungsaufgabe Nr. 19, S. 148, zu den Lautwerten von <g>:

Unter »Lautwert« wird die tatsächliche phonetische Realisation verstanden, unter »Gruppenbildung« die Zusammenstellung von Wörtern mit gleichen Lautwerten.

<g> tritt in drei Gruppen auf:

- [g]: *gingen* [ˈgɪŋən], *gehen* [ˈgeː.ən], *hinlegen* [ˈhɪn.leː.gən], *fliegen* [ˈfliː.gən], *Baumsäge* [ˈbau̯m.zɛː.gə] (an- und inlautend).
- [k^{h}]: *legte* [ˈleːk^{h}.tə] (morphemauslautend, Auslautverhärtung).
- [ŋ]: *ging(en)* [ˈgɪŋən] (in der Buchstabenverbindung <ng>).

Problem: [g] und [k] haben normalerweise Phonem-Status, da im An- und Inlaut Bildung von Minimalpaaren möglich: z.B. *Grippe* – ***Krippe***, im Auslaut hingegen nicht, da durch die Auslautverhärtung /g/ als [kʰ] realisiert wird; es liegt also ein Fall von Neutralisation vor: Das Phonem /g/ hat die komplementär distribuierten Allophone /g, kʰ/. Das Lautzeichen <g> hat also zwei Lautwerte, ist in diesen Beispielen aber nur einem Phonem zugeordnet. – Die Buchstabenverbindung <ng> hat (morphem-)in- und auslautend den Lautwert [ŋ]. Dieser Laut hat Phonemstatus, da er mit allen anderen in diesen Positionen möglichen Konsonanten Minimalpaare bildet.

Übungsaufgabe Nr. 20, S. 149, zu den Schriftzeichen für /f/:

- <f> = [f]: *flüssigen* (S. 1), *tiefen* (S. 1), *verlustfreien* (S. 1), *fließen* (S. 1), *fordert* (S. 1), *Stromfluss* (S. 1), *tiefe* (S. 2), ***Filmen*** (S. 3), *suprafluiden* (S. 3), *führen* (S. 4) (in allen Positionen).
- <v> = [f]: *Vermögen* (S. 1), *verlustfreien* (S. 1), *Vergleich* (S. 1), *Verwandtschaft* (S. 2), *von* (S. 3), *vollzieht* (S. 3), *vorgeschlagene* (S. 4), *Verständnis* (S. 4). Diese Schreibung tritt überwiegend anlautend prävokalisch auf. In- und auslautend nur in ehemals nichtnativen Wörtern (keine Beispiele im Text): *Vers, Nerven, Nerv.*
- <v> = [v] in nichtnativen Wörtern (keine Beispiele im Text): *Vase, Valium, Valle, gravitätisch.* Bei einigen Wörtern variiert die Aussprache: *Verse, Violine, Valentin.*
- <ph> = [f]: ***Phänomen***. Diese Schreibung tritt nur in Wörtern aus dem Griechischen auf (keine Beispiele im Text).

Übungsaufgabe Nr. 21, S. 149, zu den Graphen <j> und <ng>:

- <j> = [j]: *jedoch* (S. 1), *just* (S. 1), *Ehejahr* (S. 2), *jenen* (S. 11).
- <ng> = [ŋ]: *Prüfung* (S. 1), *Einrichtung* (S. 1), *engeren* (S. 1), *Selbstverwirklichung* (S. 4), *gegangen* (S. 9).
- <ng> = [ng]: *angewiesen* (S. 7), *verlorengehen* (S. 11) = (Silbengrenze/Wortfuge zwischen [n] und [g]): Folge der Phoneme /n/ + /g/ => oft assimiliert zu [ŋg] oder sogar [ŋ].

These: [j] und [ŋ] als kombinatorische (stellungsbedingte) Varianten eines Phonems.

Zwei Bedingungen für kombinatorische Varianten, die beide erfüllt sein müssen:

1. Komplementäre Distribution (unterschiedliche lautliche Umgebung), aufgrund derer sie nicht bedeutungsdifferenzierend wirken können (keine Minimalpaarbildung möglich!).
2. Phonetische Ähnlichkeit.

- zu 1.: Distribution:
  - [j] kommt bei nativen Wörtern nur im Morphem-Anlaut vor (siehe obige Beispiele); inlautend intervokalisch nur in nichtnativen Wörtern wie z. B. *Kajüte, Koje*).
  - [ŋ] kommt nicht im (Morphem-)Anlaut, sondern nur im Morphemauslaut vor.

Es liegt also tatsächlich komplementäre Distribution vor.

- zu 2.: Keine phonetische Ähnlichkeit vorhanden, da [j] ein palataler Frikativ, und [ŋ] ein velarer Nasal ist.

Ergebnis:

- Trotz komplementärer Distribution (= Argument für Allophon-These) liegen zwei Phoneme vor, da [j] und [ŋ] keine phonetische Ähnlichkeit aufweisen [dieses Argument ist allerdings auch auf Allophone wie [r] und [ɐ] anwendbar].
- Komplementäre Distribution macht Minimalpaarbildung unmöglich, die sonst für Phoneme charakteristisch ist.

Übungsaufgabe Nr. 22, S. 151, zu Folgen von Konsonantenzeichen:

1. Verdoppelung von Konsonantenzeichen:

- *überdrüssig* (S. 1), *passierte* (S. 2), ***Rolle*** (S. 3), *rettenden* (S. 6), ***immer*** (S. 7), ***Pessimist*** (S. 11): Konsonantenzeichenverdoppelungen zwischen Vokalen zeigen Kürze des vorausgehenden Vokals an sowie Ambisyllabizität des betreffenden Konsonanten, im Fall von <ss> auch Stimmlosigkeit. – Beachte, dass einige Einzelkonsonantenzeichen wie <q, j, x, v> aus unterschiedlichen Gründen nicht verdoppelt werden dürfen, ebenso Folgen von Konsonantenzeichen für einfache Konsonanten wie <sch> für /ʃ/, für Affrikaten wie <tz> für /t͡s/ und für Folgen von Konsonanten wie <qu> für [kv].

- *passte* (S. 2), ***will*** (S. 3), *aufgestellt* (S. 4), *Stumpfsinn* (S. 7): In diesen Fällen folgt auf die Konsonantenzeichenverdoppelung entweder eine Wortgrenze oder ein Konsonant, doch gibt es andere Formen desselben Wortes, die der ersten Beispielgruppe entsprechen. Die Schreibung folgt also hier dem Prinzip der Schemakonstanz. Die Konsonantenzeichenverdoppelung zeigt hier also nur Kürze des vorausgehenden Vokals an, nicht Ambisyllabizität des Konsonanten.
- *dass* (S. 1/7): Hier gibt es keine weiteren Formen dieses Wortes, die der ersten Gruppe entsprechen. Die Doppelschreibung <ss> zeigt nur Kürze des vorausgehenden Vokals an.
- *dreißigjährigen* (S. 10): <ß> ist historisch gesehen als Doppelschreibung von <s> zu interpretieren. Es indiziert wie bei der ersten Gruppe Stimmlosigkeit des /s/. – Beachte: Würde <ß> Ambisyllabizität anzeigen, so würde es sich um eine konsonantisch geschlossene Silbe mit Diphthong handeln; normalerweise behandelt man aber Diphthonge wie Langvokale.
- *Schicksalsschläge* (S. 6): Hier treffen zufällig an der Morphemgrenze zwei <s> zusammen.

2. Affrikaten:
   - *Jahrzehnte* (S. 1), ***zu*** (S. 1/2/5/6), ***Zw****eiten* (S. 2), ***Z****eit* (S. 2), ***z****eugt* (S. 7), ***Z****ynismus* (S. 7), *Fünfzehn* (S. 9): Hier wird im Morphemanlaut die Affrikate /t͡s/ mit einem einzigen Zeichen, dem Graphem <z> wiedergegeben.
   - *überschätzen* (S. 3), *jetzt* (S. 10): Im Morphemauslaut wird die Affrikate /t͡s/ durch die Zeichenfolge <tz> wiedergegeben.
   - *Stumpfsinn* (S. 7): Die Affrikate /p͡f/ wird in allen Positionen durch die Zeichenfolge <pf> wiedergegeben.
   - Für weitere mögliche Affrikaten wie /t͡ʃ/ und /d͡ʒ/ gibt es im Text keine Beispiele.
3. Weitere Folgen von Konsonantenzeichen für einzelne Konsonantenphoneme:
   - <sch> für /ʃ/: ***geschrieben*** (S. 1), *überschätzen* (S. 3), ***Menschen*** (S. 4/6/7), ***Schicksalsschläge*** (S. 6), *militärischen* (S. 7), *gescheitert* (S. 10), *Fortschritt* (S. 11).
   - <ch> für /ç, x/: *Gleiche* (S. 2), *Natürlich* (S. 3), *Macht* (S. 3), *Verachtung* (S. 4), ***Doch*** (S. 5), *Verbrechen* (S. 5), *ungebrochene* (S. 7) usw.

Übungsaufgabe Nr. 23, S. 151, zur Zuordnung von Phonemen und Graphemen:

sind [zɪnt^{h}]:

- <s> wird am Wortanfang vor Vokalen [z] gesprochen, außerdem intervokalisch; in anderen Positionen wird <s> als [s] realisiert; je nach Wertung der beiden Laute ist ein Graphem einem oder zwei Phonemen zugeordnet.
- <i>: Die Quantität bzw. Gespanntheit des Vokals wird nicht markiert. Man kann aber mit einer gewissen Wahrscheinlichkeit daraus, dass zwei Konsonanten(zeichen) folgen, auf Kürze/Gespanntheit des vorausgehenden Vokals schließen.
- <n>: hier ist das Graphem direkt dem Phonem /n/ zugeordnet.
- <d> wird am Morphemende als [t^{h}] realisiert (Auslautverhärtung); Allophone werden in der Schrift nicht realisiert (also 1:1-Zuordnung aus phonologischer Sicht).

psychopathologische [psyː.ço.pa.to.ˈloː.gɪ.ʃə]:

- <p> ist direkt dem Phonem /p/ zugeordnet, <s> dem Phonem /s/, wobei in der Position nach /p/, die nur in nichtnativen Wörtern auftritt, nur ein stl. /s/ auftreten kann.
- <y> tritt als Zeichen für einen Monophthong nur in nichtnativen Wörtern auf und wird üblicherweise als /y/ realisiert: Unter dem Akzent ist es der Langvokal /yː/, ohne Akzent/deakzentuiert der entsprechende gespannte Kurzvokal, in akzentlosen Silben [ɪ] (nach Aussprache-Duden 2005).
- <ch> wird im Wortinneren nach [y] als Ich-Laut [ç] realisiert, nach Hinterzungenvokalen als Ach-Laut [x]. Beide Allophone werden aber in der Schrift als <ch> realisiert (1:1-Zuordnung aus phonologischer Sicht).
- Die Vokalzeichen <y, o> des nichtnativen Wortes stehen unter dem Akzent für Langvokale, in deakzentuierten Silben für gespannte Kurzvokale [y, o] (laut Aussprachewörterbüchern, die

hierbei weit von der sprachlichen Realität entfernt sind); also je zwei Allophone, die einem Phonem und einem Graphem zugeordnet sind. Bei <a> für [ɑ] gibt es die Unterscheidung gespannt – ungespannt nicht.

- <th>: Diese Zeichenfolge steht ausschließlich in nichtnativen Wörtern für das Phonem /t/.
- Die Grapheme <l> und <g> sind direkt den Phonemen /l/ und /g/ zugeordnet.
- Bei <ie> wird durch das <e> die Länge/Gespanntheit des [iː] angezeigt.

Entfremdungserlebnisse [ʔɛnt.ˈfʁɛm.dʊŋs.ʔɛɐ.ˈleːp.nɪsə]:

- In diesem Wort sind die Grapheme <n, t, f, r, m, d s, l> direkt den Phonemen /n, t, f, r, m, d, s, l/ zugeordnet. Allophone werden bei /t, r, d, b/ nicht in der Schrift angezeigt; aus phonologischer Sicht liegt also eine 1:1-Relation vor.
- Bei den Vokalzeichen <e, u, i> wird nicht angezeigt, ob es sich um kurze/ungespannte oder lange/gespannte Vokale handelt. Aus der Tatsache allerdings, dass es sich fast ausschließlich um (z.T. sogar mehrfach) konsonantisch geschlossene Silben handelt, kann man auf Kürze/Ungespanntheit schließen. Es liegt also keine eindeutige Zuordnung zwischen Buchstaben und Lautwert vor. – Anders liegt der Fall bei <leb->. Hier liegt zwar eine konsonantisch geschlossene Silbe vor, aber in einer mehrsilbigen Struktur wie <leben> wird die Silbe offen, damit ist die Länge/Gespanntheit des /eː/ erklärbar. – Dazu kommt noch, dass <e> in der letzten Silbe für /ə/ steht. Wertet man diesen Laut als Phonem, so liegt Mehrfachzuordnung vor. Wertet man ihn als Allophon von /ɛ/, so liegt in dieser Hinsicht eine 1:1 Zuordnung vor.
- <ng>: Diese Buchstabenfolge steht für das Phonem /ŋ/. Sie kann in anderen Zusammenhängen tatsächlich für die Lautfolge /n/ und /g/ stehen.

Schließfach: [ˈʃliːs.fɑx]:

- <sch> steht für das Phonem /ʃ/, wobei jeder Buchstabe auch einen eigenen Lautwert hat (je nach Umgebung).
- <l> und <f> sind direkt den Phonemen /l/ und /f/ zugeordnet.
- Bei <ie> zeigt das <e> eindeutig die Länge des Monophthongs /iː/ an.
- Bei <a> wird wiederum nicht die Quantität angezeigt (einen Gespanntheitsunterschied gibt es hier nicht). Die Kürze kann man aber mit einiger Sicherheit aus der Tatsache erschließen, dass die Silbe [fɑx] konsonantisch geschlossen ist.
- <ch> wird am Wortende nach <a> als Ach-Laut [x] gesprochen; Allophone werden in der Schrift nicht realisiert. Aus phonologischer Sicht liegt also eine 1:1-Zuordnung vor.

Übungsaufgabe Nr. 24, S. 151, zu den Graphien <c>, <k>, <g>:

a) Dem Graphen <g> sind mehrere Phone zugeordnet:

<g> ≈ [g] ≈ /g/:

- am Wortanfang vor Vokal: *(all)**gemein*** (S. 1), ***Gesellschaft*** (S. 2/5/6/9), *(Ein)**gang*** (S. 1), ***gelten*** (S. 2), ***gelesen*** (S. 9).
- im Wortinneren vor Vokal: *gegenwärtig* (S. 1/6), *eigentlich* (S. 3).
- am Wortanfang vor Konsonant: ***Grundlage*** (S. 1), ***Glied*** (S. 7), ***gleichen*** (S. 10).

<g> ≈ [kʰ] ≈ /g/: Auslautverhärtung: *Alltag* (S. 8).

<g> ≈ [ç] ≈ /g/: in der Endung <ig>: *gegenwärtig* (S. 6), *tätig* (S. 8).

<n+g> ≈ [ŋ] ≈ /ŋ/: nur im Morphemauslaut: *Voraussetzung* (S. 2), *Beherrschung* (S. 2), *Zwang* (S. 3), *hängt* (S. 5), *Bestimmung* (S. 5), *eindringen* (S. 8), *Nutzung* (S. 8), *Herstellung* (S. 9), *Bedeutung* (S. 9); vgl. aber *angesehen* (S. 2), bei dem <ng> wegen der Morphemgrenze als Folge der entsprechenden Konsonanten ausgesprochen wird. Allerdings beobachtet man Assimilationen bis zum /ŋ/.

<g> ≈ [ʒ] ≈ /ʒ/: nur in nichtnativen Wörtern: *prestigefördernd* (S. 8).

b) Dem Graphen <k> ist nur [k]/[kʰ] zugeordnet:

<k> ≈ [k,kʰ] ≈ /k/: ***Kulturtechniken*** (S. 2/6/8), *Produktion* (S. 7), ***Kulturtätigkeit*** (S. 8), ***Lektüre*** (S. 9), *ankurbelt* (S. 9).

c) Dem Graphen <c> ist u.a. in nichtnativen Wörtern wie ***Computer*** der Lautwert [k] zugeordnet; der Graph tritt auch in der Buchstabenverbindung <ck> statt <kk> als Silbengelenk nach Kurzvokal und in der Buchstabenverbindung <ch> u.a. mit dem Lautwert [k] auf.

<c> ≈ [kʰ] ≈ /k/: Vor <a, o, u, l, r> wird <c> im Anlaut als [kʰ] ausgesprochen: ***Computer*** (S. 6).

<ck> ≈ [k] ≈ /k/: *ausgedruckt* (S. 2/9), *entwickelten* (S. 1), ***rücken*** (S. 7), *gedruckte* (S. 7).
<ch> ≈ [kʰ] ≈ /k/: <ch> wird in griechischen Wörtern als [kʰ] ausgesprochen: ***Charakter*** (S. 4).
Darüber hinaus tritt <c> noch in der Buchstabenverbindung <ch> mit dem Lautwert [ç,x] sowie in der Buchstabenverbindung <sch> mit dem Lautwert [ʃ] auf. Hier werden sie aber wegen der fehlenden Ähnlichkeit mit den Lautwerten [g] und [k] nicht näher behandelt.
Die aufgeführten Beispiele zeigen die vielfältigen Konstellationen im Verhältnis Buchstabe – Laut in der deutschen Gegenwartssprache.

Übungsaufgabe Nr. 25, S. 152, zum Lautwert der Zeichen <s, ss, ß>:

<s>:
- für [s] ≈ /s/:
  - nicht anlautend prävokalisch oder präkonsonantisch.
  - inlautend nach Kurzvokal, vor/nach Konsonant: *ist* (S. 1), *weitesten* (S. 1); *existierend* (S. 2), *fest* (S. 6), *ist* (S. 6).
  - (morphem)auslautend postkonsonantisch: *Inhaltsbegriff* (S. 1), *als* (S. 2/6), *Zeichens* (S. 2), *Transport* (S. 4).
  - auslautend postvokalisch: *Tennis* (S. 4).
- für [z] ≈ /z/:
  - morphemanlautend prävokalisch: *Ansichten* (S. 1), ***Sätzen*** (S. 1/3), ***Semantik*** (S. 4), *selten* (S. 5), ***Sinn*** (S. 6), ***selbst*** (S. 6), *versucht* (S. 6).
  - inlautend intervokalisch nach Langvokal: *diese* (S. 4).
- für [s] ≈ /z/:
  - als Ergebnis der Auslautverhärtung, wenn es andere Formen desselben Wortes mit <s> im Wortinneren mit dem Lautwert /z/ gibt: *dies* (S. 5).
- für [s], Phonemzuordnung aber nicht entscheidbar, da es keine mehrsilbigen Formen gibt, in denen das <s> intervokalisch auftritt: *aus* (S. 6), *was* (S. 6), *das* (S. 6).

<ss>: ausschließlich für [s] ≈ /s/:
- inlautend intervokalisch nach Kurzvokal: *Auffassung* (S. 4).
- inlautend nach Kurzvokal, vor Konsonant: *passt.* (in alter Orthographie: <ß>).
- auslautend nach Kurzvokal: *dass* (S. 3/5/6), *Missbrauch* (S. 6), *muss* (S. 6) (in alter Orthographie: <ß>).

<ß>: ausschließlich für [s] ≈ /s/:
- inlautend + auslautend nach Langvokal/Diphthong: keine Beispiele im Text; *heißen, rußen.*
- in alter Orthographie (morphem-)auslautend nach Kurzvokal, wenn zweisilbige Formen mit <ss> existieren: *Mißbrauch* (S. 6), *muß* (S. 6) (in reformierter Orthographie <ss>).
- in alter Orthographie (morphem)auslautend nach Kurzvokal: *daß* (S. 3/5/6). Das passt nicht in die Systematik. In der reformierter Orthographie wird hier systematisch richtig <ss> verwendet. Aber diese Regelung müsste auch auf den Artikel/das Pronomen *das* angewendet werden (ebenfalls Kurzvokal!). Dies wird jedoch wegen der Homonymenunterscheidung unterlassen.

<s> für [ʃ]: (morphem-)anlautend vor <p, t>: *sprachlichen* (S. 2), *sprechen* (S. 3), *drinsteckt* (S. 3), *stimmt* (S. 5), *Verständnis* (S. 6), ***Streit*** (S. 6), *(fest)stellen* (S. 6), *Gesprochenen* (S. 6).

dass wird in der alten Orthographie mit <ß> geschrieben, um es von *das* zu unterscheiden; bei beiden Formen liegt das gleiche Etymon vor. Nach den Aussprachewörterbüchern sind beide Wörter mit kurzem [a] zu sprechen; tatsächlich wird aber das Pronomen/der Artikel oft mit langem [aː] gesprochen (v.a. von bairischen Sprechern).

Übungsaufgabe Nr. 26, S. 153, zu nichtnativen Wörtern:

Cyberspace [ˈsa͡ɪ.bɐ.spe͡ɪs]:

Fremdwort aus dem Englischen; in der Lautung dem englischen Original entsprechend:
- [e͡ɪ] existiert im Deutschen nur in nicht-nativen Wörtern; es kann auch durch [eː] ersetzt werden (wie bei *Baby*).
- [s] statt [z] am Wortanfang prävokalisch.
- [sp] statt [ʃp] morphemanlautend.

Graphemische Besonderheiten:

- <c> am Wortanfang und -inneren kommt in nativen Wörtern nur in Buchstabenverbindungen wie <ch> und <sch> vor. Abweichend ist auch der Lautwert [s] für diesen Buchstaben.
- <y> kommt in nativen Wörtern nur in Eigennamen in Verbindungen wie <ay, ey> vor. Ungewöhnlich ist auch der Lautwert [a͡ɪ̯].

Besonderheiten in der Zuordnung von Buchstaben und Lauten:

- der Lautwert [s] für <c>;
- der Lautwert [a͡ɪ̯] für <y>;
- der Lautwert [ə] für <er>;
- der Lautwert [s] für <s> vor <p> im Morphemanlaut;
- die Tatsache, dass <e> am Wortende »stumm« ist.

Peanuts [ˈpiː.nɑt͡s]: Fremdwort aus dem Englischen [ˈpiː.nʌt͡s].

Lautliche Besonderheiten:

- anlautendes [p] ist nicht behaucht (tatsächlich bei dt. Sprechern aber oft doch behaucht).
- Lautung an das Deutsche angepasst: Statt [ʌ] wird meist [ɑ] gesprochen.

Graphemische Besonderheiten:

- lediglich die Buchstabenfolge <ea> ohne Morphemgrenze dazwischen.

Besonderheiten in der Zuordnung von Buchstaben und Lauten:

- <p> am Wortanfang nicht behaucht.
- der Lautwert [iː] für <ea>.
- der Lautwert [ʌ] für <u> (tatsächlich aber oft [ɑ]).

Paragraphen [pɑ.rɑ.ˈgrɑː.fn̩]: Lehnwort aus dem Griechischen (*paragraphos*) über das Spätlateinische (*paragraphus*).

Lautliche Besonderheiten:

- Akzent auf der Pänultima;
- die Tatsache, dass 3 Silben mit Volltonvokalismus vorhanden sind.

Graphemische Besonderheiten:

- <ph> ohne Morphemgrenze dazwischen.

Besonderheiten in der Zuordnung von Buchstaben und Lauten:

- <ph> mit dem Lautwert [f].

offiziellen [ʔɔ.fi.ˈt͡si̯ɛlən]: Lehnwort aus dem Französischen (*officiel*), das in der Schreibung mit <z> statt <c> bereits dem Deutschen angepasst wurde.

Lautliche Besonderheiten:

- Akzent auf der Pänultima (in der Grundform *offiziell* auf der Ultima).
- die Tatsache, dass 3 Volltonsilben vorhanden sind.
- kurzes gespanntes [i] in nichtakzentuierten Silben (tatsächlich meist ungespannt realisiert).
- nichtsilbisches [i̯] vor einem akzentuierten [ɛ]. Es wird aber eher als [j] realisiert.

Graphemische Besonderheiten:

- <z> im Wortinneren ohne <t>.

Besonderheiten in der Zuordnung von Buchstaben und Lauten:

- <ie> nicht mit dem Lautwert [iː], sondern [i̯ɛ].

Übungsaufgabe Nr. 27, S. 153, zu phonologischen und orthographischen Besonderheiten von Fremdwörtern:

Wegen der bekannten Problematik des Fremdwortbegriffs stützen wir uns hier nur auf das Konzept der (nicht-)nativen Wörter. – Charakteristisch ist, dass alle diese Wörter den ((Ante)Pän)Ultima-Akzent aufweisen.

Kommission, Regime, Importeure, Chance.

Kommission [kʰɔmɪˈsi̯oːn]:

- Gespannte, kurze Vokale wie [i] treten v. a. in Fremdwörtern auf (siehe Aussprache–Duden (2005), S. 35f.)

- Wörter mit *-ion* stammen meist aus dem Französischen, werden aber oft dem Lateinischen zugerechnet; dann wird das Suffix nicht nasalisiert.
- Nichtsilbisches [i̯] vor akzentuierten Vokalen tritt nur hier auf. Der damit gemeinte Lautwert ist unklar. Plausibler: [j].

liberaleres [li.be.ˈraː.lə.rəs]:

- Das *e* in der zweiten Silbe wird nach den Aussprachewörterbüchern nicht wie in nativen Wörtern als Schwa [ə] realisiert, sondern als gespanntes kurzes [e]. Nach unseren Beobachtungen ist das aber nicht realistisch.

Regime [re.ˈʒiːm]:

- Nicht ursprünglich im dt. Wortschatz vorhandene Phoneme dringen durch Fremdwörter in die deutsche Aussprache ein, z. B. [ʒ] und Nasalvokale (s. Aussprache-Duden (2005), S. 11-12).
- Wegfall des Schlussvokals/-konsonanten, hier [ə], in der Aussprache französischer Fremdwörter.

Importeure [ʔɪm.pɔr.ˈtœː.rə]: keine Nasalisierung im Anlaut trotz französischer Herkunft.

- <eu>: Substitution des frz. [œ] (offen) durch [ø] (geschlossen).
- Kein Wegfall des [ə] in der Aussprache wegen Pluralmarkierung.

Chance [ʃɑ̃ːs] oder [ˈʃɑŋ.sə]:

- <ch> im Anlaut von Fremdwörtern aus dem Französischen wird [ʃ] gesprochen.
- [ɑ̃ː] (Nasalvokal) auch als [ɑŋ] an die deutsche Aussprache angepasst.
- <e> im absoluten Auslaut bleibt stumm.

Übungsaufgabe Nr. 28, S. 153, zum Verhältnis von Schreibung und Lautung:

Eiscreme [ˈʔa͡ɪs.kreːm], evtl. [ʔa͡ɪs.kreː.mə]:

- Mehrere Grapheme werden im Nhdt. einem Phonem zugeordnet: <ei>, <ai>, <eih> ≈ /a͡ɪ/.
- <c> im Anlaut nichtnativer Wörter vor Konsonant hat den Lautwert [k].
- Die erste Variante ohne Schwa-Laut ist der Standardaussprache näher.
- Problem: *creme* ist ein franz. Wort und wird in dieser Sprache folgendermaßen transkribiert: [krɛm] oder [krɛːm].
- Die Länge des ersten Vokals in *Creme* ist orthographisch unmarkiert.
- Die Schreibung <e> für [ɛː] ist im Deutschen nicht möglich. Im Deutschen meist als gespanntes/langes [eː] realisiert.

Zuchtvieh [ˈt͡sʊxt.fiː]

- <z> steht für die Affrikate [t͡s], durchaus im Sinn der monophonematischen Wertung.
- Die Konsonantenhäufung <cht> deutet auf die Kürze des vorausgehenden Vokals hin. Lang- und Kurzvokale werden ja nicht durch unterschiedliche Vokalzeichen markiert.
- [x] ist stellungsbedingte Variante des Phonems /X/ (nach Hinterzungenvokalen) und steht für die Graphenkombination <ch>.
- Der Graph <v> steht häufig anlautend anstelle von <f> für [f].
- Bei [iː] wird die Länge durch das Dehnungs-e und -h markiert.

Schnee [ʃneː]:

- <sch> steht für den Laut [ʃ].
- Markierung der Länge von [eː] durch Verdoppelung des Vokalzeichens.

Es zeigt sich also einmal mehr, dass weder in den nativen noch in den nichtnativen Wörtern Graphen und Laute direkt im Verhältnis 1:1 zugeordnet sind. Stattdessen treten auch Graphenfolgen für einfache Laute, einfache Graphen für Lautfolgen, und wechselnde Graphen für einen Laut, ein Graph für wechselnde Laute auf.

Übungsaufgabe Nr. 29, S. 153, zu Besonderheiten der Laut-Buchstaben-Entsprechung:

Billard: [ˈbɪl.jart]

- <d> ≈ [t] ≈ /d/: Auslautverhärtung.
- Halbvokal [j] durch Mouillierung des Doppellaterals.

- Das postvokalische [r] wird von den meisten Sprechern vokalisiert (Totalassimilation an das vorausgehende [a], das dadurch lang wird).

Nationalgetränks: [na.t͡si̯o.ˈnaːl.gə.trɛnks]. *national:* Wort aus dem Lateinischen.
- <t> = [t͡s].
- Beim Erstbestandteil typischerweise Akzent auf dem nichtnativen Wortbildungssuffix.
- Im oberdeutschen Raum tritt hier für <a> ein vorderes, offenes [a] auf.
- Ferner tritt für nichtakzentuiertes <o> ein gespanntes kurzes [o] auf, das aber tatsächlich meist als offenes [ɔ] realisiert wird.
- Die Ausspracheworterbücher sehen außerdem für <i> vor (akzentuiertem) Vokal ein nichtsilbisches gespanntes [i̯] vor; tatsächlich wird es meist als [j] realisiert.

Hämorrhoiden:[hɛ.mɔ.ro.ˈiː.dn̩]. – Häufige Realisationsform: [hɛ.mɔ.ˈriː.dn̩]. Nichtnatives Wort griechischer Herkunft.
- Wortakzent auf der Pänultima.
- Abfolge der Monophthonge [o] und [i] tritt in nativen Wörtern nicht auf; sie wird oft zu [iː] vereinfacht.
- Ebensowenig tritt in nativen Wörtern ein postkonsonantisches »stummes« <h> auf.
- Und schließlich tritt in nativen Wörtern normalerweise kein gespanntes kurzes [o] ohne Akzent auf, zumal in der unmittelbaren Umgebung eines [ɔ]. Dementsprechend wird es auch oft zu [ɔ] vereinfacht.

Pietist: [pʰi̯ə.ˈtʰɪstʰ].
- Der Wortbildungsakzent auf dem nichtnativen Suffix ist typisch für nichtnative Wörter.
- Die Graphenfolge <ie> wird hier nicht wie in nativen Wörtern als [iː] realisiert, sondern laut Duden-Ausspracheworterbuch als [i̯ə], eine ganz unplausible Lösung; Vorschlag: [pʰiː.ə.ˈtʰɪstʰ].

Philosoph: [fi.lo.ˈzoːf].
- Der Akzent auf der Ultima (letzte schwere Silbe) ist typisch für nichtnative Wörter.
- <ph> = [f] in Wörtern aus dem Griechischen.
- Das <i> der ersten und das <o> der zweiten Silbe werden nach den Ausspracheworterbüchern als kurzes, gespanntes [i] und [o] realisiert, da sie unter dem Akzent als lange, gespannte Vokale ausgesprochen werden; tatsächlich werden sie aber meist wie in nativen Wörtern als [ɪ] und [ɔ] realisiert.

6. Klausuraufgaben

Klausur 1
Diskutieren Sie die phonologischen und graphematischen Aspekte des **Problems Lehnwort/Fremdwort** an Beispielen aus dem folgenden Text.

[1] *Wenn ich anfangs sagte, wir hätten nicht grundsätzlich zu viele Akademiker, dann meine ich allerdings nicht, es sei alles im Lot.* [2] *Wir haben jedenfalls eine falsche Bewertungs- und Anerkennungshierarchie.* [3] *Ein Hochschulabschluss schlägt heute immer noch jeden Berufsabschluß im dualen System.* – [4] *Warum aber ein Anglist bedeutsamer sein soll als ein Bauzeichner, das vermag ich nicht einzusehen.* [5] *Im öffentlichen Dienst haben wir diese problematische Wertehierarchie sogar bis zur Perfektion überdehnt.* [6] *Da ist der Volljurist fast automatisch dem höheren Dienst zugeordnet - auch wenn er das Examen nur um Haaresbreite bestanden hat.* [7] *Ein höchstqualifizierter Software-Spezialist ohne Hochschulstudium hat dagegen Schwierigkeiten, überhaupt den Beamtenstatus zu erreichen und ist darüber hinaus noch in seinen Entwicklungsmöglichkeiten sehr beengt.* – [8] *Auf dem allgemeinen Arbeitsmarkt beginnen sich die Dinge mittlerweile zu korrigieren.* [9] *Einkommenschancen machen sich hier an der Knappheit des Angebotes fest und steigende Studentenzahlen vergrößern das Angebot.* [10] *Das dämpft die Einkommenserwartung und schafft eine neue Balance.*

[aus der Rede des Bundespräsidenten Herzog vor der Hochschulrektorenkonferenz am 08.07.1996]

Klausur 2
Beschreiben Sie die im Text vorkommenden **fremdsprachlichen** Ausdrücke in Hinblick auf ihre phonologisch-orthographischen Besonderheiten.

[1] *Geht man davon aus, daß Ordnung der sinnvolle Zusammenhang von Elementen ist, die nicht Teilglieder eines Ganzen sind, sondern selbständige Größen, deren Beziehungen zueinander aber einem inneren Gesetz unterstehen;* [2] *nimmt man ferner an, daß Ordnung auch als Hinordnung und Hingeordnetsein alles Seienden auf Gott gedacht werden darf;* [3] *läßt man überdies gelten, daß Ordnung als metaphysisch-ontologisches Prinzip eine bessere Form der Seinsgestaltung sein dürfte als das Ungeordnet-Chaotische:* [4] *Dann ist ein gut gespitzter, im Winkel von 45 Grad zum Schreibblock bereitgelegter Bleistift Gott und den Menschen ein Wohlgefallen.* [5] *Anders die Bananenschale auf dem PC.* [6] *Sie ist eine Ordnungswidrigkeit – nicht im Sinne des Verwaltungsstrafrechts, sondern im Sinn des gänzlich Chaotischen, Unzusammenhängen-*

den, die Sphärenmusik Störenden. [7] *Bleistiftmäßig zugespitzt könnte man behaupten, die Bananenschale auf dem PC sei nicht auf Gott hingeordnet, vielleicht sogar gottfern.*
(SZ vom 10.02.1996: »Das Streiflicht«)

Klausur 3:
Bringen Sie *Obwohl es nun einen offiziellen Baustopp für das Gebiet gibt* in phonologische Umschrift (Standardlautung) und erläutern Sie durch Vergleiche der **Phonem-Graphem-Relationen** die an diesem Beispiel erkennbaren **Orthographieprinzipien**!

Klausur 4:
Kommentieren Sie die im Text genannten Beispiele für die **Divergenz von Schreibung und Lautung** und die dort dazu gemachten Aussagen!

Dem Volke aufs Maul zu schauen, gilt unter schreibenden Menschen deutscher Zunge seit Luther als hohe Tugend. Vielleicht auch deshalb, weil sich bestimmte Formen des Ausdrucks, sonderlich die Fach- und Formelsprachen, damals wie heute darin gefallen, möglichst weit weg vom Volkston zu formulieren, tunlichst so, daß der Pöbel nichts davon verstünde. Übriggeblieben von der Sehnsucht, daß Intellekt und Masse möglichst kongruente Verständigungsformen pflegen sollten, ist ein weit verbreiteter veritabler Irrtum: Daß im Deutschen gesprochen werde, wie geschrieben, oder geschrieben wie gesprochen. Man braucht nicht einmal Satiriker zu sein, um wahrzunehmen, daß Leibesübungen im Fernsehen meist als »Spocht« gesprochen werden, wo ›Sport‹ gemeint ist. Wir maulen mit drei verschiedenen, schreiblich nicht unterscheidbaren Artikulationen des ›e‹ herum, verschlucken halbe Wörter, machen aus einem ganzen geschriebenen Leben im Sprachgebrauch ein ›Leebn‹, artikulieren eine männliche Katze als ein Vokalungeheuer ›Kaata‹, und werden uns nie einigen, ob Menschen, die auf den schönen Namen Proebst hören, sich nun korrekt Pröbst oder Proobst sprechen.
(SZ-Beilage vom 19.02.1997: »Die Rechtschreibreform«)

Klausur 5:
Erläutern Sie die **Schreibungen** der Laute (Phoneme) /s/, /z/ und /ʃ/ im vorliegenden Text!
[1] *Schon in der mesopotamischen Frühzeit (etwa Anfang des 3. Jahrtausend vor Christus) wurden einige Tempel auf Hochterrassen errichtet.* [2] *Daraus entwickelte sich bis zur Ur-III-Zeit (etwa 2050-1950 v. Chr.) die charakteristische Form des in mehreren Stockwerken stufenartig ansteigenden Hochtempels neben einem Tieftempel.* [3] *Seit dieser Zeit war die Ziqqurat wesentlicher Bestandteil der mesopotamischen Tempelanlagen.* [4] *Sie bestand im Kern aus*

ungebrannten Ziegeln und wurde mit einer Schicht gebrannter und später auch emaillierter Ziegel verkleidet. [5] *Zu einem kleinen Tempel auf der oberen Plattform der Ziqqurat führte eine Freitreppe.* [6] *Die kultische Funktion der Ziqqurat ist noch nicht exakt bestimmbar, doch berichtet Herodot, in Babylon verbringe die Priesterin des Bel, d.h. des Marduk, in dem Tempel an der Spitze des Turmes eine Nacht, um den Gott zu erwarten.* [7] *Das Alte Testament hat in der Geschichte vom Bau des babylonischen Turmes (»Turm zu Babel«) die Erinnerung an die Ziqqurat bewahrt, wohl besonders an den Neubau der Ziqqurat von Babylon unter Nebukadnezar II. (605-562 v.Chr.), die als eines der 7 Weltwunder des Altertums galt und bei einer Grundfläche von 92 m Seitenlänge und 5 Stufen bis zum Dach des der Überlieferung nach mit Ziegeln verkleideten zweigeschossigen Marduktempels eine Höhe von etwa 90 m erreichte.* [8] *Sie wies eine 15 m starke Schale aus gebrannten Ziegeln sowie 2 Seiten- und eine Mitteltreppe auf.* [...]

[H. Freydank, W. F. Reineke/M. Schetelich/Th. Thila: Der Alte Orient in Stichworten. Leipzig 1979, S. 488f.: Stichwort »Ziqqurat« (akkadisch, etwa ›Tempelturm‹)]

Klausur 6:

Zeigen Sie an Beispielen aus dem folgenden Text, inwieweit die Orthographie die **phonologische Gestalt der Wörter** wiedergibt. Achten Sie dabei vor allem auf Fälle, in denen keine Eins-zu-eins-Relation zwischen Lautung und Schreibung vorliegt.

[1] *Bei der Fahrt ins Hunnenland kannte schon das Lied den Donauübergang.* [2] *Die Sage beweist, daß hier der erste Epiker seine Kunst der Ausgestaltung entfaltet hat.* [3] *Alle wesentlichen Züge – Hagens einsame Suche nach dem Schiff, die Meerweiber, der Ferge, eine Probe auf die Weissagung der Meerweiber, das Ruderbrechen, die Überfahrt – sind schon vorhanden.* [4] *Der letzte Dichter hat nur gemildert (in der »älteren Not« erschlug Hagen die Meerfrauen) oder ausgesponnen.*

[Aus: »Das Nibelungenlied,« nach der Ausgabe von Karl Bartsch hgg. von Helmut de Boor, 19. Aufl. 1967, S. XXXIII]

Klausur 7:

Erläutern Sie anhand von Beispielen aus dem folgenden Text das **Verhältnis von *s*-Schreibung und Lautung** im Gegenwartsdeutschen!

[1] *Könnte es sein, daß vielleicht wenigstens Schierling, Gallneukirchen oder Neugablonz keinen Festlichen Sommer auf die Beine bringen?* [2] *Zu rühmen wären diese Orte als kontemplative Oasen – aber vermutlich hat man auch dort eine ominöse Tilly/Wallenstein-Episode ausgegraben und gedenkt ihrer nunmehr als annual event mit Feuerschluckern und Marketendertreiben.* [3] *Oder die ansässige Aquarellistin hat mit dem Streichtrio einen Kulturkreis gegründet zum Zwecke der Darbietung von Serenaden-cum-Vernissage im*

Zehntstadel. [4] *Und das schimmelige Landschlößchen bestuhlt seinen Halsgraben, klemmt ein paar Fackeln an die Bröselmauern und erhofft sich von »Heiterer Klassik« oder »Musik wie Champagner« einige Tausender für die Sanierungskasse.* [5] *Im Modeschmuck-Neugablonz schließlich, wer weiß, würde sich vielleicht ein fetziges »Glasperlenspiel« als Freilicht-Performance anbieten?*

[Renate Just: Festsommer; Süddeutsche Zeitung 24.8.1998, S. 11]

7. Lösungsvorschläge zu den Klausuren

Klausur Nr. 1, S. 177, zum Problem Lehnwort/Fremdwort:

Berücksichtigte Wörter: *Akademiker* (S. 1), *Anglist* (S. 4), *automatisch* (S. 6), *Balance* (S. 10), *dual* (S. 3), *(Einkommens-)Chancen* (S. 9), *Examen* (S. 6), *Hierarchie* (S. 5), *Jurist* (S. 6), *korrigieren* (S. 8), *Perfektion* (S. 5), *problematisch* (S. 5), *qualifizierter* (S. 7), *Software(-Spezialist)* (S. 7), *(Hochschul-)Studium* (S. 7), *System* (S. 3).
Lehnwort (im Unterschied zum Fremdwort): Entlehnungen einer Sprache *A* aus einer Sprache *B*, die sich in Lautung, Schriftbild und Flexion vollständig an die Sprache *A* angeglichen haben. Problem: Die Angleichung erfolgt graduell → die Grenze zwischen Fremdwort und Lehnwort ist nicht immer deutlich zu ziehen: unterschiedliche Integrationsstufen.
I. lautlich an das Deutsche angeglichen:
Software(-Spezialist) (S. 7): [ˈzɔft.vɛːɐ̯]; von engl. *software*.

- Engl. bilabial-velares stimmhaftes [w] wird zum labiodentalen stimmhaften [v].
- Das englische wortanlautende stimmlose [s] wird prävokalisch, wie im Deutschen üblich, zu einem stimmhaften [z].
- Erstsilbenbetonung entspricht der Betonung zweisilbiger nativer Wörter → Lehnwort.
- Also lautlich an das Deutsche angeglichen.
- Keine nichtnativen Lautzeichen, aber irreguläre Zuordnungen zwischen Buchstaben und Lauten: <a> wird normalerweise nicht [ɛː] zugeordnet; <re> wird normalerweise nicht [ɐ].

II. Lautlich teilweise an das Deutsche angeglichen: *Akademiker* [ʔa.ka.ˈdeː.mi.kɐ] (S. 1), *Hierarchie* [hi̯e.rar.ˈçiː] (S. 2/5), *Perfektion* [pɛr.fɛk.ˈt͡si̯oːn] (S. 5), *System* [zʏs.ˈteːm] (S. 3), *Anglist* [ʔaŋ.ˈglɪstʰ] (S. 4), *problematisch* [pro.ble.ˈmaː.tɪʃ] (S. 5), *Jurist* [ju.ˈrɪstʰ] (S. 6), *automatisch* [ʔa͡ʊ̯.to.ˈmaː.tɪʃ] (S. 6), *Examen* [ʔɛ.ˈk͡saː.mən] (S. 6), *qualifizierter* [kva.li.fi.ˈt͡siːɐ̯.tɐ] (S. 7), *Studium* [ˈʃtuː.di̯ʊm], *korrigieren* [kʰɔri.ˈgiː.rən] (S. 8), *dual* [du.ˈaːl] (S. 3).

- Der Akzent auf der letzten schweren Silbe, teilweise auch auf dem nichtnativen Suffix, zeigt, dass es sich hier nicht um sog. Erbwörter handelt.
- Auch die dezentrale gespannte Variante der akzentlosen mittleren und hohen Vokale [i, e, y, o, u], soweit sie unter dem Akzent lang/gespannt sind, tritt im Deutschen normalerweise nur in nichtnativen Wörtern auf (wird aber bei normaler Aussprache meist nicht realisiert).
- Gleiches gilt für nichtsilbisches [i̯] vor akzentuiertem Vokal.
- Statt des hinteren [ɑ] wurde in den obigen Beispielen ein vorderes, überoffenes [a] transkribiert, im Wissen, dass diese Aussprache fast nur im oberdeutschen Bereich üblich ist.
- Als nichtnatives Lautzeichen kommt nur <y> in Frage. Doch gibt es eine Reihe von irregulären Zuordnungen zwischen Buchstaben und Lauten: die Folge <ie> wird üblicherweise [iː] zugeordnet, nicht [i̯e]; <t> wird normalerweise nicht [t͡s] zugeordnet, sondern [t]; zur Verwendung von kurzen gespannten Vokalen ohne Akzent und zur Ersetzung von [ɑ] durch [a] in der Transkription siehe oben!

Angleichungsmerkmale sind z.B.: [ʃ] statt [s] im Anlaut von *Studium*, die Vokalisierung des postvokalischen, silbenfinalen *r* usw.
III. Lautlich wenig an das Deutsche angeglichen:

- *(Einkommens-)Chancen* (S. 9): von frz. *chance*; [ˈʃãː.sə, ʃãːs, ˈʃaŋ.sə, ʃaŋs]. Der Nasalvokal [ã] kann bleiben oder aber in die bisegmentale Verbindung ungespannter Oralvokal – dorsovelarer Nasalkonsonant [aŋ] zerlegt werden. Ebenso bei *Balance* (S. 10): von frz. *balance*; [baˈlãː.sə, ba.ˈlãːs, ba.ˈlaŋ.sə, baˈlaŋs] vgl. *Chance*.
- Akzent auf letzter schwerer Silbe (langer Vokal), dem französischen Akzent entsprechend.
- Die Verwendung von anlautendem <ch> bzw. inlautendem <c> ist in nativen Wörtern äußerst selten. Irregulär ist auch die Zuordnung der Lautung [ʃ] für <ch>, der Zuordnung eines Nasalvokals zur Buchstabenfolge <an>, eines [s] zu <c> bzw. <ce>.

Es zeigt sich, dass fast alle Wörter mit nichtnativen Merkmalen Zeichen der Integration in die nativen phonologischen und graphematischen Regeln zeigen, z.B. die Ersetzung des Nasalvokals [ã] durch die Lautfolge [aŋ]. Es lassen sich keine scharfen Grenzen ziehen zwischen Lehnwörtern und Fremdwörtern, stattdessen handelt es sich um ein Kontinuum.

Klausur Nr. 2, S. 177, zu fremdsprachlichen Elementen:

Die Formulierung »fremdsprachliche Elemente« wird hier nicht interpretiert im Sinne von »etymologische Herkunft aus einer anderen Sprache«, sondern i.S.v. ›nichtnative Wörter‹. Damit meinen wir alle Wörter, die von den Regeln der nativen Wörter abweichen. Als solche betrachten wir: *Elementen* (S. 1), *metaphysisch* (S. 3), *ontologisches* (S. 3), *Prinzip* (S. 3), *Chaotische* (S. 3/6), *PC* (S. 5/7), *Sphären* (S. 6), *Musik* (S. 6).

1. Akzent:
   - Der Wortakzent liegt auf der letzten »schweren« Silbe, d.h. die letzte Silbe, die auf einen langen Vokal, auf einen Diphthong oder auf einen beliebigen Vokal verbunden mit wenigstens einem Konsonanten endet: Bsp.: *Prinzip* [pʰrɪn.ˈt͡siːpʰ] (S. 3), *Element(en)* [ʔe.le.ˈmɛnt] (S. 1), Musik [mu.ˈziːkʰ] (S. 6). Dies gilt jedoch nicht, wenn die Silbe aus morphologischen Gründen unbetonbar ist.
   - Hat ein Wort keine »schwere« Silbe als letzte Silbe, so erhält die dritt- bzw. vorletzte Silbe den Wortakzent: *Chaotische(n)* [kʰa.ˈoː.tɪ.ʃə]; aber *Chaos* [ˈkʰaː.ɔs] (S. 3, 6). Wesentlich ist aber der variable Akzent, abhängig von der Silbenlänge. – Diese Einordnung beruht allerdings auf der Annahme, dass native deutsche Wörter Stammanfangssilbenakzent haben, während in einer Theorie, die für alle Wörter des Deutschen von einem ((Ante)Pän)Ultimaakzent ausgeht, diese Wörter akzentuell als nativ zu gelten haben.
2. Vokale in griechischen und lateinischen Fremdwörtern:
   - <e, i> und <o> werden vor <x> oder vor mehreren Konsonantenbuchstaben als [ɛ], [ɪ], [ɔ] (kurz, offen) realisiert: *Element(en)* [ʔe.le.ˈmɛnt] (S. 1); *ontologisch* [ʔɔn.to.ˈloː.gɪʃ] (S. 3).
   - <y> wird vor nur einem Konsonanten (außer <x>*), vor* <ch, ph> oder <th> im Stamm als [yː], also lang/geschlossen realisiert: *metaphysisch* [me.ta.ˈfyː.zɪʃ] (S. 3).
   - Vokale, die unter dem Akzent lang/gespannt sind, werden ohne Akzent kurz/gespannt ausgesprochen (nach Aussprache-Duden 2005). Meist werden sie aber in das deutsche lautliche System als ungespannte Vokale integriert: [ʔe.le.ˈmɛntʰ] (S. 1), stattdessen oft auch [ʔɛ.lɛ.ˈmɛntʰ]; *ontologisch* [ʔɔn.to.ˈloː.gɪʃ] (S. 3), stattdessen auch [ʔɔn.tɔ.ˈloː.gɪʃ]; *Musik* [mu.ˈziːkʰ] (S. 6), stattdessen auch [mʊ.ˈziːkʰ].
3. Konsonanten in griechischen und lateinischen Fremdwörtern:
   - In griechischen Wörtern spricht man <ch> als [k] und <ph> als [f]: *Chaotische(n)* [kʰa.ˈoː.tɪ.ʃə] (S. 3, 6), *Sphäre(nmusik)* [ˈsfɛː.rə] (S. 6).
4. Orthographische Besonderheiten der nichtnativen Wörter:
   - Die Buchstabenfolge <sph> und die entsprechende Lautung [sf] ist in nativen Wörtern nicht erlaubt.
   - Die Buchstaben(folge) <ph> mit dem Lautwert [f] und <y> für [yː] ist typisch für Fremdwörter aus dem Griechischen. <ch> im Wortanfang und <c> am Ende einer Abkürzung sind in nativen Wörtern zumindest sehr selten.
   - Zu verweisen ist auch noch auf die bereits erfolgten Integrationen in der Schreibung: z.B. auf die Übertragung der griechischen Wörter in lateinische Schrift, die Ersetzung von <c> in *Prinzip* durch <z>, die Ersetzung von <que> in *musique* durch <k>.

Klausur Nr. 3, S. 178; zu den Orthographieprinzipien:

Phonologische Transkription:
/ʔɔb.ˈvoːl ʔɛs nuːn ˈʔa͡ɪ.nən ʔɔfi.ˈt͡si̯ɛlən ˈba͡ʊ.ʃtɔp fyːr das gə.ˈbiːt giːbt/.

- Generell wird die Quantität/Qualität der Vokale nicht oder jedenfalls nicht an den Zeichen für die Vokale markiert. Markiert wird die Länge/Qualität durch <h> in *wohl*, die Kürze/Ungespanntheit wird durch Doppelschreibung des folgenden Konsonantenzeichens in <off>, <ell>

und <stopp> markiert. Ein unmarkierter Kurzvokal liegt vor in <ob>, <es>, <fi>, <len>; unmarkierte Länge liegt vor in <nun>, wobei bei einem Einsilbler auch der konsonantische Schluss der Silbe keinen Hinweis auf die Quantität gibt, und in <gibt>, wobei man hier wegen der Konsonantenverbindung in der Silbenkoda sogar eher auf Kurzvokal tippen wird. Hier hilft nur die Kenntnis des Paradigmas.
- Die Doppelschreibung der Konsonanten <ff>, <ll> und <pp> zeigt darüber hinaus an, dass die entsprechenden Konsonanten ambisyllabisch sind.
- Direkte Zuordnungen gibt es zwischen dem Graphem <l> und dem Phon bzw. Phonem /l/, <w> und /v/, <n> und /n/, <ei> und /a͡ɪ̯/, <f> und /f/, <z> und /t͡s/, <au> und /a͡ʊ̯/, <t> und /t/, <p> und /p/, <g> und /g/, <b> und /b/. Hier liegt also ein phonologisches oder phonetisches Schreibprinzip vor. Die Zuordnung gilt aber nicht umgekehrt, da /f/ auch durch <v> ausgedrückt werden könnte, /t͡s/ auch durch <tz>, /a͡ɪ̯/ durch <ai>.
- Vor dem vokalischen Anlaut in *obwohl, es, einen, offiziellen* wird ein Glottisschlag realisiert, dem kein Schriftzeichen entspricht. Trotzdem werten wir ihn hier als Phonem, da sich entsprechende Minimalpaare bilden lassen.
- Die Realisierung des <e> in nicht-akzentuierten Silben als /ə/ lässt sich nur voraussagen bei Kenntnis der Akzentposition, die graphisch nicht markiert wird.

Besonderheiten von *Obwohl*:
- <b> entspricht phonologisch /b/, wird aber phonetisch im Silbenauslaut (bzw. Morphemauslaut) zu [p^{h}] aufgrund der »Auslautverhärtung«; die Schreibung folgt also hier dem phonologischen, nicht dem phonetischen Prinzip.

Besonderheiten von *es*:

Das auslautende <s> könnte phonologisch einem /s/, aber auch einem /z/ (bei Auslautverhärtung) entsprechen. Da es keine mehrsilbigen Formen gibt, lässt sich die Frage nicht entscheiden.

Besonderheiten von *offiziell*:

Die Frage ist hier, ob die im Aussprache-Duden (2005) angegebene Version [ʔɔfi.t͡si̯ɛlən] der sprachlichen Realität entspricht, oder ob es nicht doch eher als [ʔɔfɪ.ˈt͡sjɛlən] realisiert wird. Üblicherweise schließt man im Deutschen aus der Schreibung einer offenen nichtletzten Silbe in einem mehrsilbigen Wort auf die Realisierung des Vokals als kurzen, offenen Vokal. Für nichtnative Wörter soll das aber nicht gelten: Hier bleiben Vokale, die unter dem Wortakzent lang und geschlossen/gespannt sind, ohne Akzent geschlossen/gespannt, werden aber kurz. Viele Sprecher befolgen diese normative Regel nicht, sondern realisieren offene/ungespannte Vokale wie in nativen Wörtern.

Die Schreibung <ie> entspricht normalerweise einem langen /iː/. In einem nichtnativen Wort wie hier hingegen entspricht diesen Buchstaben nach Aussprache-Duden (2005) ein nichtsilbisches /i̯/ gefolgt von einem akzentuierten /ɛ/. Realistischer erscheint uns die Realisierung /jɛ/. In diesem Fall kämen wir mit dem vorhandenen Phoneminventar aus. – Das auf das <e> folgende <ll> zeigt die Kürze/Offenheit/Ungespanntheit des vorausgehenden Vokals an.

Besonderheiten von *Baustopp*:

In der Position vor <p> oder <t> wird <s> als [ʃ] realisiert, für das sonst die Graphenkombination <sch> steht. Auch hier liegt also keine 1:1-Relation zwischen phonetischer, phonemischer und graphemischer Ebene vor.

Klausur Nr. 4, S. 178, zur Divergenz von Schreibung und Lautung:

Spocht meint wohl *Sport* und ist als [ʃpɔʁt] zu transkribieren:
- Hier wird das <r> vor allem im norddeutschen Bereich häufig in der frikativen Variante [ʁ] ausgesprochen. Die verschiedenen freien bzw. die positionsgebundene vokalisierte Variante [ɐ] werden nicht geschrieben.
- <s> im Wortanlaut vor <p> wird als [ʃ] ausgesprochen, während sonst dieser Laut durch die Graphenfolge <sch> wiedergegeben wird. Diese Inkongruenz zwischen Schreibung und Lautung ist dem Schreiber nicht aufgefallen. Vielleicht ist er ein Hamburger und spricht das Wort [spɔʁt] aus.

›*Leebn*‹ meint *Leben,* zu transkribieren als [ˈleː.bn̩]:

- unmarkierter Langvokal [eː] in der ersten Wortsilbe.
- das <e> in der akzentlosen Endsilbe wird als [ə] realisiert. Dieses Schwa kann vor Nasal oder Liquid der Synkope unterliegen, wobei der Nasal oder Liquid silbisch wird. – Genaugenommen müsste man dann aber auch Assimilation von [bn̩] zu [bm̩] annehmen.

Mit den *»drei verschiedenen, schreiblich nicht unterscheidbaren Artikulationen des ›e‹«* könnte die Tatsache gemeint sein, dass <e> für drei Laute steht:

- [ɛ], also kurzes, offenes *e*. Qualität und Quantität kann man allenfalls indirekt erschließen durch ein folgendes verdoppeltes Konsonantenzeichen (für Ambisyllabizität des Konsonanten) oder ein Konsonantencluster, das die konsonantisch geschlossene Silbe anzeigt. Bei Einsilblern besagt die konsonantisch geschlossene Silbe aber nichts über die Quantität und Qualität des vorausgehenden Vokals.
- [eː], also langes, geschlossenes/gespanntes *e*. Qualität und Quantität können unbezeichnet sein, sie können aber auch über <ee>, <eh> angezeigt sein.
- [ə], also das Schwa. Es kann nur dadurch erschlossen werden, dass man weiß, dass die betreffende Silbe keinen Wortakzent trägt. Aber auch dann bleiben noch Fälle, in denen es sich trotzdem nicht um [ə], sondern um [ɛ] handelt, z.B. bei den Verbpräfixen <ver->, <er->, <zer->. Außerdem kann das Schwa in der Position vor <m, n, l> der Synkope unterliegen, wobei die Folgekonsonanten silbisch werden. Schließlich wird die Endsilbe <er> als [ɐ] realisiert.

»Kaata« meint wohl *Kater* und ist zu transkribieren als [ˈkʰɑː.tɐ]:

- Obwohl graphemisch unmarkiert, wird der Vokal <a> hier als Langvokal ausgesprochen; zusätzlich lässt sich eine Aspirierung des [k] feststellen, ohne dass diese allophonische Variante graphemisch markiert würde.
- <er> am Wortende schwächt sich zu vokalischem [ɐ] ab, eine Positionsvariante, die nicht graphemisch angezeigt wird.

Proebst: Hier sind aufgrund des Schriftbildes mehrere Aussprachen denkbar: [pʰrøːpstʰ]; [pʰrœpstʰ] oder [pʰroːpstʰ].

- Korrekte Aussprache ist wohl [pʰroːpstʰ], wobei das <e> nach <o> regional als Dehnungs-<e> interpretiert wird (in Analogie zum Dehnungs-<e> nach <i>). Es wurde notwendig, weil in der Standardaussprache des Deutschen der Vokal vor Mehrfachkonsonanz (hier <bst>) normalerweise kurz ausgesprochen wird. Um die charakteristische lange Aussprache des Vokals in diesem Eigennamen zu gewährleisten, wurde ein <e> als Längenmarkierung hinzugefügt.
- Bei den beiden anderen Varianten wird das <e> als Umlaut-<e> interpretiert, wie das in Eigennamen häufiger vorkommt, nicht aber in normalen Wörtern, wo es als <ö> geschrieben wird. Über die Quantität/Gespanntheit des gemeinten Vokals kann man aufgrund der Schreibung nichts aussagen.

Klausur Nr. 5, S. 178, zu den Frikativen:

[s]: ≈ <ss, ß, s>, z.B. *zweigeschossig* (S. 7), *eines* (S. 7).

1) Intervokalisch muss auf einen kurzen Vokal stimmloses [s] folgen; es wird durch <ss> ausgedrückt: *Hochterrassen* (S. 2), *zweigeschossig* (S. 7) [Hinweis: im Text fehlerhaft geschrieben. Damals richtig: *zweigeschoßig,* wegen <ß> mit langem [oː], siehe Aussprache-Duden (2005); vgl. aber: *schießen, schoss, Geschoss* mit kurzem [ɔ] und <ss>. Das Duden-Universalwörterbuch (2001) lässt allerdings beide Schreibungen zu; der Wahrig (2006) erklärt *Geschoss* zur reformierten Schreibung, *Geschoß/zweigeschoßig* zur österreichischen (!) Variante]. Nach Langvokal oder Diphthong wird [s] durch <ß> ausgedrückt.
2) Im absoluten Auslaut tritt nur stl. [s] auf: *Daraus* (S. 2), *bis* (S. 2), *aus* (S. 4), *das* (S. 7), *des* (S. 6), *Turmes* (S. 6), *als* (S. 7), *eines* (S. 7), *Altertums* (S. 7). Es könnte auch, via Auslautverhärtung, Allophon von /z/ sein, doch lässt sich das nur bei Wörtern entscheiden, bei denen dieses <s> auch inlautend intervokalisch auftritt wie bei *lies – lesen.*
3) Inlautend präkonsonantisch muss stl. [s] stehen: *Priesterin* (S. 6), *ist* (S. 8), *charakteristisch* (S. 2) (auch vor [p] und [tʃ]).
4) Anlautend tritt [s] weder präkonsonantisch noch prävokalisch auf.

[ʃ] ≈ <sch, s> , z.B. ***schon*** (S. 1), *Spitze* (S. 6), *charakteri**s**tisch* (S. 2), *zweige**sch**ossig* (S. 7).

1) <s> wird vor <p> und <t> im Wort-Anlaut als [ʃ] ausgesprochen: *später* (S. 4), *Spitze* (S. 6), *Stufen* (S. 2), *starke* (S. 8).
2) Im Inlaut gilt diese Regel nur, wenn der Anlaut eines Stammmorphems vorliegt: *bestimmbar* (S. 6), *Bestandteil* (S. 3).
3) Vor allen anderen Konsonanten und prävokalisch wird [ʃ] durch <sch> ausgedrückt. Im Text findet sich kein Beispiel für ein präkonsonantisches <sch> (*schlagen, schwinden*).

[z] ≈ <s>

1) Anlautend prävokalisch muss [z] stehen; es wird durch <s> ausgedrückt: *sich* (S. 2), *sie* (S. 4), *seit* (S. 3), *Seitenlänge* (S. 7), *Seiten* (S. 8).
2) Intervokalisch kann nach Langvokal oder Diphthong [z] stehen: *mesopotamisch* (S. 1), *wesentlicher* (S. 3), *besonders* (S. 7). Auch [s], ausgedrückt durch <ß>, kann auf Diphthong oder langen Vokal folgen. Hierfür findet sich kein Beispiel im Text (vgl. *weißt, Maß*).
3) Auslautend postvokalisch unterliegt [z] der Auslautverhärtung: *Haus – Hauses.*

Klausur Nr. 6, S. 179, zur phonologischen Gestalt der Wörter:

<h>: *Hunnenland, Fahrt*

- für den Hauchlaut [h] ≈ /h/: fast ausschließlich (wie hier) anlautend prävokalisch: ***Hunnenland.*** Für inlautende Fälle liegen im Text keine Beispiele vor: *Ahorn, Uhu*. In diesen Fällen ist ein Graph direkt einem Phonem zugeordnet.
- in und auslautend steht <h> überwiegend als Zeichen für die Länge/Gespanntheit des vorausgehenden Vokals, ist also hier indirekt der phonologischen Gestalt zugeordnet, da die Vokalquantität phonemisch ist: *Fahrt.*

<r>: Dieses Graphem ist immer direkt dem Phonem /r/ zugeordnet. Die verschiedenen freien Allophone (***Ruderbrechen:*** frikativiertes [ʁ], apikales [r] und uvulares [ʀ]) und das positionsbedingte vokalisierte Allophon (in *Epiker* z.B. wird das auslautende <er> überwiegend als [ɐ] realisiert) werden in der Schrift nicht berücksichtigt.

Die Quantität/Gespanntheit der Vokale wird sehr unterschiedlich bzw. gar nicht in der Schreibung angezeigt. Als Beispiel sei hier die Schreibung der verschiedenen e-Laute angeführt: <e> steht für /ɛ/, /eː/ und /ə/, also für insgesamt 3 Phoneme.

[ɛ]: Die Kürze des Vokals kann hier unmarkiert sein wie in *entfaltet* (S. 2), *Ruderbrechen* (S. 3), oder durch Verdoppelung des folgenden Konsonantenzeichens (kein Beispiel im Text) oder durch eine Folge von Konsonantenzeichen angezeigt sein wie in *Ferge* (S. 3), *letzte* (S. 4). Umgekehrt wird in denjenigen Fällen, in denen das betreffende Wort etymologisch mit einem /ɑ/ korreliert ist (Umlaut), meist <ä> verwendet, wie in *älteren* (S. 4).

/eː/: Die Länge (und indirekt die Gespanntheit) dieses Vokals kann in der Schrift unbezeichnet bleiben wie in *der* (S. 1/2/3/4), *den* (S. 1), *Epiker* (S. 2), *wesentlichen* (S. 3), oder aber durch <ee> wie in *Meerweiber* (S. 3), *Meerfrauen* (S. 4), oder durch <eh> (kein Beispiel im Text) indirekt angezeigt werden.

/ə/: Dieser Laut wird ausschließlich durch das Zeichen <e> ausgedrückt. Dabei kann es sich um Silben handeln, die nie akzentuiert werden, wie in *seine* (S. 2), *wesentlichen* (S. 3) usw. In diesem Fall muss man dem /ə/ wohl Phonemstatus zuerkennen. – Ein kurzes, akzentuiertes [ɛ] wird in nichtakzentuierter Silbe zum [ə] (keine Beispiele im Text; *leben – lebendig*); in diesem Fall handelt es sich um eine allophonische Variante von /ɛ/. Das gleiche Zeichen wird also für verschiedene Phoneme verwendet. Und schließlich steht <er> im Silbenauslaut für [ɐ], wie in *Epiker* (S. 2), *Meerweiber* (S. 3), *Ruder* (S. 3), *Dichter* (S. 4), also zwei Graphen für einen Laut, der ein Allophon von zwei Phonemen ist.

<ch>: diese Graphenfolge steht für das Phonem /X/ mit den zwei komplementär distribuierten Allophonen [x] und [ç]: *wesentlichen* (S. 2), *Suche* (S. 2). Auch hier folgt die Schreibung also dem phonologischen Prinzip. Für [ç] als allophonische (allomorphische) Variante des Wortbildungssuffixes *-ig* (keine Beispiele im Text) hingegen steht wiederum <g>, auch hier also setzt sich das phonemische Prinzip der Schreibung durch.

Auch im Falle der sth. Verschlusslaute [b, d, g] zeigt sich, dass die durch die Auslautverhärtung entstehenden Varianten [p^h, t^h, k^h] nicht geschrieben werden, ebensowenig bei /p, t, k/ die behauchten Allophone.

Vor vokalischem Anlaut wird ein Glottisverschluss [ʔ] realisiert, dem man Phonemstatus zugestehen kann. Es gibt aber dafür kein Graphem, also ein Fall von Inkongruenz zwischen Lautung und Schreibung.

Die Beispiele zeigen, dass allophonische Varianten im Deutschen nicht in der schriftlichen Repräsentation erscheinen, dass also primär phonemisch geschrieben wird. Andererseits sind aber Phoneme und Grapheme nicht eineindeutig einander zugeordnet. Nach beiden Richtungen gibt es Mehrfachzuordnungen, die überwiegend in der Schreibtradition und im etymologischen Schreibprinzip begründet sind.

Klausur Nr. 7, S. 179, zum Verhältnis von s-Schreibung und Lautung:

- <s> = [s]:
  - postvokalisch/präkonsonantisch wie in *Festlichen* (S. 1), *Aquarellistin* (S. 3).
  - im Wortinneren nach [ç]: *wenigstens* (S. 1).
  - im (Morphem-)Auslaut: *es* (S. 1), *wenigstens* (S. 1), *als* (S. 2), *ausgegraben* (S. 2), *Kulturkreis* (S. 3), *fetziges* (S. 5), *Glasperlenspiel* (S. 5). Im Fall von *Kreis* und *Glas* handelt es sich um Auslautverhärtung, da hier intervokalisch [z]: *Kreises, Glases.*
- <ss> = [s], wo immer es (nach Kurzvokal) auftritt: *ansässige* (S. 3), *Vernissage* (S. 3), *Klassik* (S. 4), *Kasse* (S. 4).
- <ß> = [s], wo immer es auftritt (inlautend nach Langvokal und Diphthong, morphemauslautend in alter Orthographie auch nach Kurzvokal): *daß* (S. 1), *Landschlößchen* (S. 4), *schließlich* (S. 5), *weiß* (S. 5).
- <s> = [z]:
  - prävokalisch im (Morphem-)Anlaut wie z. B. in *sein* (S. 1), *Sommer* (S. 1), *an=sässige* (S. 3), *Serenaden* (S. 3), *Sanierungskasse* (S. 4), *sich* (S. 5).
  - intervokalisch nach langem Vokal wie z. B. in *diese* (S. 2), *Oasen* (S. 2), *ominöse* (S. 2), *Episode* (S. 2), *Bröselmauern* (S. 4), *Musik* (S. 4), *Tausender* (S. 4).
- <s> = [ʃ]: morphemanlautend vor <p> und <t>: *Streichtrio* (S. 3), *Wallenstein* (S. 2), *Zehntstadel* (S. 3), *bestuhlt* (S. 4) und *Glasperlenspiel* (S. 5).

Stichwort-Register

Register der Autorennamen